Jörn Wilhelm

Mit ausgebreiteten Flügeln

Erinnerungen eines Landpfarrers

Band II
Theologiestudium und frühe Amtsjahre · 1964–1972

Bibliografische Information der Deutschen Bibliothek:
Die Deutsche Bibliothek verzeichnet diese Publikation in der
Deutschen Nationalbibliografie; detaillierte bibliografische
Daten sind im Internet unter http://dnb.ddb.de/ abrufbar.

Das Werk einschließlich aller seiner Teile ist urheberrechtlich geschützt.
Jede Verwertung außerhalb der engen Grenzen des Urheberrechtsgesetzes
ist ohne Zustimmung des Verlages unzulässig und strafbar. Das gilt insbesondere für Vervielfältigungen, Übersetzungen, Mikroverfilmungen und
die Einspeicherung und Verarbeitung in elektronischen Systemen.

Satz, Gestaltung, Umschlag: Gerhard P. Peringer, Hamburg
unter Verwendung eines Fotos von Peter Büschking, Nienburg
Herstellung und Verlag: BoD – Books on Demand, Norderstedt
Gedruckt auf chlor- und säurefreiem Papier.
Printed in Germany.

ISBN: 978-3-7431-9456-4
© 2017 beim Autor.

INHALTSVERZEICHNIS

KAPITEL I: DAS STUDIUM IN ERLANGEN

Ahnungslos auf dem Weg zur Theologie 9
Erlangen, Schronfeld 52 10
Das erste Semester im Sommer 1964. 12
Erste Semesterferien in Hamburg 17
Mummenschanz, Magnifizenzen und theologische Erblasten. 22
Der studentische Alltag in Erlangen 37
Verbindungswahn 43
Die letzte Zeit mit Wolfgang in Erlangen 50
Im Dienst der Bundespost. 53
Das letzte Semester in Erlangen. 58
Jörn Hund. 62
Die Bergkirchweih. 71

KAPITEL II: DAS STUDIUM IN HEIDELBERG

Interludium: Die Reise nach Paris 80
Das erste Semester in Heidelberg. 87
Ausflug in den Pietismus. 99
Fragmentarischer Bericht über den 1. Mai 1966 104
Maloche im Rangierbahnhof und Pfalzwanderung 106
Tod des Großvaters 111
Nachrichten aus Papua-Neuguinea 113
Ein wichtiges Semester 119
Handschuhsheimer Sommer. 124
Ohnesorg-Erlebnis, Geburt einer Tochter und Trennung. 133
Wieder allein, aber nicht verlassen. 138
Herbert Braun und die Mitmenschlichkeit 144

Rudi Dutschke 150
Ulrikes Taufe, Django und das Mönchlein 153
Mordanschlag auf Rudi Dutschke 157
Helmut Schmidt und der Sternmarsch nach Bonn 159
Pariser Mai und das Problem der Gewalt 163
Mit Linde nach Paris 165
Kritische Universität 166
Zwei Bücher für das ganze Leben 169
Geheimnisse eines Mietshauses und die Triebstruktur 176
Das goldene Prag 180
Mein Bruder steigt aus 183
Nachruf auf einen Philosophen 185
Die »Revolution« 194
Blockade der Rhein-Neckar-Zeitung 196
Die Examenspredigt 204
Stadthallenprozess und wilde Polizeiaktion 213
Letzte Scharmützel 222
Abschied von Heidelberg 226

KAPITEL III: EXAMEN, ORDINATIONSSTREIT UND SUSPENDIERUNG
Finis Terrae 229
Erstes Theologisches Examen in Landau und Speyer 230
Ein Abend in Speyer 241
Lebach und die Folgen 248
Die Entdeckung der unordentlichen Ordnung 253
Vikare contra Oberkirchenräte 258
Kampf um die Aufhebung der Suspendierung 263

KAPITEL IV: VIKAR IN LUDWIGSHAFEN-OGGERSHEIM
Oggersheimer Schwimmübungen 269
Notizen aus der Familie. 274
Fremde als Freunde 279
Politische Predigt? 283
Scheinbar unpolitische Weihnachtspredigt 288
Beerdigungen in Ludwigshafen 295
Cabora Bassa. 298
Auf dem Weg zum 2. Theologischen Examen 305
Letzte Nachrichten vor dem Abflug in die Provinz 315

Literaturverzeichnis & Dank. 324
Abbildungsverzeichnis. 325
Personenregister. 327

»Wie werden die »versunkenen Erfahrungen« bewusst? Indem wir lernen, die Rätsel unserer Lebensgeschichte im Kontext der Geschichte unserer Gesellschaft zu lösen, und zwar im Detail, und indem wir der Reflexion vertrauen, solange sie Erfahrung und Objektivität fühlbar vermittelt. Das, vor allem, ist kritische Theorie.«

Peter Brückner, *Das Abseits als sicherer Ort*

»Die Verfettung von Hirn und Herz macht in der Wohlstandsgesellschaft derartige Fortschritte, dass es für uns und unsere Welt lebenswichtig wird, aus der Bibel die rebellischen Stimmen, statt bloß die einschläfernden Stimmen zu vernehmen. Wenn der Gottesknecht um unseretwillen ins irdische Inferno steigt und auf Golgatha stirbt, verleugnet man das Evangelium, wenn man nicht mehr sichtbar und hörbar im Namen der göttlichen Freiheit für die Mühseligen und Beladenen eintritt.«

Ernst Käsemann

Kapitel I

Das Studium in Erlangen

Ahnungslos auf dem Weg zur Theologie

Kurz vor der Abfahrt nach Erlangen ging ich allein noch einmal in die Schnelsener Advents-Kirche am Kriegerdankweg. Nach 1945 war sie aus dem »Notkirchen-Programm« errichtet worden. Obwohl ich sie sonst nicht oft von innen gesehen hatte, mochte ich sie sehr, wegen ihrer Holzkonstruktion, die eine entfernte Ähnlichkeit zu skandinavischen Kirchen aufweist. Auch Altar, Kanzel und Taufbecken sind aus Holz, was dem Innenraum eine warme Ausstrahlung verleiht.

Ich wusste nicht, wer an diesem Sonntag predigen würde. Zu meinem Leidwesen war es mein ungeliebter Konfirmator Pastor Helmut Witt. Sogleich bereute ich es, mich auf den Weg gemacht zu haben, denn nun musste ich aufpassen, dass ich vor lauter Gähnen keine Maulsperre bekam. – Aber es kam anders: Seine Predigt war eine einzige zornbebende Philippika gegen die historisch-kritische Erforschung der Bibel und deren Vertreter an den theologischen Fakultäten. Er redete sich richtig in Rage, völlig verkennend, dass wohl kaum einer seiner Zuhörer wusste, worum es überhaupt ging. Sein bevorzugter geistiger Prügelknabe war ein gewisser Professor Rudolf Bultmann aus Marburg, den er ob seiner Zweifel an alten Glaubensgewissheiten der übelsten Ketzerei verdächtigte.

Das war überhaupt nicht langweilig und in Grenzen sogar amüsant. Auch ich wusste nicht, warum er sich so echauffierte. Eine Äußerung aber empörte mich, weil sie mir ungehörig und pöbelhaft erschien. Er schrie es fast heraus: »Bultmann, dieser Käsemann und wie sie alle heißen: Das sind die Totengräber unserer Kirche!« Darf ein Pastor so reden: Einem Bultmann den Schimpfnamen »Käse-Mann« geben?

Am Mittagstisch fragte mich mein Bruder Wolfgang, wie mir der Gottesdienst gefallen habe. Ich antwortete: »Heute ist Helmut Witt vollkommen aus der Rolle gefallen: Er hat einen gewissen Bultmann als ‹Käsemann› beschimpft!« Wolfgang – erst im 3. Semester seines Theologiestudiums, aber schon in Kenntnis der theologischen Streitfronten – erlitt einen heftigen Lachanfall. Als er sich erholt hatte, klärte er mich und die übrige Familie auf: Dass Professor Ernst Käsemann aus Tübingen einer der profiliertesten Schüler Bultmanns war und, dass dies alles mit stinkendem Käse überhaupt nichts zu tun habe.

Später, als ich endlich begriffen hatte, wurde Ernst Käsemann für mich und meine theologische Existenz zum wohl bedeutendsten Lehrer des Neuen Testaments, dessen »Exegetische Versuche und Besinnungen« mich heute noch beschäftigen.

Erlangen, Schronfeld 52

Immer noch hatte Wolfgang nicht den Führerschein erworben, um sein Auto – einen DKW Junior – selbst zu fahren. Zwar hätte ich fahren können, aber mir war es recht, dass ein befreundeter Kollege unseres Vaters uns nach Erlangen fuhr. Eine so weite Strecke war ich ja noch nie gefahren.

Wolfgang hatte seine »Bude« nun in Alterlangen, im Westen der Stadt. Mir hatte er sein Zimmer, in dem er während der vorangegangenen Semester gewohnt hatte, »vererbt«: Schronfeld Nr. 52. Es war das kleine Hinterzimmer eines 1-Familienhauses, mit Bett, Tisch, Stuhl, Schrank und einem Waschbecken mit kaltem Wasser. Die Toilette war in der Wohnung der alleinerziehenden Tochter des Hauses. Durch deren Flur musste ich gehen, um mein Zimmer zu erreichen. Die Aussicht aus dem einzigen Fenster war wunderschön: Ein Kornfeld, das mich im Sommer an Gemälde Van Goghs erinnerte; dahinter ein Weiher, aus dem Frösche ihr lautstarkes Konzert ertönen ließen, und der Auwald an der Schwabach, ein bekanntes Überschwemmungsgebiet.

Über seine ersten Eindrücke in Erlangen schrieb Wolfgang 1963 an die Eltern und an mich:

Ich traf bei Frau Mathes ein, die sehr nett ist und mich gleich mit Kaffee und Stachelbeertorte empfing. – Das Zimmer ist etwas kleiner als mein Raum in Schnelsen, und eine ganze Portion ungemütlicher, aber immerhin doch so, dass ich zufrieden bin. Die Umgebung sagt mir sehr zu. In dieser Beziehung habe ich es sehr viel schöner als in Hamburg. Das Haus liegt ein wenig ländlich, wenngleich es natürlich einige neugebaute Häuser und Siedlungen gibt. – Der Weg zum theologischen Seminar und zum Universitätshauptgebäude ist ziemlich weit.

Die Stadt Erlangen entspricht ungefähr den Vorstellungen, die ich mir davon machte. Obwohl ich noch an keiner Stelle in Entzücken über einen schönen Winkel oder ein schönes Gebäude ausgebrochen bin, missfällt mir die Stadt in ihrer fantasielosen, aber klaren Gliederung nicht. Schön ist, dass ich von meinem Zimmer aus in wenigen Minuten im Wald sein kann. Dafür nehme ich gerne einen etwas längeren Anmarsch zur Universität in Kauf.

Die Zimmermiete betrug 50,– DM im Monat. Somit verblieben mir 150,– DM vom Monatswechsel, um die übrigen Kosten zu bestreiten: Für das kärgliche Essen in der Mensa, was 1,10 DM pro Mahlzeit kostete und für das übrige Essen und Trinken; für die Anschaffung von Büchern, was allerdings durch ein Bücherstipendium der Schleswig-Holsteinischen Landeskirche erleichtert wurde, auf deren Liste der Theologiestudenten ich stand; für Zigaretten; für einen gelegentlichen Gaststätten- oder Kinobesuch; für eine Flasche Bier am Abend; für das Betanken des DKW-Junior; für das Schwimmbad, um ab und zu duschen zu können; für das wöchentliche Telefongespräch nach Hamburg.

Die Zimmerwirtin war eine typische Fränkin, etwa im Alter meiner Eltern: Braunäugig, schwarzhaarig und mit dunklem Teint – schließlich waren die Römer lange genug im Frankenlande gewesen, um ihr genetisches Material zu hinterlassen. Frau Mattes – war sehr freundlich, aber auch sehr resolut. Von vornherein machte sie klar, dass Damenbesuch absolut unerwünscht sei. Schließlich galt ja noch der Kuppelparagraf, der die Duldung außerehelichen Geschlechtsverkehrs in einer Mietwohnung unter Zuchthausstrafe stellte. Dies zuzusagen fiel mir nicht schwer: Um welche Dame sollte es sich auch handeln, die willens gewesen wäre, mein spartanisches Zimmer zu besuchen? Eine Karikatur von Josef Nyary verhöhnte um diese Zeit diesen reaktionären Paragrafen. Zu sehen ist ein Staatsanwalt, der mit drohend erhobenem Zeigefinger eine alte Frau mit Kapotthut anschnauzt: »Angeklagte, Sie haben geduldet, dass Ihr Untermieter Damenbesuch empfängt. Das ist Kuppelei!« – »Aber Herr Staatsanwalt, als Sie vor 20 Jahren bei mir ein Zimmer mieteten, hatten Sie doch auch eine sturmfreie Bude verlangt!« Die damals herrschende Heuchelei auf den Punkt gebracht…

Das erste Semester im Sommer 1964

Nun stand ich vor dem Aushang der Theologischen Fakultät im Kollegienhaus, um in mein Studienbuch danach – mit Hilfe des Vorlesungsverzeichnisses – die gewählten Vorlesungen, Seminare und Kurse einzutragen. Ahnungslos, wie ich war, konnte ich mit dem Angebotenen kaum etwas anfangen. Mein Bruder war mir keine große Hilfe, wenn ich fragte, was sich z. B. hinter dem Thema »Baruchs Darstellung vom Wirken und Schicksal Jeremias« verbarg oder was das »Psalmen-Targum« sei. So trug ich als erstes und Wichtigstes den Sprachkurs »Griechisch II« ein. Diese ziemlich hohe Hürde gleich am Anfang galt es zu nehmen, und alles Weitere hatte demgegenüber zurückzustehen. Walter von Loewenichs Vorlesung »Kirchengeschichte IV (vom Pietismus bis zur Gegenwart)« fügte ich auf Anraten Wolfgangs hinzu und aus eigenem Interesse Hans Köhler: »Naturwissenschaft und christlicher Glaube« – ein Thema, das mich noch heute beschäftigt. Endlich noch eine Vorlesung des weltbekannten, aber schon emeritierten Professors Paul Althaus: »Geschichte und Eschatologie«, von der ich überhaupt nichts verstand.

Es waren sechs Unterrichtsstunden Griechisch in der Woche, die Wolfgang und mich ständig in Atem hielten. Mein Privatunterricht nach dem Abitur (s. Band I, S. 110) hatte mich zwar weit vorangebracht, jedoch nicht so weit, dass ich den direkten Anschluss an den Kurs II schon erreicht hätte. So erhielten Wolfgang und ich jeweils nur die Noten 5 und 6 bei den Vorbereitungsklausuren. Wir waren deshalb – vor allem auf meine Initiative hin – ständig zusammen, um zu pauken und zu »bimsen«: Vokabeln, Grammatik und Übersetzungen. Gegenüber Wolfgang hatte ich den Vorteil eines fast eidetischen Gedächtnisses: Alles was ich schriftlich sah, hatte ich auch nach dem Lesen fast fotografisch vor Augen – eine für das Erlernen von Sprachen äußerst günstige Voraussetzung. Eine Gabe, kein Verdienst.

Das ständige Zusammensein mit Wolfgang bewirkte eine deutliche Abkapselung von der Außenwelt. Zu niemand sonst traten wir in Beziehung. Es war eine »splendid isolation«, die neben dem gemeinsamen Lernzwang ihre Ursache auch in unserer Familiengeschichte hatte. Am Hamburg-Schnelsener Königskinderweg lebten wir auf einer Art Insel, wo Mutter Hannchen ihr geistiges Zepter schwang und Vater Erich sich in Innenarchitektur und Kunstgewerbe verwirklichte. Nach außen hin gab es Kontakte nur zu ausgewählten Besucherinnen und Besuchern, während die angrenzende und weitere Nachbarschaft hochmütig als Feindesland betrachtet wurde, weit entfernt von den wirklichen und vermeintlichen Höhenflügen auf der Insel. Dieses Modell übertrugen wir auch auf unsere gemeinsame Zeit in der verschlafenen Universitätsstadt.

Unser Zusammenleben war symbiotisch, was die Öffnung für weitere Begegnung verhinderte; auch den so sehnlich erwarteten »Damenbesuch«. Wir flüchteten – wie in der Kindheit (s. Band I, S. 75 f.) – in unsere »Eigewelt« und parodierten nur für uns selbst die Mitstudenten und Professoren.

Es war schon gegen Ende dieses ersten Semesters, als wir dieses Feindesland recht elementar erlebten: Im Zentrum Erlangens, am Hugenottenplatz, stand damals das »HEKA«-Kaufhaus. Dort warteten wir auf die Busse, die Wolfgang nach Alt-Erlangen, mich in die Nähe vom Schronfeld fahren würden. Wir waren leicht angesäuselt von der Bergkirchweih gekommen und besonders Wolfgang war von heiterster Stimmung. Um die Wartezeit zu überbrücken, setzte er sich, nachdem er Geld eingeworfen hatte, auf ein für die Kinder bestimmtes elektrisches Schaukelpferd im Eingangsbereich des Kaufhauses und begann im Stil der Sportreporter jener Zeit eine Reportage: »*... und nun nimmt Hans-Günther Winkler die dreifache Kombination in Angriff. Halla* zögert. Wird sie verweigern? Nein, nein! Mit mächtigem Satz nimmt sie das erste, jetzt das zweite und jetzt tatsächlich auch das dritte Hindernis. Wird sie zur *Gold-Halla* werden? *Dankbar tätschelt Hans-Günther Winkler ihren Hals, nimmt den Zügel und setzt mit diesem Wunderpferd über den Wassergraben* ...« Und ständig wippte das elektrische Pferd hinauf und hinunter. Als sich schon eine Traube von Menschen um seine komische Darbietung herum geschart hatte, kam mein Bus, und ich stieg lachend hinein. – Am nächsten Morgen erschien Wolfgang nicht zum Griechisch-Kurs. Hatte er verschlafen? Ich machte mich nach der Kursstunde auf den Weg zu ihm. Als ich anklopfte, öffnete sich nach einiger Zeit die Tür. Im Türrahmen erschien ein Mensch, den ich nicht kannte: Ein durch Blessuren und Schwellungen fast nicht mehr kenntliches Gesicht war zu sehen, um die Augen herum blau angelaufen.

Dann erzählte er, was ihm widerfahren war: Er hatte noch einmal Geld eingeworfen. Doch die meisten Zaungäste hatten sich verzogen. Plötzlich erschienen drei Betrunkene vom Gelände der Bergkirchweih her und fragten ihn, warum er solchen Zirkus mache. Ob er das vielleicht komisch fände. Als er bejahte droschen sie brutal auf ihn ein, besonders sein Gesicht mit Faustschlägen traktierend. – Selten in meinem Leben war ich so zornig und aufgebracht. Mein alter Schutzinstinkt für Wolfgang ließ mich wüste Racheszenen fantasieren. Ich verstieg mich dazu, um das Gelände der Bergkirchweih herum zu patrouillieren, um die Täter nach Wolfgangs Beschreibung zu identifizieren und zur Anzeige zu bringen. – Erfolglos zwar, aber dies ließ uns Brüder noch näher zusammenrücken. In dieser Zeit zeichnete Wolfgang ein liebevolles Porträt von mir:

Abbildung 1: Wolfgangs Zeichnung

Inzwischen war der Sommer eingekehrt, und die Wiesen und Wälder um Erlangen grünten in aller Pracht. Das Kornfeld, das sich vor meinem Zimmer erstreckte, wogte im Sommerwind. Die Frösche ließen ihr Quakkonzert erschallen, und ich war glücklich wie schon lange nicht mehr. Zum ersten Mal im Leben war ich ohne Aufsicht, ganz allein für mich selbst verantwortlich. Das setzte bisher nicht gekannte Kräfte frei. Ich konzentrierte sie auf den griechischen Sprachkurs und zog Wolfgang mit.

Zwar ernteten wir immer noch schlechte Noten bei den Vorbereitungsklausuren, aber ein Aufwärtstrend war deutlich erkennbar. Und damit gingen wir in die Abschlussprüfung hinein. Als sie beendet war, wussten wir nicht, woran wir waren und warteten voller Bangen auf das Ergebnis. Als es kam, wollten wir unseren Augen nicht trauen: Wir hatten beide mit der Note »gut« bestanden. Wir waren außer uns vor Freude und sandten – teuer genug – ein Telegramm an die gerade in Südtirol weilenden Eltern: *Beide mit gut bestanden – Eure Söhne.*

In der Euphorie jener Tage schrieb ich recht großspurig in meinem Geburtstagsbrief an Hannchen:

Sicher habt ihr inzwischen die frohe Botschaft vom Ausgang unserer Griechisch-Prüfung erhalten. Wir selbst waren so überrascht, dass wir nicht wussten, ob wir vor Freude lachen oder weinen sollten. Wir haben uns fürs Lachen entschieden in dem wir uns die letzten Tage so angenehm wie möglich gestaltet haben. Das hatten wir aber auch verdient, denn die letzten Wochen kann man nicht gerade als erholsam bezeichnen. Das Fazit, das wir aus diesem Semester ziehen können, heißt: Möglichst sollten Wolfgang und ich zusammenbleiben; denn es ist nun wirklich nicht mehr so, dass aus unserem Zusammensein Verzettelungen entstehen oder dass der eine den anderen »herabzieht«.

Das war eine Spitze gegen den vorher immer wieder an mich erhobenen Vorwurf, ich würde den »zu Höherem« berufenen Wolfgang »herabziehen« und an seinem Fortkommen hindern … Mein Licht wollte ich deshalb nicht unter den Scheffel stellen und fuhr fort:

Wir wissen natürlich, was für schwere Opfer Euch dieses Semester gekostet hat. Überlegt man aber, dass ich ein ganzes Semester eingespart habe, dann ist es so doch billiger geworden, als wenn es zwei in Hamburg gewesen wären. Erlangen gefällt uns so gut, dass wir – wenn es für Euch möglich ist – die nächsten zwei Semester noch hier verbringen möchten. Doch das wird sich ja alles noch finden, und jetzt liegen drei lange Monate Semesterferien vor uns.

Erste Semesterferien in Hamburg

Ich kutschierte uns mit dem DKW-Junior in Richtung Hamburg. Als wir auf den Elbbrücken waren, zeigte sich bei klarem Wetter die Silhouette der fünf Hauptkirchen: St. Michael (»Michel«), St. Nikolai, St. Petri, St. Katharina und St. Jacobus. Noch für viele Jahre war das für mich ein bewegender Moment, wenn ich dachte: »Nun bist du wieder in Hamburg«.

Mein Vater Erich meinte, wir sollten uns in den Semesterferien schon auf das kommende Semester vorbereiten, mit seiner zweiten großen Hürde: Dem Erlernen des Hebräischen in Wort und Schrift. Aber dem stand ein anderes Problem im Weg: Mit dem Ausbleiben des Monatswechsels waren wir nicht mehr »flüssig«. Und selbstverständlich wollte ich auf die Annehmlichkeiten und Möglichkeiten der Großstadt nicht verzichten: Gelegentlich mit meinem Freund Knut in die »Palette« gehen, in den »Top Ten-Club« an der Reeperbahn, in die Weinstube Nagel am Rödingsmarkt oder zum New Orleans Jazz in den River-Kasematten am Fischmarkt.

Vielleicht habe ich in der »Palette« den Tipp erhalten: Die Axel Springer Druckerei suche Studenten für einen zeitlich begrenzten Job, der ziemlich gut bezahlt sei. Axel Cäsar Springer habe ein Herz für Studenten. – Ich fragte an und wurde genommen. Die Arbeit war nicht sehr anstrengend und überhaupt nicht kurzweilig. Jeweils 5 Studenten pro Schicht, hatten wir auf Rohrpostbüchsen zu warten und den Inhalt der darin befindlichen Papiere in ein Buch einzutragen. Manchmal dauerte es ewig, bis so eine Büchse herangedonnert kam, dann wieder kam eine nach der anderen an. Da die Nachtschicht die Lukrativste war, sah ich zu, möglichst oft in ihr eingeteilt zu werden, am liebsten in der Nacht von Sonntag auf Montag, weil es da 345 Prozent Zulage gab. Zufrieden strich ich meine Lohntüten ein.

In der Nacht war so wenig zu tun, dass zwei die Arbeit ganz alleine tun konnten, während die anderen drei für eine verabredete Zeit in die nahe gelegene »Palette« oder anderswohin gingen. Natürlich wurde abgewechselt. Unsere nächtlichen Streifzüge führten uns auch in eine berüchtigte Penner-Kneipe am Ende der Passage Bäckerbreitergang. Die Kneipe beherbergte von Drogen und Alkohol so verwüstete Menschen, dass hier »Dokumentar«-Aufnahmen für den Film »Mondo Cane« gedreht wurden – »eine krasse Kontrastmontage ... (der Film) stellt eine Sammlung menschlichen Fehlverhaltens und zerstörerischer Zivilisationserscheinungen zur Schau: Frauen, die Schweine säugen, religiöse Fanatiker, die sich den Körper blutig schlagen, Frauen halbwilder Eingeborener, die in Ställen gemästet werden, und dergleichen mehr.« (Lexikon des Internationalen Films). Diese »Verfluchte Welt«, mit wirklich auf den Hund gekommenen Menschen, lag gerade einmal um die Ecke.

In der Tagschicht war mir ein großer kräftiger Kerl aufgefallen, mit gutmütigen und großen, etwas melancholischen Augen. In der Kantine bestellte er zum Essen immer ein Glas Milch. Wir kamen ins Gespräch. Ich bot ihm an, ein kleines Bier zu spendieren. Er lehnte ab: Milch schmecke ihm besser. – Dann hatten wir beide Nachtschicht. Als wir an der Reihe waren, gingen wir in die »Palette«. Am Tresen verlangte er zur Erheiterung der Umstehenden ein Glas Milch. Das gab es hier nicht und so stieß er zögernd hervor: »Dann geben sie mir eben ein großes Bier.« Was nun folgte, geschah in kürzester Zeit: Er stürzte das Bier hinunter, bestellte ein weiteres mit einem doppelten Korn dazu, wiederholte diese Prozedur noch einmal und trank danach noch mehrere doppelte Korn. Dann war er stockbetrunken. Diese Betrunkenheit wich nicht mehr von ihm, solange wir bei Springer arbeiteten.

Ich fühlte mich schuldig an diesem Rückfall eines Alkoholikers und deckte ihn vor den Folgen ab. Begleitete ihn auch bei seinen nächtlichen Exzessen, um ihn vor dem Schlimmsten zu bewahren. Das Schlimmste war seine Suizidgefährdung. Er hatte schon zahlreiche Selbstmordversuche hinter sich und war nur durch fast unglaubliche Zufälle noch am Leben. – Eines Nachts schleppte ich ihn zu uns nach Hause am Schnelsener Königskinderweg, um ihn von weiterem Trinken abzuhalten. Da es im Haus keinen Alkohol gab, fing er an zu randalieren und fiel sturzbetrunken auf den teuren Mies van der Rohe-Glastisch im Wohnzimmer. Meine Eltern nahmen das mit großer Toleranz hin, verbaten sich aber zu Recht weitere solcher »Besuche«. – Er war ein hochbegabter Werbegrafiker, der vorher glänzend verdient hatte. Ich sah voller Hochachtung mehrere seiner Entwürfe. Ob er wohl noch am Leben ist? – Später erst lernte ich, was ein »Sturztrunk« ist und wie falsch ich mich als Co-Alkoholiker verhalten hatte.

Dann kam eine denkwürdige Lehrstunde, die ich nie im Leben vergaß. Ich wurde mit einer Nachfrage in die Druckerei geschickt. Ich wandte mich an den Meister, der gleichzeitig im Betriebsrat tätig war. Wir kamen ins Gespräch. Er fragte mich: »Wisst ihr Studenten überhaupt, wofür ihr hier arbeitet?« Ich wusste es wirklich nicht. Er klärte mich auf: »Was ihr da in das große Buch eintragt, sind die Zeiten, die von den Druckereiarbeitern für bestimmte Arbeitsabläufe benötigt werden. Eine Fremdfirma hat gegen den Widerstand des Betriebsrats den Auftrag bekommen, die nötigen Zeitmessungen vorzunehmen. Wir sollen unter verschärften Zeitdruck gesetzt werden. Ihr könnt euch denken, dass ihr bei den Arbeitern weiß Gott nicht sehr beliebt seid!« Ich war wie vor den Kopf geschlagen. Dafür also brauchte der Herr Axel Cäsar Springer uns Studenten. Und wir hatten uns zu fragen: Wie kann man sich an einer Arbeit beteiligen, deren Zielsetzung man nicht kennt?!»Nach 6 Wochen geht ihr hier wieder fort«, ergänzte der Meister noch, »und später, wenn ihr ausstudiert habt, seid ihr diejenigen, die solche Aufträge erteilen und Druck auf die Arbeiterschaft ausüben. Ihr seid hier nicht willkommen.« Mein Mütchen war sehr gekühlt, als ich zu meiner Rohrpost zurückkehrte. Dies machte klar, dass alle meine bisherigen »kleinen Revolten« immer auf dem Hintergrund meiner eher kleinbürgerlichen Herkunft ausgebrochen waren. Es gab daneben in den Betrieben und Fabriken eine Welt, von deren Inhumanität ich nichts wirklich wusste noch ahnte und gegen die viel begründeter noch zu rebellieren war.

In diese Zeit fiel auch das Ende der »Palette«. Eingeläutet wurde es durch den Fall Petra Kellner: Die 17-jährige Tochter eines Amtsarztes und Universitätsdozenten hatte nach eigener Aussage in der »Palette« vier Wachmacherpillen (Captagon?) eingenommen und sei – so die Zeitung »France Soir« in Paris – »dadurch so muntergeworden, dass sie erst drei Stunden, nachdem sie daheim in Langenhorn hätte sein sollen, wieder runterkam.« Aus Angst vor ihrem Vater habe sie sich entschlossen, mit einem Kumpel aus der »Palette« nach Paris zu trampen. Sie ließ im Lokal in der ABC-Straße ihre Ausweispapiere und das Foto eines Unbekannten zurück. Nicht nur im bürgerlichen Hamburg schlugen die Wellen hoch, sondern das publizistische Echo war bundesweit. Drang vielleicht die Gammler-Szene nun auch schon in die höchsten Kreise der Hansestadt ein? War Petra Kellner vielleicht entführt worden? War sie – wie das »Hamburger Abendblatt« titelte – mit einem Autogangster unterwegs und in Marseille gelandet? Eine Reporterin dieses

Blattes macht bei den Kellners einen Hausbesuch und registriert das bildungsbürgerlich sortierte Bücherregal mit AutorInnen wie Francoise Sagan, Gabor von Vaszary, Cronin, Margery Sharp und die Aussage: »Petra hat zu Hause keine bösen Worte gehört«. Sechs Tage nach ihrem Verschwinden wird Petra Kellner in Paris aufgespürt, kehrt zu ihren Eltern zurück, und die Welt scheint wieder in Ordnung. Die »Palette« aber trägt nun das Etikett »jugendgefährdend« am Revers, und die Razzien häufen sich. Anfang November wird sie u. a. wegen Drogenhandels geschlossen. Zu der Zeit war ich bereits wieder in Erlangen und bekam es gar nicht mit.

Zu posthumem Weltruf ist die »Palette« durch Hubert Fichtes Roman gleichen Namens gekommen. Als es 1968 erschien, kaufte ich ihn und war fasziniert vom Schreibstil Fichtes. Bereits im Oktober 1966 hatte Fichte im Star-Club von St. Pauli, auf der »Beatles«-Bühne, Auszüge aus dem im Entstehen begriffenen Roman zusammen mit der Beat-Band »Ian & The Zodiacs« präsentiert. Unter dem Titel »Beat und Prosa« wurde die Veranstaltung zu einem unerwartet großen Erfolg. Dieter E. Zimmer schrieb damals in der ZEIT:

> *Hier, im »heiligen Sanktus-Paulus Village«, erschlug der Beat die Prosa nicht; beide koexistierten, mehr: sie machten gemeinsame Sache, sie dementierten das angebliche Schisma zwischen der Sub-, der Popkultur, die ihre Kleidung und Sprache und Umgangsformen hat, und der seriösen, der höheren, der dunkel gekleideten »eigentlichen Kultur.« ... Hier im »Star-Club« wurde eine andere Form ausprobiert, und sie funktionierte: Die Diskrepanz schien fast ausgelöscht. Der Dichter fand zwanglos ein neues Publikum.*

Die Tonaufzeichnung von »Beat und Prosa« habe ich mir später besorgt und höre sie mir als über 70-jähriger ab und zu im Rhythmus jener Zeit wieder an. So bleibt die »Palette« bei mir »forever young«.

Meine ersten Semesterferien gingen zu Ende. In meiner Erinnerung sind sie stets begleitet vom hämmernden Rhythmus des Beatles-Songs »A Hard Day's Night«, der aus allen Lautsprechern dröhnte. Den Text begriff ich in seiner Bedeutung nicht. Ich verstand – oberflächlich nur hinhörend – irrtümlich: »Es war eine harte Nacht«. Denn die Nächte in diesen drei Monaten hatten es in sich gehabt…

Mummenschanz, Magnifizenzen und theologische Erblasten

Am 4. November dieses Jahres 1964 bewegte sich eine außerordentlich merkwürdige Prozession vom Kollegienhaus her durch den Schlossgarten, auf dem Weg zur Aula des Erlanger Schlosses: Hauptsächlich ältere Herren in farbigen Talaren und mit verschiedenartigen Baretten auf dem Kopf. Gemessen und würdevoll schritten sie an uns vorbei, um der Rektoratsübergabe beizuwohnen: Vom bisherigen Rektor, dem Historiker Götz Freiherr von Pölnitz, an den neuen Rektor, den Ordinarius für Neues Testament Gerhard Friedrich.

Für mich hatte dieser Mummenschanz etwas überaus Erheiterndes. Vor allem, als ich in der Nahaufnahme die Gesichter mir bekannter Professoren unter der Verkleidung entdeckte: z. B. die Gesichter von Walther von Loewenich und von Wilhelm Maurer, den wir heimlich den Glöckner von Notre Dame nannten. Ich lachte so laut, dass mich Wolfgang mit dem Ellenbogen zurechtweisend in die Seite stieß. Noch allerdings war es ein weiter Weg bis hin zur Rektoratsübergabe in Hamburg und dem berühmten Transparent »Unter den Talaren Muff von tausend Jahren« – obwohl es nur noch drei Jahre dauern sollte.

Helmut Thielicke war der damalige »Superstar« der Theologie. Er hatte auch in Erlangen Theologe studiert. In seiner eitlen autobiografischen Selbstbespiegelung »Zu Gast auf einem schönen

Stern« (erschienen 1984) schrieb er über seine Feier der Rektoratsübernahme in Tübingen 1951:

> Die »Inthronisations«-Feier verlief glanzvoll nach der Überlieferung dieser alten, fast 500-jährigen Alma Mater: Der langen Doppelreihe der Professoren, deren Talare aus einer alten Ordenstracht hervorgegangen waren – *all das wurde später, in schäbiger, »demokratisierender« Weise abgeschafft* (Fettschrift durch den Verfasser) –, schritten in feierlicher Gewandung zwei Pedelle mit den alten Zeptern der Universität voraus. Musik begleitete diesen Introitus. Der festliche Raum tat das übrige, um der Stunde Glanz zu verleihen. … Die Amtskette, die mir umgelegt wurde, hatten schon die württembergischen Könige getragen, wenn sie jeweils als Rector magnificus (hier irrte Thielicke: Der König war der »rector magnificentissimus«) zu einer festlichen Veranstaltung der Universität erschienen waren. Sie war aus purem Gold.

Zu Gold und Geld hatte Thielicke ein ausgesprochen positives Verhältnis. Vor dieser Feier hatte er – wie er völlig naiv kundgibt – sich vom Generaldirektor von Daimler-Benz ein »funkelnagelneues Modell« eines Mercedes schenken lassen. Wegen der von ihm geforderten üppigen Honorare für Vorträge gab es bei uns Theologiestudenten die satirisch gemeinte Legende: Es gäbe eine neue Währung. Ihr Name sei »Thiel« (1 Thiel = 2000 DM), und ein Vortrag von ihm koste eine Menge Thiel…

Als 1967 in Hamburg dem Mummenschanz – nur scheinbar endgültig – der Garaus gemacht wurde, kommentierte es der vermeintliche theologische Superstar in seinen Erinnerungen so:

> Am 9. November 1967 begann für mich im Auditorium Maximum der Hamburger Universität einer der traurigsten Lebensabschnitte, und zwar bei dem »feierlich« sein sollenden Rektoratswechsel. Hier brach in einem Paroxysmus entfesselter Happenings jene Studentenrevolte aus, deren

deprimierende Erscheinungen nicht nur die folgenden Jahre verfinsterten, sondern die auch die Strukturen der deutschen Universität bis in die Grundfesten erschütterten. Die Feigheit von Politikern und Professoren ließ eine geradezu perverse und lähmende Form von »Demokratisierung« zu, von Mitspracherechten nicht Zuständiger, von hanebüchenen Titelanhebungen – wie inhaltsleer ist seitdem das Wort »Professor« geworden – und von konkurrierenden, sich gegenseitig lähmenden Gruppen. Diese Revolte bildete eine historische Zäsur, nach der es zum Niedergang der deutschen Universität kam. Den Prestigeverlust dieser einst so angesehenen Institution konnte ich in aller Welt beobachten.

Den »Niedergang« haben die deutschen Universitäten, besonders durch den Reformschub jener Jahre, ziemlich lebendig überstanden. Hier spricht eine männliche Primadonna, die tief in ihrem Stolz gekränkt ist. Nach über 30 Jahren liest sich das immer noch peinlich. Das Wort des Boethius kann einem einfallen: »Si tacuisses, philosophus mansisses« – »Wenn du geschwiegen hättest, wärest du Philosoph geblieben«…

An den Vortrag, den der neue Rektor Gerhard Friedrich hielt, kann ich mich nicht mehr erinnern, obwohl ich als Zuhörer in der Aula des Schlosses saß. Seine neutestamentlichen Vorlesungen erschienen mir damals so tranig und langweilig, dass ich mich nicht entschließen konnte, sie zu belegen. – Umso erstaunter war ich jetzt, als ich mir den Vortrag, der in der Reihe »Erlanger Universitätsreden« erschienen war, bibliothekarisch besorgte. Seine Rede hatte den Titel »Auf das Wort kommt es an!« Er zitierte zustimmend darin Karl Marx und sogar Stalin. Friedrich hatte die Rede äußerst gründlich recherchiert, und sie ist immer noch lesenswert.

Neben vielen anderen noch heute gültigen Bewertungen und Feststellungen gefällt mir besonders die über das *Koinè*-Griechisch (die damalige hellenistische Umgangssprache), in der das Neue Testament überliefert ist. Das bedeutete für Friedrich:

*Durch die Funde wurde es immer deutlicher, dass die Boten Jesu sich nicht einer besonderen Sprache, sondern der Sprache ihrer Zeit bedient hatten. Sie redeten nicht eine durch den sakralen Gebrauch geheiligte Sprache, erst recht verwendeten sie nicht eine Geheimsprache, sondern sie gebrauchten Wörter und Vokabeln, die damals üblich und gebräuchlich waren, so dass sie von jedem verstanden werden konnten.
… Das hat ganz bestimmte Konsequenzen für die Predigt heute. Predigen heißt nicht traditionelle Worte hersagen, die durch den Gebrauch oder auch Missbrauch vielleicht ihren ursprünglichen Sinn bereits verloren haben. Predigen heißt nicht ghettohaft oder anders ausgedrückt »binnenkirchlich« alte Formeln nachbeten, die heute nicht mehr verstanden werden, weil die religiösen, philosophischen, wirtschaftlichen und politischen Verhältnisse sich geändert haben … Predigen heute bedeutet, die Botschaft von damals allen Schichten des Volkes so zu sagen, dass sie aufgenommen wird und sich das ereignet und verwirklicht, was in der Predigt ausgesagt und gefordert wird.*

Besser kann man eigentlich nicht formulieren, wie eben auch »politische Predigt« als Zeitansage wichtig und nötig ist. Dietrich Bonhoeffers »Weltlich von Gott reden« kommt sofort in den Sinn. – Am Ende heißt es sehr fortschrittlich und mit reformerischem Elan:

Wo das Wort, das Gott den Menschen in den Mund legt, laut wird, da ist es wieder gefüllt, da ereignet sich auch etwas, da werden neue Menschen, und mit den neuen Menschen entstehen neue Verhältnisse.

Dann zitiert er aus Bonhoeffers »Widerstand und Ergebung« und stellt das an den Schluss:

Der Tag wird kommen, an dem wieder Menschen berufen werden, das Wort Gottes so auszusprechen, dass die Welt sich darunter verändert und erneuert. Es wird eine neue Sprache sein, vielleicht ganz unreligiös, aber befreiend und erlösend, die Sprache Jesu, dass sich die Menschen über sie entsetzen und doch von ihrer Gewalt überwunden werden.

Gerhard Friedrich konnte nichts dafür, dass ich ihn damals noch nicht verstanden habe.

In mein Studienbuch trug ich als wichtigste Veranstaltung dieses Semesters ein: »Einführung in die hebräische Grammatik«. Neben kirchengeschichtlichen Vorlesungen bei v. Loewenich und Maurer belegte ich ein kirchengeschichtliches Proseminar beim außerplanmäßigen Professor Karlmann Beyschlag mit dem Thema »Clemens Romanus – der erste Clemensbrief«.

Beyschlag war damals 41 Jahre alt und hob sich angenehm jugendlich von den meist viel älteren Professoren an der Theologischen Fakultät ab. Er strahlte eine nervöse Dynamik aus und war in seinen Urteilen entschieden bis hin zur Polemik. Er konnte einen »absolute beginner« wie mich damit sehr beeindrucken. Bei den Universitätsgottesdiensten war er ein äußerst kritischer Zuhörer und bezeugte seine andere Meinung und sein Missfallen durch Mimik und Gestik so unübersehbar, dass es seinen mehr oder minder geschätzten Kollegen auf der Kanzel nicht entgangen sein kann.

Das Seminar fand in den Räumen der Theologischen Fakultät in der Kochstraße 6 statt, wo wir einen guten Teil unseres Aufenthalts in Erlangen verbrachten. Es sieht heute noch fast genauso aus wie damals – nur hat der Zahn der Zeit den Beton der frühen Jahre zum Bröckeln gebracht. Auch den »Kakaobunker« – für die Tasse Kaffee zwischendurch – gibt es noch. – Clemens, mit dessen langem Brief aus 65 Kapiteln wir uns nun zu beschäftigen hatten, war angeblich der dritte oder vierte Nachfolger auf dem Stuhl Petri und damit Bischof von Rom, wohl in den Jahren 88–97 n. Chr. Er schildert die Situation der römischen Gemeinde in der Verfolgungszeit und befasst sich schiedsrichtend mit Streitigkeiten innerhalb der großen

Gemeinde von Korinth. Der Brief war in der jungen Christenheit viel gelesen und hat von daher eine prägende Wirkungsgeschichte gehabt. Voller Dynamik eröffnete Beyschlag das Seminar. Seine Einleitung war so souverän, dass wir alle vor Bewunderung ehrfürchtig schwiegen. Dann plötzlich stieß er seine erste Frage hervor und blätterte dabei in den Seiten des Briefes: »Was aber machen wir jetzt?« Ein nunmehr bedrückendes Schweigen war zunächst die einzige Antwort auf diese überfallartige »Didaktik«, wie sie wohl für die damalige Zeit auch typisch war. In mir aber hatte sich eine Idee festgesetzt, die noch aus der Aufsatzkunde meiner Schulzeit stammte und ich hob zitternd den Arm: »Wir sollten eine inhaltliche Gliederung vornehmen.« Seine Reaktion war heftig und enthusiastisch: »Eine Gliederung, sagt er. Eine Gliederung!« Er tanzte fast vor Begeisterung. »Der Wunderknabe will eine Gliederung vornehmen. Was für eine großartige Eingebung!« Ich errötete und hasste mich im selben Augenblick dafür. – Im weiteren Fortgang des Seminars fasste er immer, wenn er eine Frage stellte, mich erwartungsvoll ins Auge. Aber meine Eingebung blieb leider eine Eintagsfliege.

Von allen Professoren Erlangens hat mich Karlmann Beyschlag damals am meisten beeindruckt. Umso entsetzter war ich jetzt, als ich seinem weiteren Wirken, das ich völlig aus den Augen verloren hatte, nachging. Ich las seine Darstellung »Die Erlanger Theologie«, die 1993 erschien. Er geht darin der in der Erweckungsbewegung des 19. Jahrhunderts wurzelnden »Erfahrungstheologie« der Erlanger Schule nach und sieht in der Ära der Theologieprofessoren Werner Elert und Paul Althaus in den 20er und 30er Jahren des 20. Jahrhunderts eine weitere »Blüte« der Erlanger Theologie. Zu bewundern ist an diesem Werk, dass es Beyschlag gelingt, ganze Bibliotheken theologischer Literatur formal zu bewältigen und dabei den Blick für das Wesentliche zu behalten. Beim Lesen allerdings kam mir der Gedanke: Was soll eigentlich dieses Unternehmen, das im Staub völlig zu Recht vergessener Folianten wühlt? Was soll z. B. die Beschäftigung mit theologischen Sätzen bringen, wie sie einer der »Großen« der Erlanger Schule, der Professor für systematische Theologie v. Hofmann, in einer Streitschrift gegen einen Kollegen niederschrieb:

> *Dass ich den Unterschied richtig getroffen habe, bestätigt mir Herr Dr. Philippi selbst, indem er mir entgegenstellt, dass infolge der Sünde Gottes Liebe nicht mehr habe wirken können, ohne dass zuvor seiner Heiligkeit eine Genüge geleistet war, oder, wie er es ein anderes Mal ausdrückt, dass sich Gott, während er sich früher zu sich selbst verhalten hatte als der in seiner Liebe vergeben Wollende und doch in seiner Heiligkeit strafen Müssende, nunmehr, nachdem dieses Muss seiner Heiligkeit befriedigt ist, als der vergeben Könnende, ja Müssende verhält, nur dass er den Zwang dieses Müssens durch Selbstdarbringung des Versöhnopfers in dem geliebten Sohne sich selber angetan hat.*

Solche monströsen theologischen Sätze wurden in einer Zeit geschrieben, als in Deutschland – auch in Erlangen – die Industrialisierung begann und die Arbeiterschaft hemmungslos ausgebeutet wurde und unter elenden Bedingungen in den Mietskasernen der Städte ihr armseliges Leben führte – so wie die Familie meines Großvaters in Berlin. Diese bei Beyschlag für wichtig gehaltene Streitschrift – sonst hätte er sie nicht als »Beilage« abdrucken lassen – ist doch nur ein Zeugnis dafür, wie weit die Theologie vom realen Leben und von den tatsächlichen Konflikten in der Gesellschaft entfernt war und wie sie die tatsächlichen Antagonismen verschleierte. – Nicht viel anders schien es sich in meinen Erlanger Jahren 1964/65 mit der ganzen dort dargebotenen Theologie zu verhalten.

Aber das war es nicht, was mich jetzt am weiteren Werdegang Beyschlags entsetzte. Erschreckend fand ich seinen Versuch der Reinwaschung der Erlanger Theologie in der Nazizeit, wie er es in seinem Exkurs *Die Erlanger Fakultät und der Kirchenkampf* (»Die Erlanger Theologie«, S. 160 ff.) in den Raum gestellt hat. Beyschlags Buch erschien 1993. Mit keinem Wort von ihm erwähnt: Im Rahmen des 18. Deutschen Evangelischen Kirchentags 1979 in Nürnberg gab es eine aufsehenerregende Veranstaltung zum Thema »Wie war das möglich? Das Erlanger Gutachten zum Arierparagraphen 1933. – Erlanger Theologen stellen sich einer Entscheidung ihrer Fakultät.« Ich selbst habe leider diese Veranstaltung nicht besucht, hörte aber von ihrer großen Nachwirkung. Mein Freund und Kollege Helge Müller, der daran teilnahm, lobte die gründliche Vorbereitung und gelungene Methodik. So hatte z. B. jeder Teilnehmer im Abdruck alle wichtigen Dokumente zur Verfügung, um sich ein eigenes Bild zu m achen. Beyschlag kann diese Veranstaltung, die hohe Wellen schlug, gar nicht entgangen sein. Sie in seinem Buch über die Erlanger Theologie zu verschweigen kommt einer Geschichtsfälschung nahe. Auch durch Auslassen kann man fälschen!

Der Hintergrund: Am 7. April 1933 (»Gesetz zur Wiederherstellung des Berufsbeamtentums«) wurde u. a. verfügt, dass »Nichtarier« aus rassistischen Gründen entlassen oder in den vorzeitigen Ruhestand versetzt werden sollten. Die Preußische Generalsynode hatte schmählicher Weise am 5. September 1933 diesen »Arierparagraphen« für die größte deutsche Landeskirche übernommen und strebte eine Übernahme durch alle Landeskirchen an. Daraufhin wurden Gutachten theologischer Fakultäten angefordert, um das theologisch verantwortlich entscheiden zu können. Die von Rudolf Bultmann geprägte Stellungnahme der Marburger theologischen Fakultät sagte »Nein« – ohne jedes Wenn und Aber. Von Rudolf Bultmann selbst stammt der Satz (Dezember 1933):

Die Kirche darf nichts von ihrer Verkündigung preisgeben, die auch das Volksbewusstsein unter die Kritik des Wortes Gottes stellt. Lehnt sich das Volksbewusstsein gegen diese Kritik auf, so ist es das Bewusstsein eines unchristlichen Volkes, das seine Begrenzung durch Gott vergessen hat.

In Erlangen waren es Paul Althaus und Werner Elert – die damals herausragenden »Köpfe« der Fakultät –, die mit der Erlanger Stellungnahme seitens der anderen Fakultätsmitglieder beauftragt wurden. Was dabei herauskam, wurde auf dem Kirchentag in Nürnberg 1979 wie folgt zusammengefasst (zitiert aus den Kirchentagsprotokollen):

> *Die Gutachter – also Althaus und Elert – stellen zunächst fest, dass das Evangelium für alle Menschen gleichermaßen gilt und davon kein Mensch, und also erst recht kein ganzes Volk, auszuschließen ist. Vor Gott sind alle Christen gleich. Aber diese Einheit im Glauben hebt die biologischen und gesellschaftlichen Unterschiede nicht auf, sondern sie bindet, wie im 1. Korintherbrief, Kapitel 7, Vers 20 zu lesen ist, jeden an den Stand, in dem er berufen ist. Also müssen die Christen die biologische Bindung an ein bestimmtes Volk mit Gesinnung und Tat anerkennen. Aus dieser Trennung folgt, dass die Geistlichen dem gleichen Volkstum angehören sollen wie ihre Gemeindeglieder.*
>
> *Wie ist dieser Grundsatz nun auf die Christen jüdischer Abstammung anzuwenden? Ob die Juden in Deutschland im vollen Sinne dem deutschen Volke angehören oder ein eigenes Volkstum bilden und somit ein Gastvolk sind, kann die Kirche als solche nicht entscheiden. Diese Frage kann nur das Volk im Blick auf seine besondere biologisch-geschichtliche Lage beantworten.*
>
> *Das Volk empfindet aber die Juden in seiner Mitte mehr denn je als ein fremdes Volkstum. Es hat die Bedrohung seines Eigenlebens durch das Judentum erkannt und wehrt sich gegen diese Gefahr mit rechtlichen Ausnahmebestimmungen. Das grundsätzliche Recht des Staates zu derartigen gesetzgeberischen Maßnahmen ist von der Kirche unbedingt anzuerkennen.*

Da die Kirche sich nun wieder neu auf ihre Aufgabe besinnt, Volkskirche der Deutschen zu sein, muss sie auch die Bestimmungen des Arierparagraphen bejahen. Wegen *des schlechten Verhältnisses zwischen Juden und Christen im Staat würde die Zulassung von Judenstämmigen zu kirchlichen Ämtern die Kirche schwer belasten und hemmen. Sie muss daher die Zurückhaltung ihrer Judenchristen von den Ämtern fordern. Ausdrücklich weisen die Gutachter darauf hin, dass zwar Judenchristen nicht mehr zu Ämtern zugelassen werden können, ihre volle Gliedschaft in der Deutschen Evangelischen Kirche aber dadurch –angeblich – nicht bestritten oder eingeschränkt wird.*

Ausnahmen sollen in erster Linie für jene Geistlichen gelten, die schon im Amt stehen. Würde die Kirche Pfarrer jüdischer oder halbjüdischer Abstammung, die sich bereits im Dienst bewährt haben, entlassen, würde die ganze Amtseinsetzung der Kirche unglaubwürdig. Die Kirche kann hier nicht einfach überall die Bestimmungen der staatlichen Gesetzgebung übernehmen, sondern muss nach eigenen Regeln handeln. Die Entscheidung in den einzelnen konkreten Fällen weisen Althaus und Elert den Bischöfen zu.

Als erster äußerte sich öffentlich – nach 46 Jahren Funkstille in dieser Sache – der damalige Dekan der theologischen Fakultät Erlangen, Professor Manfred Seitz. Bemerkenswert ist dies besonders deshalb, weil Seitz wie Beyschlag als »evangelikal« eingeordnet wurde; gemeinsam hatten sie die »Lebenswort-Gruppen« initiiert, die das spirituelle Leben der Studenten im Blick hatten, u. a. durch wöchentliche memoratio und meditatio eines Bibelverses. – Auf die Nachfrage eines Diskutanten, warum diese Funkstille solange gedauert habe, sagte Seitz: *Es gibt dafür einen ganz menschlichen Grund: Es ist die Scheu, unangenehme Stellen der Vergangenheit, die der Staub der Geschichte zu verhüllen beginnt, anzurühren und aufzudecken.* Als nun das Kirchentagsprojekt ruchbar wurde, taten sich, wie Seitz berichtet, *emotionale Abgründe auf. Aus ihnen kommen uns brieflich zugegangene Worte der Verwerfung, wie:* »*Scherbengericht*« *und* »*Nestbeschmutzung*«; *oder: In anderen Theologischen Fakultäten sei Schlimmeres geschehen, und was in Erlangen geschah, habe keinerlei Auswirkung gehabt.*

Genau des letzteren Arguments bedient sich Beyschlag in seiner Beurteilung des Erlanger Gutachtens (»Die Erlanger Theologie«, S. 165): Nachdem er die »taktische Wendigkeit« des Dokuments gelobt hat, schreibt er, die Sache vermeintlich abschließend: *Indessen wird man der ganzen Auseinandersetzung im historischen Rückblick kaum überragende Bedeutung zumessen können, nachdem der* »*Arierparagraph*« *bereits im November 1933 kirchlich gescheitert war. Die hier besprochenen Gutachten und Stellungnahmen sind in den Turbulenzen der folgenden Zeit förmlich untergegangen.* So einfach machte es sich Beyschlag, um die »Erlanger Theologie« des Jahres 1933 aus der Verantwortung zu stehlen. Dem stehen die auf dem Nürnberger Kirchentag gesprochenen Worte von Professor Manfred Seitz entgegen:

> *So ist es letzten Endes ein theologischer, ein im Glauben liegender Grund, warum wir das über unsere Fakultät lastende Schweigen ebenso wie das Gerede über sie brechen. Wir sind als Theologen und Christen fest davon überzeugt, dass wir nicht nur das Gute, sondern auch die Belastungen eines geschichtlichen Erbes übernehmen und eine Einstellung dazu finden müssen.*

Das war das Wort zur Stunde! Nun konnte die inhaltliche Auseinandersetzung mit dem Gutachten beginnen. Vertreter aus drei verschiedenen Disziplinen der Fakultät kamen zu Wort: Der biblischen, der historischen und der systematischen Theologie. Neben allen anderen geäußerten Richtigkeiten ragt das Votum des Systematikers Christofer Frey als besonders stichhaltig heraus. Er beschreibt die dogmatische Vorstellungswelt des Gutachtens so:

Das menschliche und das christliche Leben sind biologisch und völkisch bestimmt. Damit tritt nun das Schicksal in Gestalt biologischer und geschichtlicher Bindung an ein Volk neben Gott. Mit diesem Schicksal schleichen sich Vorurteile ein, die damals in deutsch-nationalen und antisemitischen Strömungen verbreitet waren. So können Theologen, die sich an die biblische Verkündigung und auch an die Reformation halten, nicht vom Schicksal reden. Das Schicksal so hoch zu erheben bedeutet, Einstellungen, die nicht aus dem Glauben gewonnen sind, nachträglich theologisch zu überhöhen.

Dann aber nimmt er den eigentlichen Skandal in den Blick:

Im Jahre 1933 führte nun diese »Theologie der Anpassung« dazu, dass man zwar den Staat vom Einfluss der Kirche freihalten wollte. Ob die Juden dem deutschen Volke angehören, das »kann die Kirche als solche nicht entscheiden«, steht dort. Das heißt, zum Bruch der Rechtsstaatlichkeit, zur Diskriminierung einer Minderheit hatte die Kirche nichts zu sagen.

So war es! Und es ist wahrhaft erschreckend bei Beyschlag dann darüber solche Verunglimpfungen zu lesen: »*Dass man ihn (Werner Elert) – ebenso wie Paul Althaus – im Zuge sogenannter ›Vergangenheitsbewältigung‹ posthum zum Schrittmacher der NS-Ideologie hat degradieren wollen, spricht nicht für die Wahrheitsfähigkeit der Gegenwart, wohl aber für die Versumpfung heutiger theologischer Verhältnisse.*« Starker Tobak. Aber es kommt noch schlimmer.

Für uns, die wir feststellen mussten, wie sehr die evangelischen Landeskirchen 1933–1945 braun »versumpft« gewesen waren – meine pfälzische Landeskirche und die meisten ihrer Pfarrer waren fest in der Hand der naziverseuchten »Deutschen Christen« – war es demgegenüber eine Wohltat vom »Barmer Bekenntnis« (29.–31. Mai 1934) zu hören. Ich beschränke mich auf den ersten Artikel, der gleich wie ein antinazistischer Paukenschlag ertönt:

Wir bekennen uns angesichts der die Kirche verwüstenden und damit auch die Einheit der Deutschen Evangelischen Kirche sprengenden Irrtümer der »Deutschen Christen« und der gegenwärtigen Reichskirchenregierung zu folgenden evangelischen Wahrheiten:

1. (nach Zitierung von Johannes 14, 6 und Johannes 10, 9)

Jesus Christus, wie er uns in der Heiligen Schrift bezeugt wird, ist das eine Wort Gottes, das wir zu hören, dem wir im Leben und Sterben zu vertrauen und zu gehorchen haben.

Wir verwerfen die falsche Lehre, als könne und müsse die Kirche als Quelle ihrer Verkündigung außer und neben diesem Worte Gottes auch noch andere Ereignisse und Mächte, Gestalten und Wahrheiten als Gottes Offenbarung anerkennen.

Unter dem »anathema sit« (»Wir verwerfen die falsche Lehre« …) von Barmen steht schon im 1. Artikel die »Schöpfungsordnungstheologie«, wie sie besonders in der »Erlanger Theologie« vertreten wurde. Über sie sagt in gebotener Schärfe der Kirchenhistoriker Berndt Hamm in seinem Aufsatz »Schuld und Verstrickung der Kirche – Vorüberlegungen zu einer Darstellung der Erlanger Theologie in der Zeit des Nationalsozialismus«:

… die Vertreter einer Theologie der Schöpfungsordnungen (gaben) den nationalistisch, autoritär-faschistisch und völkisch bestimmten Ordnungskonzeptionen eine religiös überhöhte, in das verklärende Licht göttlicher Gesetzgebung gerückte Bedeutung. Dadurch werden diese Ordnungen zu etwas Absolutem und ethisch Bindendem.

Gegen das Bekenntnis von Barmen, das diese Ordnungstheologie verdammte, war deshalb der »Ansbacher Ratschlag« vom 11. Juni 1934 gerichtet, wenige Tage nach der Barmer Bekenntnissynode. Werner Elert und Paul Althaus waren dem »Ansbacher Kreis« »hinzugetreten« – wie Beyschlag das formulierte. Dieser Kreis verstand sich als theologische Arbeitsgruppe innerhalb des »Nationalsozialistischen Evangelischen Pfarrerbundes«. Berndt Hamm hat den »Ratschlag« inklusive kritischer Kommentierung zusammengefasst:

> *Ein sprechendes Beispiel für diesen Weg der Schöpfungsordnungstheologie bietet der von Werner Elert und Paul Althaus gegen die Barmer »Theologische Erklärung« verfasste »Ansbacher Ratschlag« vom 11. Juni 1934. Den beiden Erlanger Systematikern zeigt sich das Gesetz Gottes »in der Gesamtwirklichkeit unseres Lebens«. In fordernder und verpflichtender Weise binde es jeden »an die natürlichen Ordnungen, denen wir unterworfen sind, wie Familie, Volk, Rasse (d. h. Blutzusammenhang)« und »an den bestimmten historischen Augenblick der Familie, des Volkes, der Rasse, d. h. an einen bestimmten Moment ihrer Geschichte.« Diese konkreten Ordnungen, in denen sich nicht nur Gottes bindender Wille, sondern auch seine schenkende Güte bekunde, finden die Verfasser in der nationalsozialistischen Staatsordnung und in der Person Hitlers: »In dieser Erkenntnis danken wir als glaubende Christen Gott dem Herren, das er unserem Volk in seiner Not den Führer als ›frommen und getreuen Oberherrn‹ geschenkt hat und in der nationalsozialistischen Staatsordnung ›gut Regiment‹ mit ›Zucht und Ehre‹ bereiten will. Wir wissen uns daher vor Gott verantwortlich, zu dem Werk des Führers in unserem Beruf und Stand mitzuhelfen.«*
>
> *Die fromme und antiquierte Sprache dieses Luthertums mit ihren Zitaten aus Luthers Kleinem Katechismus (Auslegung der vierten Vaterunser-Bitte) zeigt, wie ungeschützt die Hüter einer ehrwürdigen theologischen Tradition, obwohl sie keine Nationalsozialisten sind, samt ihrem »klassischen« Vokabular der Verstrickung in den Nationalsozialismus und der Instrumentalisierung durch das NS-System anheimfallen.*

Beyschlags darauffolgender apologetischer Feldzug zur Verteidigung der Erlanger »Blüten«-Theologen ist von wütender Aggressivität. In einer Fußnote seiner »Erlanger Theologie« kennzeichnet er Ernst Wolfs Artikel »Barmen« in der RGG (Standardlexikon »Religion in Geschichte und Gegenwart«) als *»eine weithin gegen Erlangen gerichtete Apologie«*. Die Barmen-Darstellung des renommierten Kirchenhistorikers Klaus Scholder nennt er sprachschöpferisch »anti-erlangisch« … Zu gerne möchte er den Mythos der »Erlanger Theologie« gegen alle vermeintlich feindlichen Widerstände verteidigen. – Dann aber geht es gegen den Hauptfeind der Erlanger Wagenburg: Seinen Fakultätskollegen Berndt Hamm:

Mit dem Versuch von Herrn Kollegen Hamm (Theologische Fakultät Erlangen), die Erlanger Professoren Althaus und Elert als »Täter und Mittäter« der NS-Gräuel (besonders an Juden) i. S. »aktiv mitwirkender Schuld« zu kriminalisieren, habe ich mich in meinem Aufsatz »In Sachen Althaus/Elert; Einspruch gegen Berndt Hamm« ausführlich auseinandergesetzt.

Es kann hier nicht der Ort sein, diesem Dokument historischer Uneinsichtigkeit und persönlicher Diffamierung durch Kommentare ein Gewicht zu geben, das es nicht verdient. Die Weinerlichkeit, mit der darin beklagt wurde, *»dass ›Erlangen‹ der Prügelknabe der deutschen evangelischen Theologie war und blieb«*, wirft aber ein diffuses Licht auch auf das Erlangen, in dem ich damals studierte. Zum Schluss schleudert Beyschlag seinem Kontrahenten Hamm Luthers Erklärung zum 8. Gebot entgegen:

Wir sollen Gott fürchten und lieben, dass wir unsern Nächsten nicht fälschlich belügen, verraten, afterreden oder bösen Leumund machen, sondern sollen ihn entschuldigen, Gutes von ihm reden und alles zum Besten kehren.

Die »fromme und antiquierte Sprache des Luthertums« findet hier noch einmal – als Totschlaginstrument – Verwendung.

Heute weiß ich, warum ich nicht gerne in Erlangen Theologie studiert habe. Erlangen selbst aber, die Stadt und die schöne Umgebung, betrifft das nicht.

Der studentische Alltag in Erlangen

Professor Althaus begegnete ich öfters: Auf der Straße und im Seminar. Ein alter und – wie es schien – immer freundlicher Herr, der gerne mit Studenten ein paar Worte wechselte. Mein Studienfreund Christoph Lindenmeyer, von dem noch ausführlich die Rede sein soll, wohnte wie Althaus auf der »Atzelsberger Steige« – in bevorzugter Wohnlage, hoch über den Niederungen und Abgründen des gewöhnlichen Lebens. Er erzählte mir bei unserem Erlanger Wiedersehenstreffen jetzt, dass er Althaus dort ziemlich oft am Briefkasten begegnet sei. Er kannte Lindenmeyers Vater gut, zu jener Zeit Dekan in Augsburg, der ebenfalls bei ihm studiert hatte. Für seinen guten – auch seelsorgerlichen – Kontakt zu Studenten war er zu Recht bekannt.

Ähnlich freundlich und aufgeschlossen gab sich der Professor für Kirchengeschichte, Wilhelm Maurer, ein kleiner, etwas verhutzelt wirkender Mann, der eine gewisse Ähnlichkeit mit Jean-Paul Sartre besaß. Geistig lagen zwischen ihnen natürlich mehrere Welten … Immerhin war der Biograph Philipp Melanchthons Mitglied der »Bekennenden Kirche« gewesen und nicht wie Althaus und Elert in den Nationalsozialismus verstrickt. – Im Theologischen Seminar war eine Begegnung mit ihm fast nicht zu vermeiden. Wenn ich meine theologischen Arbeiten dort im Flur – mangels einer eigenen Schreibmaschine – schrieb, ging er treppauf, treppab mehrfach an mir vorbei. Dabei wiederholte sich jedes Mal dieselbe Ansprache: »Guten Tag! Schönes Wetter heute. Sie sind ja richtig fleißig! Wie ist Ihr Name?« Als er zum vierten Male vorbeigegangen war, fragte er immer noch nach meinem Namen. Damals erschien mir das wie jene unechte »Brüderlichkeit«, deren Heuchelei ich schon im Internat durchschaut hatte. Wahrscheinlich aber litt er, der vor der Emeritierung stand, an jener Krankheit, die wir heute »Demenz« nennen.

Am Monatsanfang kam per Postanweisung fürs Postsparbuch der Monatswechsel. Das war ein Tag der Freude! Als er im Mai 1964 für mich zum ersten Mal eintraf und einiges Geld abgehoben war, führte mich Wolfgang in ein Lokal in der Drausnickstraße, nicht fern von meinem Zimmer. Das Innere hatte die Schönheit einer Bahnhofsgaststätte. Hinter dem Tresen stand ein wohlbeleibter Mann mit gutmütigen Gesichtszügen. Wir fragten: »Was können Sie uns heute empfehlen?« Mit einer tiefen, fast dröhnenden Stimme, die genussreich das fränkische »R« rollen konnte, antwortete er: »Heut' nehmt's am besten Bullenleber.« Die Leber war paniert, und es gab Salat und auch Kartoffelsalat dazu. Ein großes Glas Bier kostete 48 Pfennige, die Bullenleber 2 Mark 50, zusammen also noch keine drei Mark. Wir waren so ausgehungert, dass wir das Ganze erneut und dann noch einmal bestellten. Den Wirt, den wir heimlich »Bulle« nannten, beehrten wir von nun an immer wieder am Monatsanfang. Die Bestellung erfolgte dann nicht mehr über die verbale Schiene, sondern Wolfgang erhob nur die Hand mit drei Fingern. »Aha!«, sagte dann der Bulle, »heute wieder drei Mal Bullenleber.«

Diesen erstaunlichen Appetit kann nur der nicht verstehen, der das damalige Essen der Erlanger Mensa nicht miterlebt und miterlitten hat. Es war lieblos angerichtet, vorwiegend aus Konservenware stammend, und so wenig, dass wir schon eine Stunde danach wieder Hunger hatten. Verhältnismäßig teuer war es auch: Für 1 DM 10 konnte von einem so hoch subventionierten Essen wesentlich bessere Qualität und Quantität erwartet werden. Der AStA (Allgemeiner Studentenausschuss) rief deshalb zum Mensastreik auf. Das war die erste aufmüpfige Studentenaktion, an der ich teilnahm. Er dauerte nur wenige Tage, war aber sehr erfolgreich: Das Essen wurde – auch auf die Dauer gesehen – wesentlich gehaltvoller, und auch die Menge stimmte nun.

In den Vorlesungen trafen wir auf einen Typus von Theologiestudenten, den ich so nur in Erlangen angetroffen habe: Sie wirkten wie Raupen, die einzig und allein auf ihre Metamorphose zum Pastorenschmetterling warteten. Es waren lauter werdende bayerische Pfarrer, die beflissen den verehrten Professoren zuhörten, als produzierten die nur Nektar und Ambrosia. Theologiestudentinnen gab es damals kaum. Und wenn es sie gab – man möge den Machismo vergeben –, riss es uns nicht gerade aus der Hörerbank. Nur für EINE galt das nicht: Eine meist in Rot gekleidete Kommilitonin, mit ausdrucksstarken blauen Augen, gesundem, ebenfalls rotem Teint und recht strammen Waden. Um sie herum war aber leider immer ein ganzer Schwarm werdender Pastörchen, so dass wir sie nur aus der Ferne anbeteten. Wir nannten sie unter uns: »La Rouge«. Wenn wir uns dann abends nach der Hebräisch-Büffelei gelegentlich dem Studium des Erlanger »Kitzmann«-Bräus widmeten, konnte es geschehen, dass der Abend nur noch mit einem sehnsüchtig gehauchten Ruf ausklang: »La Rouge! O, La Rouge!«

Im Hebräisch-Kurs, der von Gottfried Seitz – dem Bruder des schon erwähnten Professors Manfred Seitz – geleitet wurde, lernten wir als Vokabel das Wort »naschim« für »Frauen«. In unserer vom Mangel her aufgeheizten Fantasie spielte von nun an das Nachdenken über »naschim« eine wichtige Rolle. Im Filmkunsttheater sahen wir »Goldrausch« von und mit Charlie Chaplin. Wolfgang und ich identifizierten uns mit dem armen Tramp, der in Klondike Schnee schaufelt, um das Festmahl bezahlen zu können, zu dem er seine Ersehnte in seine Bretterbude eingeladen hat. Mit Liebe bereitet er alles vor – doch sie lässt ihn sitzen, und er schläft am festlich gedeckten Tisch ein, um nur noch von ihr zu träumen. So wie wir von La Rouge: »O, La Rouge!«

Christoph Lindenmeyer war auch Teilnehmer am Hebräisch-Kurs. Er unterschied sich deutlich von dem beschriebenen »Pastörchen«-Typ. Mit seinem Cäsar-Haarschnitt sah er ein wenig aus wie die melancholische Version von »Prinz Eisenherz« oder auch wie eine traurige »Mickey Mouse«. Später nannte ich ihn »Herr Maus«, wenn ich lustig gestimmt war. Es umgab ihn eine Aura der Vergeblichkeit, in der ich mich mit ihm traf. Wir wussten beide nicht so recht, warum wir eigentlich hier waren. Wir konnten in der dargebotenen Theologie nicht das erkennen, »was uns unbedingt angeht« – wie Paul Tillich die Ergriffenheit durch den Glauben nannte. Seine Verlorenheit hing auch mit einer vergeblichen Liebesgeschichte zusammen: Er und unser Kommilitone Frieder Wunderlich – ein bulliger Pfarrerssohn und Verbindungsstudent – liebten dasselbe Mädchen, das beiden Hoffnungen machte und sich schließlich für den Konkurrenten von »Linde« entschied. Darüber war er noch nicht hinweg.

Abbildung 2: Passbild aus Christoph Lindenmeyers Studienbuch 1965

Abbildung 3: Linde vor seiner alten »Bude« 2015

Zum Trost ging ich mit Linde ins Gilde-Filmkunsttheater, um Jean Luc Godards Film »Außer Atem« zu sehen, der die »Nouvelle Vague« einleitete. Er war für uns wie eine Erlösung vom Mief der 50er Jahre, und seine Hauptdarsteller Jean Paul Belmondo und Jean Seberg wurden von uns schon fast kultisch verehrt. Ähnlich ist es damit Daniel Cohn-Bendit ergangen, dem deutsch-französischen Anführer der 68er Studentenbewegung. In einem 1995 in der »Frankfurter Rundschau« unter dem Titel »Je te salue, Jean Luc!« erschienenen Artikel nennt er »Außer Atem« den ersten »Punkfilm«,

> ... der eine doppelte Revolution war: Sowohl in der Drehkunst als auch in der Art, Ton und Bild miteinander zu schneiden. Ganz zu schweigen von der Darstellung der Gefühle, die (m)eine ganze Generation mitgerissen hat. ... Ich für meinen Teil bleibe geprägt von Jean-Paul Belmondo und Jean Seberg, wie du sie als Patricia und Michel in »Außer Atem« inszeniert hast. Und als Michel stirbt und sein berühmtes »C'est vraiment dégueulasse!« (das ist wirklich widerlich!) flüstert und sie nur noch fragen kann: »Qu'est-ce que ›dégueulasse‹?« beantwortest Du diese Frage nicht, denn was ist schon eine ›Schweinerei‹?

Noch Jahre danach war Jean Seberg mit ihren streichholzkurzen blonden Haaren so etwas wie meine »anima«, die ich in allen Frauen suchte: Eine moderne selbstbewusste Frau, deren Faszination immer bei mir blieb. – Erst in den letzten Jahren erfuhr ich von ihrem erschütternden Schicksal und von dem gar nicht so abwegigen Verdacht, das FBI habe diese »Linke«, die stark mit den »Black Panther« in den USA sympathisierte, auf schändliche und hinterhältige Weise in den Tod getrieben.

Das Verhältnis zu meinem Bruder Wolfgang war immer noch eng. Aber durch die Freundschaft mit Linde hatte die Wagenburg eine Lücke bekommen. Wir versuchten gemeinsam, die hohe Hürde der hebräischen Sprache und Schrift zu nehmen und paukten täglich, abwechselnd bei ihm und mir. Die orientalische Fremdheit dieser Sprache machte uns mehr Mühe, als wir voreinander zugaben. Es bedurfte großer Anstrengungen, um allein schon die Schrift, die von rechts nach links ging, mit ihrer merkwürdig anmutenden Linienführung zu beherrschen. Wolfgang wollte nicht – so wenig wie zunächst ich – Pfarrer werden, sondern strebte eine akademische Laufbahn an. Deshalb besuchte er in diesem Wintersemester 1964/65 ein philosophisches Proseminar bei Jürgen Mittelstraß, einem Assistenten des angesehenen Philosophen Wilhelm Kamlah. Wolfgang hatte über einen Abschnitt aus dem Werk von Karl Jaspers »Der philosophische Glaube angesichts der Offenbarung« ein Referat zu halten. Als der Termin zum Halten des Referats unausweichlich nahe gekommen war, signalisierte er mir restlose Verzweiflung: »Ich verstehe überhaupt nichts mehr!« So setzte ich mich denn hin, und ging mit ihm Satz für Satz die Seiten des Abschnitts durch. Es kam mir zugute, dass ich mich in Hamburg autodidaktisch mit den Schriften von Albert Camus und Jean Paul Sartre beschäftigt hatte. So fing ich zaghaft zunächst an, ihm das Referat zu diktieren. Immer wieder war vom »Umgreifenden« als höchster Form der Transzendenz die Rede, die in den Grenzsituationen des Lebens zur Erscheinung kommt, ohne dass dies jedoch je zu »be-greifen« war. In der Mitte des Form annehmenden Textes beging ich nun allerdings einen entscheidenden Fehler: Ich begann mich daneben mit »Kitzmann«-Bräu zu beschäftigen. Das Verstehen des schwierigen Jaspers-Textes schien das meiner Meinung nach überhaupt nicht zu beeinträchtigen, und so spekulierte ich über seine Bedeutung munter weiter, bis zu unserer Freude das Referat fertiggestellt war. – Als Wolfgang nach Abhaltung des Referats aus dem Philosophischen Seminar zurückkam, war er von einer gewissen Heiterkeit erfüllt, deren Grund bald offenbar wurde. Er hatte darauf die Note »befriedigend« bekommen. In seiner Begründung hatte Mittelstraß gesagt: »Die erste Hälfte ihres Referats zeugt von einem ganz ausgezeichneten Verständnis, dann allerdings ergehen sie sich bis zum Schluss in immer wilder werdenden Spekulationen. Schade!« – Auf das befriedigende Ergebnis hin spendierte mir Wolfgang ein großes Glas »Kitzmann«-Bier. Ich fand: Das hatte ich aber auch verdient!

Verbindungswahn

Mit Linde, der ab dem zweiten Semester einen kleinen FIAT 500 besaß, fuhr ich in das Erlangen benachbarte Dorf Bubenreuth, um einer »Mensur« irgendeiner schlagenden Verbindung beizuwohnen. Wieso wir als Zuschauer auf den »Paukboden« im I. Stockwerk über der Gaststätte zugelassen wurden, weiß ich nicht mehr. Und schon begann nach dem Kommando »Los!« der Sekundanten »auf Anhieb« das Gemetzel der beiden »Paukanten«, die dick vermummt, mit Augen- und Ohrenschutz, mit ihren »Korbschlägern« aufeinander einhieben. Der Kampf war nur kurz: Einer der beiden erhielt eine stark blutende Platzwunde im Gesicht und wurde, nachdem er medizinisch versorgt war, »abgeführt«, weil er damit »einen Anschiss kassiert« hatte. Der »Gegenpaukant« aber hatte ihm »eine Abfuhr erteilt«. Die Sprache verrät, wie sehr die Begriffe dieses barbarischen Männlichkeitsrituals sich in die Umgangssprache eingetragen haben.

Jetzt, bei unserem Erlanger Wiedersehenstreffen, fanden Linde und ich in Bubenreuth das Haus wieder, in dem die Mensur stattgefunden hatte. Die unter dem Paukboden befindliche Gaststätte gab es nicht mehr. Aber das Geschehen hatte sich uns so tief eingeprägt, dass wir die Örtlichkeit »auf Anhieb« wiedererkannten. Wir teilten die Erinnerung daran, dass uns die Prozedur damals regelrecht angewidert hatte und wir uns die Frage gestellt hatten, wie halbwegs intelligente Menschen – sie selber hielten sich ja für die »Elite« – sich an so steinzeitlichen Metzeleien beteiligen konnten. Oder war der reichliche Bierkonsum, der hier gepflegt wurde, die Ursache für solche Vernebelung der Gehirne? Da darf Kurt Tucholsky auszugsweise zitiert sein, der mit dem Messer der Satire in dem Gedicht *Deutsche Richter* von 1940 die wahren Intentionen solcher Mensuren entlarvt hat:

Wir stehen hier im Vereine	*Wir sitzen in zwanzig Jahren*
In diesem Lederflaus;	*mit zerhacktem Angesicht*
Wie die abgestochenen Schweine	*in Würde und Talaren*
Sehen wir aus.	*über euch zu Gericht.*
Wir fechten die Kreuz und die Quere	*Dann werden wir's euch zeigen*
Mit Schlag und Hieb und Stoß,	*in Sprechstunden und Büros…*
wir schlachten uns um die Ehre!	*Ihr habt euch zu ducken,*
	zu schweigen
Auf die Mensur!	*Auf die Mensur!*
Los!	*Gebunden! Fertig! Los!*

Hier nicht an den SS-Untersturmführer Hanns Martin Schleyer zu denken, mit seinem »Schmiss« auf der rechten Wange, fällt ausgesprochen schwer…

Allerdings muss ich zugeben, dass es das Bier war, das mich um ein Haar zum Mitglied einer Studentenverbindung gemacht hätte. Schuld daran war »Buddjer Wusch«, der schon erwähnte Rivale Lindes um die Gunst eines Mädchens. Wolfgang und ich, die wir immer noch unsere gemeinsame »Eige-Welt« pflegten, hatten den Pfarrerssohn so genannt, weil damit das Ungeschlachte und Vierschrötige an ihm am besten zum Ausdruck kam (leichte Abwandlung vom englischen »butcher« = »Schlachter«). Buddjer Wusch war Mitglied der nichtschlagenden Verbindung »Uttenruthia«, der viele Theologiestudenten angehörten. Das Verbindungshaus mit Studentenheim war gerade neu erbaut worden. Es lag in der Drausnickstraße, nicht weit von der Gaststätte des »Bullen« entfernt. Buddjer wohnte hier und hatte mich zu einem »Kneipabend« eingeladen, an dem – wie mir bekannt war – »Füchse« »gekeilt« werden sollten. Ins Deutsche übersetzt: Studenten sollten als Mitglieder gewonnen werden, die in der Hierarchie ganz unten, als Diener der »Chargen« anfangen durften. Normalerweise hätte ich eine solche Einladung unverzüglich abgelehnt. Aber es war gegen Monatsende, und ich hatte kaum noch Geld zur Verfügung. Das verheißene »Freibier, soviel du nur willst«, war viel zu verlockend, und ich sagte zu.

An besagtem Abend wurde ich mit ausgesuchter Höflichkeit empfangen. Ein »Alter Herr« eröffnete mit einer kurzen Darstellung der Geschichte der »Uttenruthia« den Kneipabend. Dann gab es »Schnittchen«, und das Bier floss in Strömen. Noch war ich Herr der Lage und konnte die »Keilungs-Versuche« (keilen = aggressiv anwerben) der Chargen abwehren. Doch gegen Mitternacht hatte das feucht-fröhliche Gelage mich so angetörnt, dass ich sagte: »Ich bin dabei, Jungs!« Ich unterschrieb irgendeinen Wisch. Bald danach führte man mich hinaus, und ich spazierte über die Schwabach hinweg zu meinem Domizil im Schronfeld. –

Am nächsten Morgen wachte ich völlig verkatert auf, »mit Handwerkern im Kopf«, wie ich das zu nennen pflegte. Was war eigentlich gestern Abend geschehen? Da fiel es mir blitzartig ein: »Du hast bei einer Verbindung unterschrieben!« Sofort spritzte ich aus dem Bett, zog mich ungewaschen an und rannte so schnell ich konnte hinunter zur Drausnickstraße. Etwas belustigt nahm man dort meine Absage zur Kenntnis, und der Wisch wurde zerrissen. Ich wurde verständlicherweise nicht wieder eingeladen. – Erlangen war zweifellos unter den deutschen Universitäten eine Verbindungshochburg. An keinem anderen Ort habe ich so viele »Farbentragende« in ihrem lächerlichen »Wichs« gesehen.

Auf meinem Weg vom Schronfeld zur Universität hatte ich eine zufällige Begegnung mit einem Studenten ganz anderer Couleur: Er hieß Klaus Schupp und ließ sich gerne »Claudio« nennen. Denn er fühlte sich als Künstler und damit weit erhaben über die bourgeoisen Durchschnittsstudenten, die über keinen Tellerrand blicken konnten. Damals studierte er noch Theologie, war mir aber viele Semester voraus. Er glaubte wohl, in mir einen Gesinnungsgenossen gefunden zu haben, als er herausfand, was ich alles schon gelesen hatte. Sein Ziel war es, eine Theatertruppe zu gründen und mit ihr Stücke von Eugène Ionesco, Samuel Beckett und Jean Genet aufzuführen. Ich war gar nicht abgeneigt, da ich in ihm wieder jemand von der »Opposition« gefunden hatte, der ich mich schon immer (s. Band I, S. 123 ff.) verbunden gefühlt hatte. Das »Absurde Theater« führte zurück zu meinen existentialistischen Wurzeln in der Jugendzeit und war zweifellos lustbetonter als die Beschäftigung mit dem 1. Klemensbrief. Allerdings hatte Claudio Schupp recht fantastische und unrealistische Vorstellungen von der Verwirklichung, so dass das Ganze sich schließlich als Luftschloss entpuppte. Trotzdem war es interessant, ihm zuzuhören mit seinem Wissen über die avantgardistischen Strömungen der Zeit. Er ist es gewesen, der mich auf den Dadaismus aufmerksam machte und auf das Buch über diese Antikunst-Bewegung vom Dada-Mitbegründer Hans Richter, das gerade erst erschienen war. Ich erstand es in der Universitätsbuchhandlung für teures Geld.

Claudio Schupp war eine so exzentrische Person, mit manchmal auch dämonisch wirkenden Zügen, dass ich Wolfgang und Linde nicht mit ihm zusammenbrachte. Umso mehr erzählte ich von ihm, so dass er allmählich zu einer mythischen Gestalt wurde, deren Züge mit immer weiteren Ausschmückungen versehen wurden – zumal ich ihn nach wenigen Begegnungen nicht mehr wiedersah. – Im Sommersemester 1965 gründeten wir die Antiverbindungs-Verbindung »Schuppjack«, zu deren mythischem Patron wir ohne sein Wissen Claudio Schupp ernannten. Er war von nun an der »Erz-Schupp«.

Der Theologiestudent Manfred Winter war zu Linde und mir gestoßen: Ein gutmütiger Bär, der unsere Aversion gegen das Studentenverbindungswesen teilte – wie alle Bären aber auch gefährlicher war, als er aussah. Wir trafen uns oft in der Wirtschaft neben dem Atzelsberger Jagdschloss. Einmal brachte ich das neuerworbene Buch von Richter »DADA – Kunst und Antikunst« mit. Wir lasen es uns teilweise laut vor – und ernteten dafür seltsame Blicke von

den Nebentischen. Ich stieß auf das Gedicht von Kurt Schwitters
»*An Anna Blume*« und berauschte mich und die beiden Freunde an
dem Vortrag dieser herrlichen Parodie auf ein Liebesgedicht. Richter schrieb in seiner Einleitung:

Dada hat die Konfusion geerntet, die es gesät hat. Aber diese Konfusion war nur ein Deckmantel. Unsere Provokationen, Demonstrationen und Oppositionen waren nur ein Mittel, den Spießer zur Wut und durch die Wut zum beschämten Erwachen zu bringen. Was uns eigentlich bewegte, war nicht so sehr der Krach, der Widerspruch und das Anti per se, sondern die ganz elementare Frage jener Tage (wie der heutigen) nach dem WOHIN?

Darin fanden auch wir uns voll und ganz wieder. Wir beschlossen Dadaisten zu werden. Der Ober-Dada von Berlin, Johannes Baader, hatte 1918 die Richtung vorgegeben:

Ein Dadaist ist ein Mensch, der das Leben in allen seinen unübersehbaren Gestalten liebt, und der weiß und sagt: nicht allein hier, sondern auch da, da, da, ist Leben.

Wer aber waren die »Spießer«, die es zu provozieren galt? Das war für uns keine Frage: Natürlich diese bierseligen Verbindungsstudenten mit ihren atavistischen Ritualen. Der Mythos des avantgardistischen Herolds Claudio Schupp kam uns nun sehr zugute. Und so waren alle Zutaten bereit für die Antiverbindungs-Verbindung »Schuppjack«. Leider sind mir die hauptsächlich von Manfred Winter formulierten Statuten nur noch fragmentarisch zur Verfügung. Das Fragment sei hier wiedergegeben:

Die unveräußerlichen und unabwendbaren Treuestatuten der betont nicht burschenhaften und konventionellen, sondern sensationellen Antiverbindung »Schuppjack«-Erlangen im Weltbund der Mondialexzentriker – im Gründungsjahr 1965, Anno Domini der ersten durchschlagenden Katesis.

I.	Der Erlanger Schuppjack wurde von 3 Studenten der Theologie gegründet. Sie wurden automatisch zu Gründungsschupps ernannt.
II.	Wir sind keine Verbindung. Es lebe die Antiverbindung!
III.	Wir tun das, was Verbindungen nicht tun! Es lebe der Exzentrismus!
IV.	Wir sind die erste Assoziation, die keinen Pfennig von ihren Gönnern verlangt!
V.	Gründungsschupps können nie ausgeschlossen werden, es sei denn, der Ausschluss wird persönlich verlangt.
VI.	Wir tagen wöchentlich. Das Sitzungslokal in dem Sommersemester 1965 ist die Aegronomenpinte in Atzelsberg.
VII.	Die Gründungssitzung fand im Pauklokal der Corps am Rathsberg statt, als Protest gegen die Konvention.
VIII.	Den Vorsitz führt jede Sitzung ein gewählter Präsident.
IX.	Der Präsident wird in geheimer, offener Wahl von allen Schupps gewählt. Der amtierende Präsident ist auch pollutionsfähig.
X.	Zur Einsetzung bedarf es der Zustimmung des Auditoriums.
XI.	Der Präsident darf drei Mal wiedergewählt werden.
XII.	Seine Anweisungen sind bindend.
XIII.	Der Präsident kann offizielle und private Rügen erteilen.
XIV.	20 offizielle Rügen kosten eine Runde Getränke nach Schuppjackwahl. 50 private Rügen kosten 1 Runde nach Schuppjackwahl.
XV.	Sitzung ist jeden Donnerstag um 20h s. t.

XVI. *Wir tragen Couleur! Schwarzer Hut oder ähnliche Kopfbedeckung. Unter das Jackett stecken wir das Abzeichen der Provokation.*

XVII. *Das Abzeichen besteckt aus dem Schin der Erkenntnis und dem Samek der Erleuchtung. Der Druckfehler ist schon ein Zeichen unserer Ungebundenheit!*

XVIII. *Unser Schuppjackgruß ist aus dem Jean-Luc Godard-Film »Außer Atem«. Er besteht aus drei Phasen: Das Mundöffnen des riesigen Staunens über die Welt; das Abwischen der Mundränder als Zeichen der Lust am Leben; und das Rümpfen um 35 Grad der Lippen, als ...*

Hier bricht das Dokument ab. – Manfred Winter hatte ihm – »anstatt eines ermüdenden Vorworts« – noch einen »Introitus« vorangestellt:

Choral von der Schöpfung des Schupp (Zu singen nach der Melotey der Exzentriker – 1. Jahrhundert)
Als in weißem Mutterschoße aufwuchs Schupp/ war der Himmel schon so groß und still und fahl/ jung und nackt und ungeheuer wundersam ... usw.

Es war unschwer zu erkennen, dass er dies dem »Choral vom großen Baal« aus Bertolt Brechts gleichnamigen Theaterstück »entliehen« hatte, »Baal« einfach durch »Schupp« ersetzend. Ich schickte Wolfgang, der inzwischen in Tübingen studierte, diesen Text, ohne auf das Plagiat aufmerksam zu machen. Er schrieb daraufhin zurück: »Der ›Introitus‹ besitzt sogar gewisse literarische Qualitäten ...«

Der wirkliche Klaus Schupp, der von alledem nichts wusste, hat am 13.12.1968, an seinem Geburtstag, zusammen mit seiner Frau den Freitod gewählt. Ich erfuhr das viel später, als ich zusammen mit seiner Schwester Heidi das 1. Theologische Examen im Predigerseminar Landau und im Landeskirchenrat Speyer zu absolvieren hatte. Ich ahnte damals noch zu wenig von den quälenden Niederungen der Depression und der tiefen Verzweiflung der Menschen, die nicht mehr leben möchten.

Die letzte Zeit mit Wolfgang in Erlangen

Wir gingen mit Bangen und Zagen der Prüfung des »Hebraicums« entgegen. Die Zensuren bei den Vorbereitungsklausuren verhießen nichts Gutes. Gottfried Seitz, der Leiter des Sprachkurses, war ein in der Wolle gefärbter Pietist, der oft zur »täglichen Bibellese« aufforderte. Die hätte uns aber auch nicht geholfen, um die Bestimmung und Übersetzung der widerständigen Verbkonstruktionen zu leisten. Wir paukten täglich miteinander. Aber die Sprache wollte einfach nicht in unseren Kopf und die Nervosität, aber auch das gegenseitige sich auf die Nerven gehen, nahmen zunehmend Überhand.

Auf wundersame Weise war Wolfgang bei Walther von Loewenich zur »studentischen Hilfskraft« (umgangssprachlich: Hiwi) aufgestiegen. Auf Grund welcher Meriten das geschah, war mir völlig unklar. Er musste nun in der Hauptvorlesung und im Hauptseminar von Loewenichs teilnehmen: Zum Tragen der Aktentasche – wie ich spöttisch, aber auch etwas neidisch bemerkte. Aus Solidarität nahm ich ebenfalls an beiden Veranstaltungen teil. – Von Loewenich war ein ausgesprochen Liberaler, immer ausgewogen, nie wirklich polemisch. Er »kaute« an seinen Sätzen, ehe er sie mit fränkischem Unterton und rollendem R ausspuckte. Sein Siegelring unterstrich seine adlige Herkunft. In seiner Autobiographie »Erlebte Theologie« ist sie ihm ganz wichtig, und seine Familiengeschichte füllt – nicht gerade kurzweilig – viele Seiten. Es schien uns, als hätte er den Zenit seiner wissenschaftlichen Karriere bereits überschritten und ließe nun alles gemütlich auslaufen. Später allerdings hat er im Streit um die Veranstaltung beim Nürnberger Kirchentag 1979 – »Wie war das möglich? Das Erlanger Gutachten zum Arierparagraphen 1933. Erlanger Theologen stellen sich einer Entscheidung ihrer Fakultät« – sehr polemisch Stellung bezogen und ihr ein blamables Scheitern vorgeworfen. Blamabel war aber eher sein Einstimmen in den Chor der reaktionären »Evangelischen Notgemeinschaft«, die die lobenswerte Initiative der Erlanger Fakultät mit dem Stigma »Schlimmer als unter Hitler« diffamieren wollte.

Kein guter Abgang für Walther von Loewenich! Manfred Seitz, der Dekan der Fakultät, hat ihm ruhig und sachlich geantwortet, *dass uns über unserer Beschäftigung mit dem Erlanger Dokument »seine verhältnismäßige Bedeutungslosigkeit« klargeworden sei* – wie v. Loewenich behauptet hatte – *ist falsch. Wir sind uns seiner Tragweite erst bewusst geworden und unser aller »Unfähigkeit zu trauern«.*

In der Universitätsbuchhandlung Theodor Krische sah ich eine Verkäuferin, die Jean Seberg ähnelte. Sie hatte ebenso kurze blonde Haare, sah aber mit ihrer gesunden Gesichtsfarbe auch »La Rouge« entfernt ähnlich. Um sie auseinanderzuhalten nannten wir sie »La Petite Rouge«. Wenn es spät geworden war nach dem Bier, stöhnte Wolfgang: »La Rouge! O, La Rouge!«, worauf ich antwortete: »La Petite Rouge! O, ma Petite Rouge!« Natürlich suchte ich die Buchhandlung öfters als sonst auf, um einen Blick von ihr zu erhaschen. Ich meinte zu bemerken, dass ihr mein Interesse sehr wohl auffiel. Schließlich nahm ich mir ein Herz und sprach sie an: »Ich möchte Ihnen sagen, dass ich Sie ganz toll finde. Dürfte ich Sie wohl ins Eiscafé einladen?« Sie zögerte mit der Antwort, sagte aber dann: »Ich habe schon einen Freund, der das sicher nicht so gut finden würde. Andererseits: Warum eigentlich nicht?« Wir verabredeten uns für den folgenden Tag, dem ich nun entgegenfieberte. – Das Gespräch in der Eisdiele verlief dann recht ernüchternd. Sie hatte von mir wahrscheinlich eine überzeugendere Charmeoffensive erwartet. Mein Theologiestudium fand sie nicht so anregend. Von Jean Seberg war sie mit ihrem fränkischen Dialekt Myriaden von Jahren entfernt. Kurz: Wir schieden voneinander ohne neue Erkenntnisse. Meine Trauer hielt sich in Grenzen. – Aus heutiger Sicht erscheint solche Gehemmtheit im Umgang der Geschlechter miteinander vielleicht als absonderlich. Ich war immerhin schon 20 und Wolfgang 3 ½ Jahre älter. Aber wir waren kein Einzelfall, zumindest unter den männlichen Theologiestudierenden: In der großen Mehrheit einsame Wölfe. Vielleicht traf ja zu, was der CDU-Bildungsexperte Hans Dichgans 1963 für die meisten damaligen Studenten feststellte (zitiert nach der lesenswerten Arbeit von Anne Rohstock: *Von der »Ordinarienuniversität« zur »Revolutionszentrale«): (Es) fehle vielen Studierenden an »menschlicher Sicherheit« und generell an »menschlicher Reife«* ... *Während »der junge Amerikaner« seine Kindlichkeit bereits vor dem Abitur ausgetobt habe, seien bei dem überwiegenden Teil der deutschen Studenten noch deutliche »Restbestände« adoleszenten Verhaltens spürbar.* – So mag es wohl gewesen sein. Damals allerdings hätten wir diese Hypothese als Beleidigung weit von uns gewiesen...

Wir hatten die Hebräisch-Prüfung hinter uns. Gottfried Seitz verkündete das Ergebnis: Ich hatte mit der Note »Ausreichend« gerade noch bestanden, Wolfgang war dagegen mit »Ungenügend« durchgefallen. Für meinen Erfolg konnte ich mich deshalb gar nicht richtig freuen. Obwohl es mir ja gelungen war, binnen eines Jahres sowohl das Graecum als auch das Hebraicum geschafft zu haben. Mein Bruder war am Boden zerstört und beschloss, – auch auf Druck Hannchens hin, die dort ein eignes Netzwerk besaß – ab dem Sommersemester 1965 in Tübingen zu studieren. Damit war unsere gemeinsame Studienzeit zu seinem Ende gekommen, in der wir uns sehr nahe, vielleicht zu nahe gekommen waren.

Ich fuhr mit Wolfgang nach Semesterende mit seinem DKW-Junior nach Hamburg in die Semesterferien. Die Fahrt stand von vornherein unter keinem guten Stern: Wolfgang hatte irgendetwas an meiner (zu schnellen?) Fahrweise auszusetzen, und wir gerieten in heftigen Streit, der lange anhielt. Hinter Frankfurt geschah es, dass mir Wolfgang mit der Faust ins Gesicht schlug. Wie vom Donner gerührt, hätte ich um ein Haar dadurch einen Unfall verursacht. Ich bebte vor ohnmächtigem Zorn und sagte: »Ich fahre jetzt auf den nächsten Parkplatz und dann wird abgerechnet!« Ich bog auch wirklich bei der nächsten Gelegenheit ab, hielt an und sagte: »Steig aus! Bringen wir die Sache hinter uns.« Nun standen wir uns gegenüber. Er wandte den Kopf zur Seite und sagte: »Los, schlag zu! Du kannst ja gar nicht anders, du musst ja zuschlagen.« Diese

Geste – in der Verhaltensforschung »Demutsgebärde« genannt – sollte mich wohl entwaffnen und tatsächlich: Ich zögerte damit, auf einen sich wehrlos Gebenden einzuschlagen. Doch diese »Aggressionshemmung« war schnell vorbei und ich schlug ihm ins Gesicht. »Jetzt kannst du zu Fuß nach Hamburg laufen«, sagte Wolfgang, mit tränenüberströmtem Gesicht. Als ich sein Gesicht sah, bereute ich sofort meine rachsüchtige Tat. War er nicht immer noch der von Kindheit an durch Krankheit geschlagene Bruder, den zu schützen ich mir immer geschworen hatte? War ich nicht wie Kain, den Gott nach dem Totschlag an Abel fragt: »Wo ist dein Bruder Abel«? Der dann antwortet: »Soll ich meines Bruders Hüter sein?« Diese Fragen übergehend, sagte ich zu Wolfgang: »Dann musst du aber auch zu Fuß gehen, denn du hast keinen Führerschein.« So setzte ich mich wieder ans Steuer, und wir fuhren schweigend nach Hamburg. Das Schweigen lastete über den ganzen Semesterferien. Dann vertrugen wir uns wieder. Aber ganz vergessen hat Wolfgang diese Geschichte nie und mich bei mehrfacher Gelegenheit daran erinnert. Wie hatte doch unsere Mutter Hannchen gesagt, wenn wir uns in Kindheit und Jugend heftig stritten: *Wie fein und lieblich ist's, wenn Brüder einträchtig beieinander wohnen!* Das steht im 1. Vers des 133. Psalms, unter der Überschrift »Segen der brüderlichen Eintracht«, in der Lutherbibel schwarz gedruckt. Aber nun wohnten wir nur noch gelegentlich am Hamburger Zweitwohnsitz zusammen und fast gar nicht mehr »beieinander«.

Im Dienst der Bundespost

Ich musste während der Semesterferien wieder Geld verdienen und heuerte als Briefträger beim Postamt Hamburg-Niendorf an. Nach der Einarbeitungszeit durfte ich mich »Postfacharbeiter« nennen und wurde entsprechend verpflichtet. Nun hieß es sehr früh aufstehen, denn um fünf Uhr morgens begann die Arbeit mit dem Einsortieren der Post für den zugeteilten Bezirk. Wenn alles gut lief, brauchte ich dafür zwei Stunden. Dann holte ich das Geld, das ich als Geldbriefträger auszuzahlen hatte und machte mich mit dem mir zugewiesenen Fahrrad auf den Weg.

Das war der interessantere Teil der Arbeit: Man lernte auf solcher Tour die Menschheit in vielen Facetten kennen. Viele freuten sich auf das Kommen des Briefträgers, und einige passten mich ab: »Ist für mich heute wieder etwas dabei?« Andere warteten ungeduldig auf angekündigte Post und ließen ihren Ärger an mir ab, wenn wieder nichts dabei war. Besonders für alleinstehende und verwitwete Frauen war der Briefträger eine wichtige Person im gleichförmigen Ablauf ihrer Tage: Sie übermittelten mir ihre Nachrichten, und ich wiederum erzählte, was ich von anderen gehört hatte. Wenn ich als Gemeindepfarrer später an diese Zeit zurückdachte, fiel mir immer die Ähnlichkeit beider Berufstätigkeiten auf: Hier wie dort war einem ein bestimmter Bezirk zugeteilt, mit lauter zunächst unbekannten Menschen; hier wie dort klopfte man an Türen an und wurde eingelassen; hier wie dort teilte man Freud und Leid mit den Betroffenen; hier wie dort war man mehr oder minder eine »Respektsperson«, der auch Geheimnisse anvertraut wurden; hier wie dort musste »Seelsorge« betrieben werden bei Kummer, Not und Tod. Ich mochte diese Arbeit, und sie ist eine gute Vorübung gewesen für das, was ich später zu tun hatte.

Einmal erlebte ich eindringlich was »Evangelium« im Wortsinne bedeuten kann. Evangelium heißt ja »Frohe Botschaft« oder nüchterner »Gute Nachricht«. An diesem Tag hatte ich einen Lottogewinn in Höhe von 800,– DM auszuzahlen. Das war wahrlich eine gute Nachricht für die etwa 50-jährige Frau, die mir auf mein Klingeln öffnete. Als ich ihr die Nachricht übermittelte, fiel sie mir um den Hals und küsste mich ab. Ihrer Wohnung sah ich an, dass sie in verschämter Armut lebte. Ich zählte die Geldscheine ab und legte sie ihr vor. Da nahm sie 80,– DM, gab sie mir und sagte: »Das sind 10 Prozent für den Glücksüberbringer!« – Das konnte ich in beiden Berufen immer wieder erleben: Dass die Armen die wahrhaft Großzügigen sind; dass das Gleichnis vom »Scherflein der armen Witwe« einen realen Hintergrund in der Gesellschaft hat.

Aber es gab auch schlechte Nachrichten, die zu überbringen waren. »Heute müssen Sie einen Postprotestauftrag ausrichten«, bedeutete mir der Amtsleiter. Irritiert fragte ich: »Postprotestauftrag? Was ist denn das?« Er zeigte mir das zuzustellende Dokument und erklärte mir, was ich zu tun hatte: »Hier wurde ein von der Post zur Zahlung vorgelegter Wechsel nicht bezahlt. Sie verlangen sofortige Barzahlung. Wenn die nicht erfolgt, erheben Sie den rechten Arm und sagen: Ich erhebe Protest, mangels Zahlung. Dann vermerken Sie das im Dokument, und der Vorgang ist abgeschlossen.« Mir war nicht recht wohl bei der Sache und fragte: »Und was passiert dann danach?« »Dann erfolgt nach Fristenablauf die Zwangsvollstreckung.« – Es war eine Baracke, die so aussah wie die unsrige vor 15 Jahren, die ich betrat. Das mich empfangende Ehepaar mittleren Alters war entgegen meiner Annahme überhaupt nicht beunruhigt, als ich ihnen das Dokument zeigte. Als ich um Zahlung nachsuchte, verweigerten sie diese mit spöttischem Lachen. Hatten die denn überhaupt keinen Respekt vor einer »Amtsperson«? So hob ich denn den Arm und protestierte: »Ich erhebe Protest mangels Zahlung« – und wurde nun beinahe selbst vom Lachen über das steife Ritual und diese hochnotpeinliche Situation angesteckt.

Bei meiner Bewerbung um die Stelle hatte ich außer Acht gelassen, dass ich mit vielen Hunden zusammentreffen würde, die ja bekanntlich von Briefträgern nicht viel halten … Das sollte mir, der ich seit dem Hundebiss in der Frühkindheit (s. Band I, S. 22) unter einer starken Phobie litt, noch eine Menge Ärger machen. – Vor einer Straße meines Bezirks, die ich die »Hundestraße« nannte, hatte ich besonders viel Angst: Kaum war ich mit meinem Fahrrad um die Ecke gebogen, schlug der erste Hund an, dann der Nachbarhund, und binnen kürzester Zeit bellte und kläffte die gesamte Hundemeute dieser Straße und hörte erst auf, als ich am anderen Ende wiederum um die Ecke bog. – In dieser Straße war es, dass ich einen Hundebesitzer antraf, der in seinem Vorgarten arbeitete. »Sie brauchen das nicht in den Kasten zu werfen«, sagte er, »bringen Sie es mir doch einfach her.« Ich trat also ein und überreichte ihm den Briefpacken. In diesem Moment raste sein brauner Cockerspaniel auf mich zu und biss mich in den Oberschenkel. Es tat nicht so weh, wie ich es mir vorgestellt hatte, aber das sollte noch kommen. Der Hundebesitzer erkundigte sich nach meinem Befinden und befand dann abschließend: »Das hat sie noch nie gemacht.« Das war kein wirklicher Trost, und ich machte mich wieder auf den Weg. Die nicht sehr große Wunde begann nun immer mehr zu schmerzen. Zum Schluss schleppte ich mich nur noch ins Postamt. Dort schickte man mich sofort zum Arzt, der mich verband und mir eine Tetanusspritze verabreichte. Ins Amt zurückgekehrt, schalt man mich aus, weil ich nicht sofort nach dem Biss die Tour abgebrochen hatte. »Du kriegst noch Schmerzensgeld«, belehrte mich ein Kollege. »Du musst das nur bei der Gewerkschaft melden.« »Aber, ich bin doch gar nicht in der Gewerkschaft«, wandte ich ein. »Das macht nichts«, sagte er. »Die fechten das für uns alle aus.« Und so war es auch: Ich bekam 50,– DM Schmerzensgeld, ein für mich richtig stolzer Betrag.

In derselben Straße schien mich das Schicksal wiederum zu ereilen: Ich hatte einen Einschreibebrief zuzustellen und klingelte an der Haustür. Die Tür ging auf, und eine Frau sagte: »Kommen Sie nur herein, ich bin gleich wieder da.« Ich ging die Eingangstreppe hoch und wartete an der Tür. Plötzlich kam ein schrecklich knurrender großer Dackel in den Flur und stürzte zähnefletschend auf mich zu. Ich erinnere mich noch genau daran, was ich dachte: »Aha, jetzt geht es also wieder los. Am besten du guckst gar nicht hin, bietest dein Bein dar und klemmst dich in die Türrahmung.« Jeden Moment erwartete ich den Biss, aber es geschah nichts. Da kam endlich auch die Frau des Hauses wieder, sah die Szene mit mir, der sich an den Türrahmen schmiegte und ihrem Dackel, der mich verdutzt anstarrte. »Das ist ja ungewöhnlich«, sagte sie. »Sonst beißt er immer gleich zu.«

Die Bezahlung in diesem Job war nicht so gut. Ausgeglichen wurde dies durch die Trinkgelder. Ein beamteter Kollege, der im Gegensatz zu uns Postfacharbeitern eine Uniform trug, zeigte auf seine Schirmmütze und klärte mich auf: »Das, mein Lieber, ist eine Trinkgeldmütze. Wenn die voll ist, nach einem Arbeitstag, dann bist du gut gewesen.« Er wurde von den anderen als Trinkgeldgenie verehrt, der es besonders gut mit den Frauen verstand. Auf seiner Tour kam er auch an Inka vorbei, einer drallen verheirateten Hausfrau. Er schwärmte vor uns Neidhammeln von den aufregenden sexuellen Erlebnissen, die er mit ihr gehabt haben wollte. Auch ohne solche Erfahrungen war meine Trinkgeldquote gar nicht so schlecht. Auch bei mir waren es vorwiegend die Frauen, die sich freigebig zeigten. Wahrscheinlich appellierte ich unbewusst an ihr Mitleidsgefühl.

Es gelang mir ein einziges Mal, während der Weihnachtsferien einen Aushilfsjob zu bekommen – der in dieser Zeit aus naheliegenden Gründen fast nicht zu bekommen war. Er gewährte mir am Ende mehr als das Dreifache meines Lohns durch Trinkgeld. Das hatte seine Ursache in der damals üblichen Gratifikation, die dem Briefträger am Ende des Jahres gewährt wurde – oft im Briefumschlag präsentiert. – In diese Zeit fiel allerdings auch das schlimmste Erlebnis, das ich in diesem Job erfahren habe: Es hatte heftig geschneit, und es war schwierig, mit dem Fahrrad voranzukommen. Dadurch wurde es auch spät, und es begann schon zu dunkeln. Ich hatte nur noch einen größeren Betrag auszuzahlen. Als ich ihn vorbereitend aus der Geldtasche herausholen wollte, bemerkte ich, dass keine Geldscheine mehr darin zu finden waren. Hatte ich das Geld nach der letzten Auszahlung verloren? Lag es irgendwo unter dem nassen Schnee? Ich ging den Weg zurück, um es gegen alle Wahrscheinlichkeit doch noch zu finden. Als ich das Vergebliche meines Tuns eingesehen hatte, begab ich mich zum Amt, um den Gang nach Canossa anzutreten. Sicher – so dachte ich – muss ich diese Summe – es waren über 1000,– DM – aus eigener Tasche erstatten. So viel hatte ich gar nicht und außerdem: Alle meine Arbeit, all mein Trinkgeld, alles wäre vergeblich gewesen! – Im Postamt kam dann die erlösende Botschaft: Der auszahlende Beamte hatte, mir viel zu wenig Geld mitgegeben, wie die Kassenprüfung ergeben hatte. Da erst war es richtig Weihnachten bei mir geworden.

Heute beklage ich, dass die alte Bundespost ohne Not durch die Politik und die Gier der global agierenden Konzerne zerschlagen wurde. Nun gibt es in den Dörfern und Kleinstädten fast keine Postämter mehr, höchstens Filialen, die nebenbei in Geschäften betrieben werden. Die heutigen Briefträger werden noch schlechter bezahlt als wir damals. Die Postgewerkschaft hat längst die Macht verloren, die sie in jener Zeit noch hatte. Das ungeschriebene Gesetz der Jahresgratifikation ist weitgehend verschwunden. Die Fahrräder sind Autos gewichen, und die Postboten hasten wie von oben gezogene Marionetten durch die Straßen. Kaum noch eine Chance für den Briefträger: Auch Seelsorger zu sein.

Das letzte Semester in Erlangen

Wolfgang hatte mir den »Hiwi«-Posten bei v. Loewenich vererbt. Nun musste ich an dessen Hauptseminar »Probleme des II. Vatikanischen Konzils« teilnehmen. Das sollte sich als sehr interessant herausstellen, da wir in Gottfried Maron – von der Evangelischen Kirche in Deutschland für die Berichterstattung über das Konzil beauftragt – einen Referenten hatten, der als Zeuge taufrisch über die Entwicklungen und Hintergründe dieses epochalen Ereignisses berichten konnte. Edmund Schlink – Vater übrigens vom Schriftsteller Bernhard Schlink –, Professor für systematische Theologie in Heidelberg, war der offizielle Beobachter der EKD. Ein Jahr später hörte ich in Heidelberg seine Vorlesung »Die Christenheit und die römische Kirche nach dem Konzil«. – Als Norddeutscher hatte ich zum Katholizismus ein Nichtverhältnis. »Evangelisch« zu sein, hieß für mich keine Abgrenzung, sondern war das, worin ich mehr oder weniger selbstverständlich aufgewachsen war. Nur innerhalb des »Evangelischen« hatte ich einmal, kurz nach der Konfirmation, Abgrenzung gesucht: Hatte mich mit Calvins Prädestinationslehre beschäftigt, sie für glaubwürdig befunden und mit einem Übertritt zum Calvinismus geliebäugelt. Meine Mutter, als stramme Lutheranerin, redete mir das wieder aus. – Mit dem Katholizismus trat ich erst in der Pfalz in Berührung, besonders später, als ich Landpfarrer war. Ich erlebte noch die vom Konzil ausgehende ökumenische Begeisterung und die vom guten Papst Johannes XXIII gewollte Umsetzung des »Aggiornamento« (den heutigen Erfordernissen anpassen) in den Gemeinden. Mir imponierte das hier wiedergefundene Bild vom »wandernden Gottesvolk in der Wüste« als demokratisches Gegenbild zur verkrusteten Hierarchie. Man konnte auch beobachten, wie in den katholischen Kirchen dementsprechend die »Lettner« abgebaut wurden, die vor den Altar gesetzten Schranken, um den Bezirk der Geistlichen von den Laien zu trennen. Heute sind sie bezeichnenderweise vielerorts wieder aufgebaut … – Mein damaliges Interesse hatte einen anderen Grund: Als ich in Hamburg bei Axel Springer arbeitete, hatte mich ein studentischer Kollege angesprochen, der jeglicher Kirche fernstand: »Hör mal, du studierst doch evangelische Theologie. Was sagst du denn zum Konzil der Katholiken in Rom? Da geschehen gewaltige Veränderungen. Und bei euch? Da geschieht doch überhaupt nichts!« Ich war sprachlos und konnte als Unwissender nichts entgegnen. Darum kam mir jetzt diese Information sehr gut zupasse.

Auch sonst hatte ich mir arbeitsmäßig ordentlich etwas vorgenommen: Ich nahm an einem neutestamentlichen Proseminar »Einführung in die Exegese« teil, das von Gottfried Egg, Assistent von Gerhard Friedrich, geleitet wurde. Er gab uns das Handwerkzeug für eine historisch-kritische Auslegung des Neuen Testaments. Später wurde er Direktor des Predigerseminars in Bayreuth, danach Dekan in Bamberg. Eggs Einführung in die Exegese – die Auslegung – des Neuen Testaments war ausgesprochen gut und auf dem letzten Stand der Dinge. Z. B. wurden wir schon auf die erst 1964 erschienene Arbeit von Karl Ludwig Schmidt »Der Rahmen der Geschichte Jesu« hingewiesen. Die zentrale These: Der die einzelnen Evangelien-Erzählungen zusammenhaltende geographische und chronologische Rahmen beruht nicht auf geschichtlicher Erinnerung, sondern ist das Resultat der redaktionellen Arbeit der Evangelisten So hat es z. B. nie eine auf einem »Berg« stattfindende »Predigt« Jesu gegeben. Vielmehr hat der »Redakteur« Matthäus mehrere inhaltlich zueinander passende Aussprüche Jesu (aus der Redequelle Q) aneinandergereiht und das Ganze auf einem nicht genannten »Berg« stattfinden lassen. Der Redakteur Lukas tat dasselbe und ließ »es« auf dem »Feld« geschehen. Historisch hat es also weder eine Berg- noch eine Feldpredigt gegeben. – Für manche »Pastörchen« im Seminar war das zu starker Tobak, der manche ihrer Grundgewissheiten in Frage stellte. Sie eiferten laut dagegen. Für mich war das kein Problem, weil ich nur wenige »heilige« Grundgewissheiten hatte…

Weiterhin nahm ich bei Dr. Götz Schmitt, Assistent bei Prof. Leonhard Rost, an einem alttestamentlichen Proseminar mit dem Thema »Samuel-Geschichten« teil. Schmitt wurde später Professor für Altes Testament in Tübingen und ist durch seine Palästinastudien bekannt geworden. Bei ihm lernten wir, dass es im 10. Jahrhundert vor Christus beim König Salomo von Israel in der frühen Geschichtsschreibung schon eine Art »Aufklärung« gegeben hat, die zum Königtum in kritischer Distanz stand. Also keine »Hofberichterstattung« wie sonst bei den orientalischen Gottkönigen, sondern Berichte auch über die Verfehlungen Davids und seiner Nachfolger, wie z. B. Davids Ehebruch mit Bathseba, der Frau des Uria. Stefan Heym hat daher den Stoff für seinen »König David-Bericht« gefunden, eine feinsinnige Abrechnung mit der Möglichkeit zur Wahrheit in der DDR. – Ich schrieb eine Arbeit über 1. Samuel 11: »Davids Sieg über die Amalekiter«, die wohl beste Schilderung der Einsetzung eines charismatischen Heerführers im »Heiligen Krieg«, der im frühen Stammesverband »Israel« ein reiner Verteidigungskrieg war, ohne Söldner und stehendes Heer. Alle, die heute noch zum Heiligen Krieg aufrufen, sollten energisch an diesen ursprünglichen Sinn erinnert werden! – Mit meinen neuen Hebräisch-Kenntnissen hat mir diese Arbeit sehr gefallen, und das Alte Testament wurde während des Studiums – natürlich auch durch die Heidelberger Professoren Gerhard von Rad, Claus Westermann und Rolf Rendtorff – einer meiner wichtigsten Schwerpunkte. Mit völligem Unverständnis las ich deshalb jetzt, dass Notger Slenczka, Professor für systematische Theologie an der Humboldt-Universität Berlin, die Wichtigkeit des Alten Testamentes für die christliche Theologie herabstufen und aus dem Kanon löschen möchte . Was wäre das für ein nicht zu verantwortender Verlust!

Als »Hiwi« verdiente ich nun auch regelmäßig etwas, was mich dazu verführte, weniger spartanisch zu leben als zuvor. Im Mai 1965 schrieb ich aus dem »Seminar für allgemeine Kirchengeschichte«, mit dessen Briefkopf, einen Brief an Wolfgang in Tübingen, aus dem ich auszugsweise zitieren will, weil er ein Licht auf meine damalige Situation wirft:

… nach einer mit Buddjer Wusch durchzechten Nacht (Keine Sorge, es war zum ersten Mal seit ich wieder in Erlangen bin), bewege ich mich – wie Du siehst – z. Zt. in etwas ehrwürdigeren Regionen. Linde traf ich gestern wieder. Unsagbar stolz zeigte er mir seinen inzwischen erworbenen kleinen FIAT. Natürlich bin ich froh darüber, denn das verheißt für diesen Sommer einige schöne Spritztouren. Am kommenden Samstag etwa werden wir nach Bamberg fahren.

Wahrscheinlich, um ihn über das nicht bestandene Hebraicum zu trösten, schrieb ich das Folgende:

Von Buddjer Wusch wäre noch zu berichten, dass er natürlich nicht zum Hebraicum angetreten ist. Aber etwas Ehrgeiz scheint er doch zu besitzen, da er z. B. heute Morgen, verquiemelt wie nie zuvor, noch in den Hebräisch-Kurs gegangen ist.

Zu seiner Nachfolge als Hiwi schrieb ich an Wolfgang:

Meine Hiwi-Arbeit lasse ich ruhig angehen. Allerdings hat mir Wölfel (Dr. Eberhard Wölfel, damals noch Privatdozent für Dogmengeschichte) *mir allerhand aufgeknackt. Ich bin froh, dass ich vor ihm bald keinen Katzbuckel mehr machen muss. Für die Neuschreibung des Revisionskatalogs werde ich noch einige Zeit verwenden müssen.*

Jörn Hund

Ende Mai war das Semester eigentlich schon »gelaufen«, und die Studierenden wandten sich zunehmend den Genüssen dieses herrlichen Sommers zu. Ich fing an, das Studentenlokal »Strohhalm« aufzusuchen. Über die Historie dieses Jazzkellers findet man auf der Homepage des jetzigen Nachfolgelokals folgende Angaben:

Laut alten Unterlagen ist bekannt, dass sich einst Anno Domini 1953 eine Handvoll musikinteressierter, hochmotivierter Menschen daran machte, den von den Amerikanern im 2. Weltkrieg zugeschütteten Gewölbekellerteil Lazarettstraße/Hauptstraße wieder freizuschaufeln.

Ziel war es, eine »Herberge der Musik« zu erschaffen. Nach wenigen Monaten war es vollbracht, die ersten berühmten Gäste und Jazzvirtuosen wie z. B. Elke Sommer und Chris Barber betraten die »heiligen Hallen« – benannt »Strohhalm«. Elke Sommer stiftete den Musikverrückten sogar ein Klavier. Bald schon sollten sich hier weitere Toppkünstler die Klinke in die Hand geben.

Die Jahre vergingen. Nach etlichen Renovierungen und Umbauarbeiten wurde in den 60er Jahren der Strohhalm von einem gewissen Bubi Winkler in den Räumlichkeiten des heutigen »Zirkel« betrieben. Nachdem aber der Name des Jazzclubs Strohhalm urheberrechtlich geschützt war, strich

Bubi einfach ein »h« weg – aus dem Strohhalm wurde die Strohalm.

Der Name Strohalm aus der Gründerzeit war schon eine lustige Benennung! War vielleicht jener Strohhalm gemeint, der, wenn man nach ihm greift, einem im besten Falle das Leben retten kann? Wie auch immer: Ich muss diesen Angaben zufolge in der »Strohalm« gewesen sein. 1997 schrieb ich über meine Erlebnisse dort für meine Freundin eine Story, die von diesen letzten Tagen in Erlangen zeugt. Sie hieß:

<u>Wie Jörn Hund zu seinem Namen kam</u> – eine wahre Geschichte

Geben wir es doch zu: Jeder von uns hat schon mit seinem Namen gehadert, den uns die Eltern gegeben haben. Besonders jüngere Menschen, die sich daran noch nicht gewöhnt haben, sind da voller Zweifel. Ich erinnere mich an Mitschülerinnen und Mitschüler, die durch ihre Namensgebung in echte Existenzkrisen geworfen wurden: Wer mochte damals denn auch Kunigunde, Brunhilde, Detlef oder gar Adolf gerufen werden und den Spott dazu auch noch ertragen!?
   Ich selbst heiße Jörn und kenne diese Existenznöte nicht. Allerdings auch ich wurde einmal verunsichert: Ein junger, smarter Therapeut in einer Reha-Klinik meinte, mich beharrlich »Herr Jörn« anreden zu müssen. Ein solcher Vorname gehöre sich nicht und sei allenfalls als Nachname zu tolerieren. Daraufhin fragte ich ihn nach seinem vollständigen Namen. Er hieß Wim Kollodczeyski. Ich grinste nur, sagte nichts und kannte nun sein Problem ... Ich ersparte es mir, ihn hinfort »Herr Wim« zu nennen ...
   Ob Jörn Hund an seinem Namen leidet? Ob er hadert, weil er nicht Konstantin, Archibald oder Florian heißt – Namen, wie geschaffen, um das kurze »Hund« mit barocker Fülle auszustatten? Und nun gebe ich es zu: Ich bin an allem

schuld! Jörn Hund muss heute 31 Jahre alt sein, denn so lange ist die Geschichte her, die mir neulich wieder einfiel und jene viel zu späte Reue bewirkte, die wohl eine Alterserscheinung ist. Nun will ich sie mir von der Seele schreiben: Noch immer voller Mitleid mit Jörn Hund mit der abgehackten Lautmelodie seines Namens, mit dem er durchs Leben laufen muss, wie »Bum-Bum«, »Bim-Bam« oder »Ding-Dong«.

Also: Vor 31 Jahren, in einer süddeutschen Universitätsstadt, war ich aus anderem Grund in einer Existenzkrise. Nach eifrigen ersten zwei Semestern zweifelte ich am Sinn professoraler Kathederweisheiten, beschloss die Bücher Bücher sein zu lassen und erinnerte mich des weisen biblischen Predigers, der am Ende seines Buches sagt: »Mein Sohn, lass dich warnen; denn des vielen Büchermachens ist kein Ende, und viel Studieren macht den Leib müde«. Das sah ich ein und beschloss, mich dem Leben zuzuwenden, wie es wirklich ist. Mein kärglicher Monatswechsel war dafür allerdings denkbar ungeeignet: Meist war er schon zur Monatsmitte aufgebraucht. Zudem hatte die plötzlich ohne das Studium der Bücher zur Verfügung stehende Zeit einen Nachteil: Sie verführte zu unnötigen Ausgaben.

Schnell war es klar: Ich musste wieder zu Geld kommen. So heuerte ich in einem Sägewerk an. Hier musste ich 8 Stunden lang Bretterstapel in mir sinnlos erscheinender Weise von einem Ort zum anderen tragen, während die Festangestellten mich schimpfend zur Eile trieben. Als ich nach dem ersten Arbeitstag ins Bett sank, fühlte ich meinen Körper nur noch wie eine einzige Wunde. Der Wecker klingelte um 5:00 morgens und ich musste mich innerlich anschreien, um überhaupt noch aufzustehen. Nach drei Tagen Frondienst gab ich auf und ließ mir den Lohn auszahlen. Für meine Verhältnisse war er ausreichend, um wenigstens für eine Weile das »Leben« auszuprobieren.

Und das begann ich sofort: Nach einem ausgedehnten Frühschoppen suchte ich meinen neuen Freund Uli auf. Er hatte gerade sein Transistorradio im Leihhaus versetzt und sich dafür sein alkoholisches Lieblingsgetränk, eine Flasche echten Jamaika-Rum, gekauft. An diesem Tag teilte er seinen Rum mit mir. Am späten Nachmittag war die Flasche leer. In meinem Kopf meinte ich, eine große Klarheit zu spüren: Alles, was mir in meinem Studium bisher unverständlich und fremd erschienen war, löste sich auf wie Frühnebel unter der Morgensonne. Erst als ich aufstand und ins Freie ging, bemerkte ich meine Koordinationsstörungen. Den Torkel-Gang nur mühsam unter Kontrolle haltend, erreichte ich eine Gastwirtschaft, wo ich ein üppiges Schweineschnitzel, begleitet von zwei Maß Bier, zu mir nahm. Mit dieser Unterlage im Leib ließ es sich wieder besser gehen. Das nicht sehr alkoholreiche Bier hatte den Rum verdünnt, nun allerdings eine mächtige Heiterkeit in mir entfacht.

Ich ging schnurstracks in den Studentenkeller »Strohhalm«. Dort trafen sich vorwiegend zwei unterschiedliche Gruppen: Einmal jene Studenten, die von Hause aus so reich waren, dass sie sich ein nächtliches Bohème-Leben leisten konnten; zum anderen waren es »verkrachte« Studenten, die nichts mehr zu verlieren, aber umso mehr mitzuteilen hatten. Klar, dass ich mich letzterer Gruppe anschloss. Sie schien mir das geeignete Forum zu sein, um meine Populärphilosophie vom »reinen Vitalismus«, die ich erfolgreich in der Hamburger »Palette« entwickelt hatte, erneut an Mann und Frau zu bringen. Besonders die Quintessenz fand Gefallen: Alles müsse immer im Übermaß geschehen. Das aber sei nur einem sehr kleinen Kreis von Menschen möglich: Nur sehr Wenige seien zum »reinen Vitalismus« befähigt und begabt. Auf sie indes käme es an, um auf ihren Erfahrungen aufbauend, eine neue und bessere Welt zu schaffen. – So ähn-

lich räsonierte ich, von heiterer Erfindungslust beseelt. Und hier, wo nur die abstrusesten Theorien mit Beifall rechnen konnten, fand ich wieder meine Gemeinde. Schon hatte sich eine Jüngerschar um mich versammelt und fast alle Tischgenossen erklärten sich zu Anhängern meiner neuen Lehre. Um gleich mit der Praxis nach der theoretischen Belehrung zu beginnen, spendierten mir die neugewonnenen Jünger ein Bier nach dem anderen.

So kam es, dass allmählich alles um mich her versank. Ich sah nicht mehr, wie meine Jünger mich, wie einst das große Vorbild, verließen. Ich sah nicht die verächtlichen Blicke des Kellners, der überlegte, wie dieser lästige Lump wohl am besten hinauszubefördern war. Erst, als er mich rüttelte, nachdem mein Kopf auf den Tisch gesunken war, wachte ich auf. »Hier wird nicht geschlafen!« sagte er streng. Es war 4:00 Uhr und der Morgen war schon erwacht. Im Zwielicht sah ich auf der Tanzfläche plötzlich etwas ganz Bezauberndes: Zu den Klängen von »Schlafe mein Prinzchen« von Papa Bue's Viking Jazzband tanzte ein langhaariges Mädchen ganz alleine. Ihre selbstverliebte Vorstellung war von einer Grazie und Anmut, die mich vor Rührung fast weinen ließ. Aber dieser Augenblick der Schönheit verging und auch sie verließ den »Strohhalm«. Ich war der letzte Gast. Da ertönte Sidney Bechets »Petite Fleur« und es riss mich vom Hocker: Ich ging auch alleine auf die Tanzfläche und bewegte mich im Rhythmus der Musik. Zum Glück gab es dafür nur einen Zeugen: Das war der Kellner und der schmiss mich unverzüglich hinaus.

Als ich die Kellertreppe hinaufgestiegen war, erdolchte mich fast das grelle Licht eines hellen Sommermorgens. Müde war ich nicht mehr, aber dafür schon wieder durstig. Wo gab es um diese Zeit schon etwas zu trinken? Mir fiel der Bahnhof ein. Dort, in der Tat, hatten sich Einzelne des lichtscheuen Gesindels dieser Nacht schon wieder gesammelt. Man stand an Stehtischen und prostete sich zu, mit geröteten Augen und gelblich-fahlen Gesichtern. Da fiel mir ein Mann auf, der im Strohhalm an meinem Tisch gesessen hatte. Ja, ohne Zweifel: Einer meiner »Jünger«. »Ah ..., der Prophet des reinen Vitalismus!« begrüßte er mich freudig. Im Gespräch mit ihm zeigte sich, dass er auch ein verkrachter Student war, der schon lange keinen Hörsaal mehr von innen gesehen hatte. Plötzlich und überraschend fing er an zu schluchzen. Seinem saufsentimentalen Gestammel entnahm ich: Er befand sich schon seit drei Tagen ununterbrochen auf einer Sauftour. Gestern hatte er im Krankenhaus angerufen und von seiner Frau erfahren, dass sie von einem Sohn entbunden war. Sie hatte ihn bei dieser Gelegenheit mit scharfen Worten zurechtgewiesen: Er solle sich unterstehen, in seinem Trunkenheitszustand ins Krankenhaus zu kommen und ihm mit sofortigem Rausschmiss gedroht. Immer noch mit stoßweisem Schluchzen stieß er hervor: »Mein kleiner Junge! Nun darf ich nicht mal meinen kleinen Jungen sehen! Und dabei haben wir noch nicht einmal einen Namen für ihn, weil es doch ein Mädchen werden sollte. Mein armer, namenloser kleiner Junge!« – Um sein selbstmitleidiges Geheule zu beenden, fuhr ich ihn hart an: »Mensch, Kerl, reiß dich zusammen! Los: Kauf einen großen Blumenstrauß und geh damit hin. Bei Blumen werden sie immer schwach.« – »Ich trau mich nicht! Ich bin doch immer noch besoffen. Das merkt sie doch sofort. Und dann werde ich rausgeschmissen. Sie will sich sowieso von mir scheiden lassen.« Und schon legte er seinen Kopf auf den Stehtisch und heulte laut wie ein Schlosshund. Mir wurde die Situation allmählich lästig. »Wie heißt du eigentlich?« fragte ich ihn. »Herbert Hund«, entnahm ich dem Kopf auf dem Tisch. »Herbert Schlosshund«, murmelte ich unhörbar für ihn. »Na gut, Herbert

Hund«, sagte ich ihm in plötzlichem Entschluss, »kauf jetzt die Blumen, dann geh ich mit dir mit«. – »Das willst du tun? Du bist ein echter Freund. Weißt du was: Du bist der allerbeste Freund, den ich je hatte!« So ging es in einem fort bis zum Krankenhaus.

Auf der Frauenstation war er nicht mehr zu halten: Er stürmte ins Zimmer seiner Frau, die gerade das Baby stillte. Er bedeckte sie und das Kind mit wahrscheinlich recht übelriechenden Küssen, und wieder strömten die Tränen über seine Wangen: »Mein kleiner Junge! Meine kleine Frau! Mein armer kleiner Junge« – *schluchzte er. Seine Frau musterte ihn in offensichtlichem Ekel und Abscheu. Auch mich streifte ein missbilligender Blick, wie um zu sagen: »Jetzt nimmt er auch noch seine Saufkumpanen mit!« Um diesen Eindruck zu verwischen, auch vor den herbeigelaufenen Krankenschwestern, griff ich ein: Stellte mich vor und versuchte, mit gestelzten Worten das Unerklärbare zu erklären. Verschwieg auch nicht, ein Student der Theologie zu sein, um meinen Auftritt unter dem Siegel der Nächstenliebe zu rechtfertigen. Das zeitigte Wirkung: Schon blickte sie mich freundlicher an. Davon ermutigt, ging ich noch einen Schritt weiter und maßte mir an, Herbert Hund und seine Frau miteinander zu versöhnen: Dieser kleine Junge, der ihnen geschenkt worden sei, müsste von ihnen als ein Zeichen gewertet werden, um von nun an gemeinsam in Liebe für sein Wohl zu sorgen … usw. . Zum Schluss meiner kleinen Ansprache, die den künftigen Pfarrer ahnen ließ, verstieg ich mich dazu, Herbert Hunds Hand in die Hand seiner Frau zu legen, um so Verzeihung zu erlangen. – Uns Betrunkenen gefiel das Rührselige an dieser Szene und wir deuteten das allgemeine Lächeln im Raum als Zustimmung. Im Herausgehen wandte ich mich noch einmal um und sah zu meiner Verwunderung auf ihrer Stirn noch immer die Zornesfalte. Desungeachtet flüsterte ich Herbert Hund* noch vor dem Schließen der Tür ins Ohr: »Darauf müssen wir jetzt noch einen nehmen.« – Was danach geschah weiß ich nicht mehr. Nur, dass ich am frühen Abend ins Bett sank und erst am Nachmittag des folgenden Tages aufwachte. Es war 5 Uhr. 5Uhr morgens oder nachmittags? Fragte ich mich. In meinem Kopf hämmerte es. Der Spiegel zeigte mir mein verquollenes graues Gesicht. Allmählich fing das Gehirn wieder an zu arbeiten. Was war geschehen? Die Ereignisse des Vortages tauchten wieder auf: Der Frühschoppen, das Rum-Saufen bei Uli, das Schweineschnitzel, die Szenen im Strohhalm, die Predigt des »reinen Vitalismus«, die Langhaarige auf der Tanzfläche, Herbert Hund am Bahnhof. Dann fiel es mir ein: Die Szene im Krankenhaus und besonders mein peinlicher Versöhnungsversuch. Als ich das Bild wieder vor mir sah – mich selbst die Hände der Eheleute ineinanderlegend – schrie ich auf vor Entsetzen über mich. »Du Arschloch!« beschimpfte ich mich immer wieder. Und dann fasste ich einen Entschluss: Ich kaufte Blumen und fuhr sofort ins Krankenhaus. Bei Frau Hund entschuldigte ich mich für mein unglaubliches und anmaßendes Auftreten. Sie nahm es sehr freundlich, ja fast mit Zuneigung auf. Wir unterhielten uns noch lange. Ihr Mann war eine Zeit vorher dagewesen: Hatte versprochen, mit dem Trinken aufzuhören. Der Name des Jungen sei jetzt klar: Sie hätten sich auf »Jörn« geeinigt. Der Name gefalle ihr und ich hätte ihnen ja gestern so geholfen. Herbert hätte auf dem Standesamt schon alles klargemacht. – Ich war wie vor den Kopf geschlagen: Jörn Hund? Das durfte doch nicht wahr sein! Und ich dachte: So ein armer Hund! Aber das durfte ich nicht laut sagen. Mit gemischten Gefühlen verließ ich das Krankenhaus.

Herbert Hund sah ich noch einmal und beließ es bei unverbindlichen, nie eingehaltenen Verabredungen. Die

Scham saß noch zu tief. Herbert war nüchtern und Jörn Hund schon getauft. Es war nicht mehr zu ändern. Ich tröste mich damit, dass er sich wahrscheinlich an seinen Namen längst gewöhnt hat. Vielleicht mag er ihn sogar. Vermutlich weiß er nicht, welchen nächtlichen Tiefen sein Name entstammt. Es gibt noch viel schlimmere Namen, mit denen man Kinder strafen kann. Meine Freundin erzählte mir das Folgende, womit ich alle zu trösten hoffe, die an ihrem Namen leiden: Als sie auf der Frauenstation lag, hatte im Nebenbett eine Frau einen Knaben geboren. Sie gab ihm als verehelichte Dally den Namen Ronny. Nun heißt er Ronny Dally. Als meine Freundin das von Frau Dally gesagt bekam, ist sie dermaßen in Lachen ausgebrochen, dass danach tiefes Schweigen zwischen den Frauen war.

Mein lieber Jörn Hund, falls du mich hörst: Es gibt immer noch Schlimmeres! Und außerdem: Ronny Dally ist vielleicht ein ganz feiner Kerl geworden. Nur darauf kommt es an.

Als Linde und ich, beide nun 70 Jahre alt, uns Anfang September 2015 in Erlangen trafen, um die alten Orte wiederzusehen, besuchten wir auch den Musikkeller »Strohalm«, der seit 1991 von Thomas »Wulli« Wullschläger betrieben wird. Es war Dienstagabend, an dem wöchentlich »Offene Bühne« angesagt ist: Wer ein Instrument spielt, bringt es mit und kann drei »Nummern« vortragen, wobei Wulli gesangliche Hilfe anbietet. Genüsslich hörten wir bei einem Glas Frankenwein den recht unterschiedlich begabten Musikern zu. Einer von ihnen, ein sehr junger Mensch, ragte mit seiner mächtigen »Soul«-Stimme hervor. Aber dann war Schluss mit »genüsslich«: Man fragte uns, ob wir uns jetzt auf die Bühne begeben wollten. Verlegen gestanden wir ein, dass wir uns nur aufs Zuhören verstünden … Bevor wir gingen, kam Wulli zu uns und horchte uns sehr freundlich nach Woher und Wohin aus. Er staunte, als er hörte, dass wir schon vor 50 Jahren den Keller besucht hatten. Er ist ein Vollblutmusikus und sein Schuppen ist ganz große Klasse!

Die Bergkirchweih

Es kamen die letzten Wochen und Tage in Erlangen. Mein Wunsch, die Universität zu wechseln wuchs beträchtlich. Was sollte ich noch an einer Universität, an der ein Antidemokrat wie Hans-Joachim Schoeps, an einer Theologischen Fakultät, an der ein eifernder Fundamentalist wie Walter Künneth und ein bizarrer Neutestamentler wie Ethelbert Stauffer lehrten? Den Ausschlag gab eine Veranstaltung des rechtsradikalen Publizisten Kurt Ziesel, der in der Aula des Schlosses sprechen durfte. Dessen anerkennende Würdigung durch Strauß, Kohl, Schäuble, Bohl und Stoiber (s. Wikipedia-Artikel »Kurt Ziesel«) ist noch heute als Skandal anzusehen. Als ich im vollbesetzten Saal, in dem Ziesel gegen alles was links von ihm war, wütete und geiferte, mich in der Aussprache zu Wort meldete, wurde ich von ihm mit Hilfe des Mikrofons niedergeschrien. Ich hatte gewagt, eine neue Perspektive für die »Linke« in Deutschland zu fordern, die z. Zt. noch »heimatlos« sei. Ein Mitstudent warf Ziesel daraufhin ganz ruhig »Meinungsterror« vor, was der wiederum wütend konterkarierte. Wie konnte es geschehen, dass ein solch unbelehrbarer Nazi-Apologet und Demagoge in der ehrwürdigen Aula der Universität Erlangen sprechen durfte?! Wenige Jahre später wäre das nicht mehr möglich gewesen … Heinrich Böll hatte angesichts der Lobhudelei von Franz Josef Strauß über Ziesels Hetz-Buch »Das verlorene Gewissen« sich »sterbenselend« gefühlt und gesagt: »In einem solchen geistigen Klima also leben wir und wachsen unsere Kinder auf«. Dieses Klima schien in Erlangen ganz besonders das Wachstum solcher »Blüten« zu begünstigen.

Darum nahm ich mit meiner Mutter Hannchen Verbindung auf und unterbreitete ihr den Plan, ab dem nächsten Semester in Heidelberg zu studieren. Sie war begeistert: Ein Studium in Heidelberg sei früher ihr unerfüllbarer Traum gewesen. Sogleich setzte sie ihr Netzwerk in Bewegung und erreichte, dass ich in einem Evangelischen Studentenheim zu recht günstigen Bedingungen aufgenommen werden konnte. Zugleich stellte sie mir etwas in Aussicht, was ich nie für möglich gehalten hätte: »Ich habe lange darüber nachgedacht: Dein Bruder Wolfgang und auch dein Freund Linde haben ein Auto und sind dadurch mobil. Nun hat Frau Hänjes (s. Band I, S. 71 f.) mich darauf hingewiesen, dass eine gebrauchte BMW-Isetta für 80,– DM zu verkaufen ist. Soll ich dir dieses Auto kaufen?« Vor Freude konnte ich kaum noch »Ja« sagen ... Ich verabredete mit ihr, schon bald auf einen Kurzbesuch in Hamburg zu kommen, die Isetta dort anzumelden und mit ihr wieder nach Erlangen zu fahren, um dort die Wohnung aufzulösen.

Vorher aber kam noch die Bergkirchweih. Im Jahr zuvor hatte ich sie vor lauter Griechisch-Paukerei nur am Rande mitbekommen. Nun stürzte ich mich regelrecht in sie hinein. Einen idyllischeren Ort für ein solches großes Volksfest kann man sich kaum denken: Im frischen Grün des Eichen- und Kastanienwaldes am Burgberg, am Rand der Erlanger Innenstadt ist es wie in einem riesigen Biergarten. Darunter die uralten Felsenkeller, in denen das Bier schon immer kühl gehalten wurde. Eng an eng bewegen sich die Besucher, an Schaustellern, Kellerbiergärten und Musikzelten vorbei, alle jenen Erlebnishunger in den Augen, der sie vorwärtstreibt. Auch Thomas Wolfe (s. Band I, S. 150 ff.) hätte sich in dieser Masse wohlgefühlt. Er holte sich dieses Erlebnis im Münchner Oktoberfest, wo dieser Riese von einem Menschen nach einer Bierseidel-Schlägerei im Krankenhaus aufwachte ... Ortega y Gassets »Aufstand der Massen« kann einem hier einfallen – das Lieblingspamphlet so mancher Gymnasiallehrer jener Zeit, die in der Massenkultur nur Verfall und Niedergang zu erkennen vermochten. Wie für die Erlanger Bergkirchweih scheint y Gasset seinen »Massenmenschen« beschrieben zu haben: *»Es ist der durchschnittliche Mensch, der sich wohlfühlt, wenn er merkt, dass er wie alle anderen ist«*; oder: *»Charakteristisch für den gegenwärtigen Augenblick ist jedoch, dass die gewöhnliche Seele sich über ihre Gewöhnlichkeit klar ist, aber die Unverfrorenheit besitzt, für das Recht der Gewöhnlichkeit ein-*

zutreten und es überall einzusetzen ...« Der Essayist Lothar Baier hat y Gasset zu Recht als »aristokratischen Reaktionär« bezeichnet. Jedenfalls besaß auch ich mit dieser ganzen strömenden Masse, die Unverfrorenheit, mich hier gerne den Wonnen der Gewöhnlichkeit hinzugeben. Der Erlanger Stadtarchivar Dr. Christoph Friedrich hat in seinem Festbeitrag zur 250. Bergkirchweih ein altes und ein neueres Gedicht zitiert, um die »soziale Durchlässigkeit« dieses Festes zu kennzeichnen. Der ältere, in Fränkisch gehaltene Vers von Hermann Riedmüller lautet:

Alles hockt do beianander,
wu mer her is, des is worscht.
Fremda wern si glei bekannter,
alla habn´s in gleichn Dorscht.

Das neuere Gedicht von Fitzgerald Kusz formuliert »in der gesellschaftskritischen Begrifflichkeit eines 68ers«:

Erlangen, einmal im Jahr mit einem Vorgeschmack
der klassenlosen Gesellschaft ...
Das gute Einvernehmen der saufenden Mehrheit.
Die Solidarität der an den Zaun Schiffenden.
Die zeitweilige Aufhebung täglicher Normen.
Der vorübergehende Sieg des Lustprinzips.

So kam es, dass an unserem Nebentisch Elke Sommer saß – damals schon als deutsches »Fräuleinwunder« und »Sauerkraut-Bardot« in Hollywood arriviert. Linde und ich hatten uns einen fiktiven Sensationsreporter ausgedacht, der alles Geschehen um uns herum im Reportage-Stil berichtete. Wir hatten ihm den Namen »Hans-Joachim Eisenbügel« gegeben. Auch jetzt begann er wieder zu reportieren:

»*Und hier ist wieder ihr Reporter Hans-Joachim Eisenbügel, heute, an einem strahlend schönen Frühsommernachmittag, in Erlangen auf der Bergkirchweih. An meinem Tisch sitzt, nun schon bei der dritten Maß Bier, der Theologiestudent Christoph Lindenmeyer. Ich frage ihn: ›Herr Lindenmeyer, Sie sind doch eher ein dünnes Hemd. Vertragen Sie überhaupt so viel Bier?‹ Lindenmeyer: ›Das mit dem dünnen Hemd verbitt' ich mir. Und außerdem: Bier verträgt man nicht, wo käm man denn da hin! Man trinkt es!‹ Eisenbügel: ›Sagen Sie mal, Herr Lindenmeyer, warum schauen Sie eigentlich ständig so lüstern zum Nebentisch?‹ Lindenmeyer: ›Ei, da ist doch die schöne Frau Sommer. Aber das ist nix für Sie, Sie Lustgreis Sie! Nehmen Sie sich mal ein bisschen zusammen! Das ist immerhin eine Pfarrerstochter!«*

So oder so ähnlich ging es weiter, in einem fort. Elke Sommer war längst auf uns aufmerksam geworden, amüsierte sich köstlich und hatte ein richtig liebreizendes Lachen. Sie war ganz natürlich und völlig ohne Star-Allüren. Täuschte ich mich oder nicht: Hatte sie nicht sogar einen gewissen Blick auf uns geworfen? – Berauscht vom Bier und diesem kleinen Erfolg, gingen Linde und ich in die Stadt zurück.

Dort hatte die Post gerade noch geöffnet, sodass ich Geld vom Postsparbuch abheben konnte. Wahrscheinlich durch den großen Besucherandrang der Bergkirchweih war es gerammelt voll. Linde stellte sich mit mir in die Schlange vor den Schaltern. Es wollte und wollte nicht vorangehen. So vertrieben wir die Zeit durch eine weitere Eisenbügel-Reportage, die allerdings nur gemischte Zustimmung bei den Wartenden fand. Zwei ziemlich hübsche Mädchen jedoch waren hin- und hergerissen von unserer Darbietung. Vor allem die eine stach mir ins Auge: Volle brünette Haare mit den damals modischen »Herrenwinkern«, lebhafte blaue Augen, leichte Sommersprossen und gute Figur, mit hochstehenden Brüsten. Nur die Nase war etwas knollig und gekrümmt. Wir verabredeten uns für den folgenden Tag.

Es folgten aufregende Tage voller Verliebtheit, verrückter Spritztouren, verwegener Provokationen und versoffener Gespräche. In einem Hutgeschäft kaufte ich für wenig Geld einen aus der Mode gekommenen breitkrempigen dunkelblauen Hut, der aussah wie einer der Hüte von »Bogie« (Humphrey Bogart).

Damals waren das Ladenhüter, heute sind sie schon lange wieder en Vogue – spätestens seit Udo Lindenberg. – Sie hieß Petra und studierte Romanistik. An einem Abend lud ich sie, Linde und Manfred Winter zu mir ins Schronfeld ein. Wie Charlie Chaplin in »Goldrausch« hatte ich alles schön vorbereitet: Es gab Schnittchen, Bier und Kerzenschein. Im Gegensatz zum Tramp war ich erfolgreicher: Sie kam wirklich, wenn auch leider in Begleitung der Kommilitonen. Wir tranken den ganzen Vorrat an Bierflaschen aus,

Abbildung 4: »Bogie« Wilhelm

und es wurde spät und immer lauter. Die Tochter von Frau Mathes klopfte gegen die Wand. Plötzlich erhob sich Petra und setzte sich auf meinen Schoss. Sie küsste mich lange und ausdauernd – ganz ungeniert von den Blicken meiner Freunde. So war ich noch nie geküsst worden. Der Morgen graute schon, als sie wieder gingen. Tagsüber zitierte mich Frau Mathes in die Wohnstube und las mir die Leviten: Sie habe doch ausdrücklich Damenbesuch verboten. Geschehe es noch einmal, sei sie gezwungen sofort die Kündigung auszusprechen. So rigide ging es zu in diesen harmlosen Zeiten…

Was danach kam, war nicht mehr schön. Da ich zu viel Kirchweihbier trank, sind mir nur Erinnerungsfetzen geblieben. Ich sehe mich noch in ihrem Zimmer in dem Widerspruch auftretend, von dem alle Betrunkenen betroffen sind: Mehr zu wollen, als man kann.

Abbildung 5: »Herr Maus« alias Linde

Die vielen Gelage der letzten Tage hatten bei mir starke Spuren hinterlassen. Ich roch wohl auch nicht gut. Im Morgengrauen schleppte ich mich zum Schronfeld, wo die Familie bereits erwacht war. Meine Erinnerung zeigt mir noch ihre verächtlichen Blicke. Es war Zeit für mich zu gehen.

Linde trat kurzzeitig meine Nachfolge bei Petra an: Wesentlich »erfolgreicher«, als es mir vergönnt war. Während unseres nostalgischen Wiedertreffens in Erlangen tröstete er mich – ohne sein Wissen: Als Reiterin habe sie bei ihrem Zusammensein sehr nach Pferd gerochen. Wenigstens das war mir erspart geblieben … – Da Linde noch in Erlangen weiterstudierte, war die gemeinsame Zeit fürs erste nun vorbei. In der kurzen Zeit aber war entstanden, was man eine »Lebensfreundschaft« nennen kann.

Abbildung 6: Mit Schlips und Schwips

Auch das letzte Erlanger Kapitel ist nicht sehr ruhmreich. Ich war per Anhalter nach Hamburg gefahren und hatte mir dort meine Isetta abgeholt. Ich fuhr mit ihr zurück nach Erlangen und packte in sie meine wenigen Habseligkeiten aus dem Schronfeld ein. Der Abschied von Frau Mathes und ihrer Tochter war kühl und sachlich. – Eigentlich sollte es nun weiter nach Heidelberg gehen. Ob es noch am Ende der Bergkirchweih oder bei irgendeinem anderen Fest war, weiß ich nicht mehr: Jedenfalls habe ich mich noch einmal voll hineingestürzt. Am nächsten Morgen fand ich mich in einem Bierzelt unter einem Tisch liegend vor, auf grünes Wiesengras gebettet. Neben mir lag ein gläserner Maßkrug mit der Aufschrift »Kitzmann Bräu«. In meinem Kopf dröhnte es und die Handwerker waren wieder in voller Aktion. Was war gestern geschehen? Meine Erinnerung ließ mich völlig im Stich. Im Zelt war außer mir niemand. Ich ließ den Bierkrug »mitgehen« – ich besitze ihn noch heute – und fand draußen im hellen Tageslicht nach einigem Suchen meine »Isetta« wieder. Es war – wie ich rückblickend erkenne – ein klarer Fall von »Frustsuff« und erscheint irgendwie auch als kennzeichnend für den Abschluss der Erlanger Zeit.

Der wahrscheinlich nicht unbeträchtliche Restalkohol hielt mich nicht davon ab, unverzüglich nach Heidelberg aufzubrechen. Dort war ich beim Evangelischen Studentenheim in der Bergstraße angesagt, um da meine Habseligkeiten bis zu meiner Ankunft zum Wintersemester zu deponieren. – Die Fahrt auf der Autobahn geriet zum Alptraum: Ich glaubte Tiefflieger zu hören, die ganz knapp über die Isetta hinwegrasten. Ich sah mich immer wieder gezwungen, auf Parkplätzen zu pausieren, um den vermeintlichen Tieffliegerangriffen zu entgehen. So brauchte ich für die ca. 250 km mehr als fünf Stunden und traf erst am Abend in der Stadt am Neckar ein. In Heidelberg war ich noch nie gewesen, und ich machte mich, nachdem ich die »Isetta« am Kornmarkt geparkt hatte, auf den Weg zu einer Stadterkundung. Die dauerte etwa zwei Stunden. Wo aber hatte ich die »Isetta« geparkt? Ich wusste es nicht mehr. Die Suche nach meiner kleinen »Knutschkugel« – die auf solcherart Gebrauch noch zu warten hatte – dauerte auch zwei Stunden. Schon ins Studentenheim fahren? In Erwartung weiterer Abenteuer spazierte ich noch eine Runde um die Heiliggeistkirche. In einer Seitengasse fand ich den Jazzclub »CAVE 54« und stieg die Wendeltreppe hinunter. Jetzt erst hatte ich Erlangen hinter mir gelassen und war in Heidelberg angekommen.

Kapitel II

Das Studium in Heidelberg

Interludium: Die Reise nach Paris

Während der Semesterferien arbeitete ich vier Wochen wieder bei der Post. Dann schrieb ich zwei Seminararbeiten im höchsten Stockwerk des »Philosophenturms« der Hamburger Universität, wo sinnigerweise die theologischen Seminarräume – dem Himmel so nah – untergebracht waren. – Wolfgang ließ sich in dieser Zeit vom Starfotografen Thomas Lüttge (s. Band I, S. 93 f.) Starfotos machen. Dafür hatte er einen triftigen Grund: Über Hannchens Albert Schweitzer-Schiene hatte er erfahren, dass eine amerikanische Studentin gerade in Lambarene ein Praktikum absolviert hatte und nun als Schauspielschülerin in Paris weilte. Es gab auch ein Foto von ihr: Eine sehr hübsche junge Frau, mit schönen Augen und langen Wimpern. Im Briefeschreiben war er ein Meister und er fügte seinem »Bewerbungsschreiben« einige seiner Starfotos bei, was noch Folgen haben sollte.

Die Antwort kam prompt: Man könne sich in Paris treffen. Am besten er komme zur Premiere des Theaterstücks, in dem sie gerade in einer Hauptrolle mitwirke. – Wolfgang hatte in einem Crashkurs in der Lüneburger Heide inzwischen doch noch den Führerschein erworben. Nun lud er mich und seinen Freund Wolfgang Sommer, Theologiestudent im höheren Semester, zur Mitfahrt ein. So machten wir uns mit ihm und dem DKW-Junior von Tübingen aus auf den Weg.

Ich hatte viele Illusionen mitgenommen. Vor allem Saint Germain des Prés und das Quartier Latin wollte ich sehen, das Viertel, in dem zu seiner Zeit Jean-Paul Sartre mit Simone de Beauvoir im Bistro saß und in dem seine Romantrilogie spielte, die ich als Jugendlicher gelesen hatte. Noch viel mehr, weil ich in der Palette den Bildband »Liebe in St. Germain des Prés« des legendären Foto-

Abbildung 7: Wolfgang: Ein Hauch von James Bond
(Foto: Thomas Lüttge)

grafen Ed van der Elsken (erschienen 1956 bei Rowohlt) erworben hatte: Ein Fotoroman, der in berauschenden Bildern das nächtliche Paris zeigt, samt einer Liebesgeschichte, umrahmt von Jazzmusik, Haschisch, Alkohol, Eifersucht, Streit und Verbrechen. So eine Geschichte oder so ähnlich zu erleben: Warum eigentlich nicht?

Die Autobahn nach Paris gab es noch nicht. Ab der Grenze an der Goldenen Bremm hinter Saarbrücken fuhren wir auf schnurgerader Straße westwärts: durch St. Avold, Pont à Mousson und Commercy. Langsam fahrende Fahrzeuge verursachten oft Schlangen von bis zu 100 Autos. Zu Wolfgangs Entsetzen – ich hatte ihn zeitweise als Fahrer abgelöst – überholte ich einmal in einem Stück einen Pulk von etwa 30 Fahrzeugen. Ab St. Dizier spürte ich heftige Zahnschmerzen, die immer schlimmer wurden. Wolfgangs Freund Wolfgang Sommer – später Professor für Kirchengeschichte in Neuendettelsau – war darüber sehr ungehalten. Er betrachtete mich überhaupt als ziemlich überflüssigen Begleiter. Die Abneigung beruhte auf Gegenseitigkeit, und es kam immer wieder zu Streitereien, aus denen sich Wolfgang zunächst vornehm heraushielt. In irgendeiner Vorstadt von Paris machten wir wegen meines Zustands Halt und übernachteten in einem schmuddeligen Hotel. Die ganze Nacht über verfolgten mich die quälenden Schmerzen, die mich zum Heulen brachten. Am nächsten Morgen waren sie auf wundersame Weise verschwunden und behelligten mich und die anderen nicht mehr.

Wolfgang fuhr im dichten Pariser Verkehr mit Zittern und Zagen in die Innenstadt zum Gare du Nord. Dort kamen wir im »Hotel de la Nouvelle France« unter, das verhältnismäßig sauber und billig war. Mit Mühe fanden wir einen Parkplatz in der Nähe, ließen das Auto die ganze Zeit dort und erkundeten zu Fuß und per Metro, das, was wir glaubten, sehen zu müssen: Die Kirche Sacré Cœur auf dem Berg Montmartre, natürlich den Eiffelturm, Moulin Rouge, den Louvre und Les Halles, den damals noch existierenden »Bauch von Paris«, der tatsächlich noch so zu erleben war, wie Émile Zola ihn beschrieben hat. Vor dem Palais de la Cité (Justizpalast) auf der Seine-Insel kam es zu einem heftigen Streit zwischen Wolfgang Sommer und mir, wegen irgendeiner waghalsigen theologischen Feststellung Sommers, die ich in Zweifel zog. Da gab mein Bruder seine bisherige diplomatische Neutralität auf und würgte seinen Freund vor den entsetzten Augen der Wachhabenden. Damit waren die Fronten geklärt. Auf seinem Krankenhausbett in der Herzklinik des Tokioter Krankenhauses Toranomon erinnerte sich Wolfgang viele Jahrzehnte später noch an diese Begebenheit: Mit galliger Freude.

Wolfgang wurde nervös: Der Tag des Treffens mit der amerikanischen Schauspielerin war gekommen. So gut hatte er sich noch nie rasiert und sein Duftwässerchen (»Old Spice«) war intensiv zu riechen. Immer wieder zupfte er an seinem schönen blauen Anzug, den er extra für diesen Anlass erstanden hatte. Die Krawatte (Windsorknoten) hatte ich ihm gebunden. Vielleicht hätte er noch etwas Rouge auflegen sollen, denn sein Gesicht war bleich wie bei einem Gespenst. Das Theater, eine Studentenbühne, war im Quartier Latin gelegen und hatte nur die Größe eines kleinen Kinosaals. Der Inhalt des aufgeführten Stückes war einem Faltblatt zu entnehmen. Mit meinen bescheidenen Französischkenntnissen verstand ich, dass es um den Dialog eines Embryos mit seiner Mutter ging, in dem es seinen Widerwillen erklärt, auf die Welt zu kommen. Es wollte weitere 23 Jahre im Mutterleib verbringen. Das Bühnenbild bestand aus der Nachbildung einer riesigen Gebärmutter, in der ein Mann saß, der den Hauptanteil des Gespräches mit der Mutter bestritt. Die Mutter, die in ständiger Bewegung darum herumlief, wurde von der besagten amerikanischen Schauspielerin dargestellt. Mehr war nicht. Nach der mit mäßigem Beifall aufgenommenen Premierenvorstellung, verabschiedete sich Wolfgang von uns und ging zum Stelldichein hinter die Bühne.

Wolfgang Sommer und ich fuhren zurück ins Hotel und bereiteten uns auf eine lange Wartezeit vor. Doch bald nach unserer Ankunft dort kam Wolfgang schon wieder zurück. Völlig aufgelöst und deprimiert berichtete er uns von dem Fiasko: Die »Audienz« sei bereits nach nicht einmal zwanzig Minuten beendet gewesen. Sie habe betont, dass sie ihn sich nach seinem Brief ganz anders vorgestellt habe. Außer Belanglosigkeiten und einem Smalltalk über Albert Schweitzer sei nichts ausgetauscht worden. Jetzt bereue er, ihr die Starfotos von Thomas Lüttge geschickt zu haben. – Mir tat er unsagbar leid: Was hatte er nicht alles in dieses Projekt investiert! Und nun so schmählich abgewiesen! Diese blöde Möchtegernschauspielerin! Er bedurfte dringend des brüderlichen Trostes. Drum schlug ich vor, mit der Metro zu den Champs Élysées zu fahren und dort in der Nähe opulent zu speisen. Noch waren ja Penunzen vom Jobben während der Semesterferien vorhanden. Hannchen hatte im Vorfeld auch schon Geld für ein solches Vorhaben zugeschossen. Wir machten uns auf den Weg zur Metro.

Es war Rush Hour, und die U-Bahnen waren wie Sardinenbüchsen gefüllt. In der Station Poissonnière stiegen wir in den überfüllten Zug. Ich quetschte mich gerade noch hinein. Frontal wurde ich gegen eine äußerst attraktive dunkelhaarige, etwas mollige Frau gedrückt, klein und apart, die sich in angeregtem Gespräch mit einer Freundin befand. Mir war die Situation zunächst peinlich und ich wollte sie und mich gerade aus dieser misslichen Lage befreien. Dann aber drückte sie ganz stark ihren Unterleib gegen meinen und begann, mit rhythmischen Bewegungen mich »in Fahrt« zu bringen. Sie sah mich dabei überhaupt nicht an. Ihr oberer Teil war mit der Freundin, der untere mit mir beschäftigt. So ging es bis Palais Royal, 6 Stationen lang. Es ist das merkwürdigste erotische Erlebnis, das ich je gehabt habe – obwohl im Grunde ja nicht viel gewesen ist. Als ich ausstieg, würdigte sie mich keines Blickes.

Wir flanierten durch die hell erleuchteten Champs Élysées. Hier war der Dichter Ödön von Horvath am 1. Juni 1938 während eines Gewitters vom herabfallenden Ast einer Kastanie getötet worden. Ein Hellseher in Amsterdam hatte ihm vorher geweissagt, in Paris werde er »das entscheidende Erlebnis seines Lebens« haben, woraufhin er sofort hierher gefahren war … Unbeleckt von solchem Wissen und solchen Gedanken freuten wir uns unseres Lebens nach dem Motto Johannes Baaders, des Ober-Dada von Berlin: »… nicht allein hier, sondern da, da, da ist Leben.« – In einer Seitengasse fanden wir ein Restaurant, dessen Menü zwar teuer, für unsere Geldbeutel aber gerade noch erschwinglich zu sein schien. Eine Mulattin – für uns damals noch etwas Ungesehenes und Außergewöhnliches – bediente uns. Eine so schöne Frau hatte ich noch nie gesehen. Der Sex schien aus allen ihren Poren zu sprühen, und sie trug uns die

Speisen mit einer Grazie auf, die uns drei Männer verzauberte und betörte. Das verleitete uns dazu, mehr Wein zu trinken, als wir uns leisten konnten. Als die schöne Frau uns die Rechnung präsentierte, waren wir wie vor den Kopf geschlagen: So viel Geld hatten wir gar nicht dabei! Während mein Bruder und ich in uns zusammensanken, prüfte Wolfgang Sommer die Rechnung. Er fand bald heraus, dass die schöne Mulattin uns ganz schön betrogen hatte, indem sie Posten auf die Rechnung gesetzt hatte, die wir überhaupt nicht konsumiert hatten – wohl in der Annahme, wir verstünden das alles nicht. Aus dem schulischen Französischunterricht wusste ich noch, was jetzt zu tun war: Wir verlangten, den »Gérant«, den Geschäftsführer, zu sprechen. Nach dem Gespräch mit ihm halbierte sich die Rechnung fast, nach vielen Entschuldigungen seinerseits. Die Mulattin aber war plötzlich verschwunden. Merkwürdigerweise trafen wir sie dann auf dem Rückweg auf den Champs Élysées wieder. Sie lachte uns verlockend an, als sei gar nichts geschehen. Noch viele Jahre danach war sie gelegentlich der Inhalt meiner Träume.

Es war kurz vor Mitternacht, als wir in Poissonnière ausstiegen. Wolfgang wollte um keinen Preis schon jetzt ins Hotel gehen. So ließen wir uns in einem nahegelegenen Bistro nieder, das noch lange geöffnet hatte. Nach einigen Bieren kam Wolfgang immer mehr in Schwung und begann Volksreden zu halten, an denen das ganze Lokal lebhaften Anteil nahm: Er erklärte den Franzosen auf Französisch den Frieden! Mit jedem Bier wurde seine Friedensbotschaft eindringlicher und pantomimisch unterstrichen: Er erhob ein imaginäres Gewehr und imitierte mit »Kch … Kch … Kch …« das Geräusch, das seiner Ansicht nach ein Maschinengewehr haben sollte. Dann zerbrach er das Gewehr ebenso imaginär und rief laut »La guerre est fini! La guerre est finalement fini! Jamais encore!« Alle hörten ihm gebannt zu. Ein Deutscher unseres Alters schloss ihn voller Bewunderung besonders ins Herz und wollte nicht mehr von seiner Seite weichen. Das war mein Glück, denn nun hatte Wolfgang den Zenit seines bierseligen charismatischen

Anfalls überschritten und näherte sich den Niederungen eines ganz gewöhnlich Betrunkenen, der nach Hause geführt werden musste. Das übernahm sein neugewonnener Jünger gerne voller Fürsorglichkeit. Die Nacht, die ich mit ihm im Doppelbett teilen musste, war dann allerdings recht anstrengend: Er übergab sich – ohne es zu merken – mehrere Male, sodass für mich einige Reinigungsarbeit anstand. Der an sich freundlichen Hotelbesitzerin musste ich alles erklären, was uns einen recht frostigen Abschied bescherte. Am Morgen war Wolfgang völlig verkatert und immer noch betrunken. Sein Gesicht, das vor dem Theaterbesuch weiß gewesen war, hatte nun eine grünlich-fahle Farbe angenommen. Den getrunkenen Kaffee spuckte er sofort wieder aus. Der deutsche Jünger erschien noch einmal, um sich nach seinem Befinden zu erkundigen. Die Rückfahrt musste ich als Fahrer allein übernehmen. Auch ich war ziemlich angeschlagen und fürchtete mich vor dem Pariser Verkehr.

Ich fürchtete mich mit vollem Recht: Vom deutschen Verkehr her »passives«, also vorsichtiges Fahren gewöhnt, stand ich damit hier auf verlorenem Posten. Wehe, man ließ einem anderen Fahrer den Vortritt: Dann war man für lange Zeit eingekeilt und kam überhaupt nicht vorwärts. Dasselbe, wenn man meinte, die Vorfahrt zu haben: Die hatte man nicht, die musste man sich erkämpfen! Die vielen Dellen und Beulen an den mitfahrenden Autos redeten ihre eigene Sprache. Ich änderte mein Fahrverhalten um 180 Grad und beschloss, ab jetzt völlig aggressiv zu fahren: Überholte an den unmöglichsten Stellen; wich keinen Zentimeter, wenn ein anderes Fahrzeug sich einreihen wollte; drängelte mich vor, um ja zur Spitze der Meute vorzudringen. Und – o Wunder! – das Experiment gelang. Ich dirigierte uns in kürzester Zeit aus dem Großstadtverkehr heraus und schlug dann, in einem Vorort angekommen, ziemlich erschöpft eine Rast vor.

Wir saßen in einem schönen Café vor einem herrlichen Café au lait. Da betrat eine sehr attraktive, schwarzhaarige Frau mit Stöckelschuhen das Lokal und setzte sich in einiger Entfernung von uns an einen Tisch. Nach wenigen Minuten begann sie unseren Tisch intensiv zu mustern. Nein, nicht unseren Tisch, sondern – ganz ohne Zweifel – interessierte sie sich einzig und allein für Wolfgang. Das war so offensichtlich, dass wir ihn bedrängten: »Los, du Feigling: Siehst du denn nicht, dass sie es auf dich abgesehen hat. Los, geh hin und lade sie zu einer Tasse Kaffee ein.« Er zierte sich lange, dann erhob er sich plötzlich und ging zu ihrem Tisch. Wir hörten nichts, wir sahen nur, wie er stehenbleibend sich zu ihr herabneigte und auf sie einredete. Sie lächelte fein, schüttelte aber den Kopf. Dann geschah etwas völlig Unerwartetes: Sie zupfte Wolfgang an seinem blauen Anzug und nahm kennerisch ein Stückchen Stoff zwischen Daumen und Zeigefinger. Jetzt nickte sie und strahlte Wolfgang wieder an. Der drehte sich abrupt um und kehrte, mit immer noch grünlich-fahler Gesichtsfarbe an unseren Tisch zurück. Widerwillig antwortete er uns auf unsere Fragen hin: Sie müsse wohl eine Schneiderin sein. Schon aus der Ferne habe sie erkannt, dass sein Anzug aus besonders gutem Tuch geschnitten war. Das habe sich ihr nun bestätigt. Nein, Kaffee wollte sie mit ihm nicht trinken, denn sie sei verheiratet. Ihr Interesse habe nur seinem Anzug gegolten. – Was für ein Kompliment: Deine äußere Hülle interessiert mich, der darin steckende Inhalt überhaupt nicht. Aber Wolfgang war das inzwischen egal. Er kämpfte tapfer gegen die Nachwehen seiner gestrigen Eskapade und schlief selig auf der weiteren Rückfahrt. Er hatte uns unseren ersten Paris-Aufenthalt ermöglicht und Erlebnisse, auf die wir später lachend zurückblickten.

Das erste Semester in Heidelberg

Ich parkte meine »Isetta« in der Gabelsbergerstraße vor einem großen, villenartigen Gebäude aus der Gründerzeit: Das Evangelische Studentenheim. Es lag und liegt noch im Stadtteil Neuenheim, früher ein Wohngebiet des Großbürgertums. Mein Zimmer war im 1. Stock, und ich teilte es mit einem Studenten der Medizin, den ich hier Max-Friedrich Hurtig nenne. Er machte seinem Namen aber wenig Ehre, denn alles an ihm war langsam: Seine Bewegungen, seine Sprache, sein Essen und Trinken, sein gemessenes Dahinschreiten. Durch eine gewisse Pedanterie wirkte er älter, als er in Wirklichkeit war. Manchmal vermutete ich, er sei mit diesem Opa-haften Habitus schon auf die Welt gekommen. Ansonsten war er ein einigermaßen gutmütiger Zeitgenosse. Nach anfänglicher Abneigung arrangierten wir uns miteinander, so dass sogar das Wort »Freundschaft« für diese Beziehung strapaziert wurde. – Geleitet wurde das Heim von dem Ehepaar Waldemar und Gisela Dietrich, die den christlichen Anstrich des Hauses vertraten, ohne damit wirklich bei den Bewohnern durchzudringen. – Es gab eine Gemeinschaftsküche und Sanitärräume, so dass ich, verglichen mit dem Erlanger Zimmer im Schronfeld, im Luxus lebte.

Die theologische Fakultät hatte ihr Wirkungsgebiet in der Altstadt, auf der anderen Neckarseite. Dorthin gelangte ich meist zu Fuß und benutzte die kleine Fähre, die einen für einen Spottpreis zum anderen Ufer übersetzte. Die Vorlesungen fanden in der Hauptsache in der »Neuen Universität« am Universitätsplatz statt. Über dem Eingangsportal prangte die Inschrift »Dem lebendigen Geist«, die von dem »Literaturpapst« Friedrich Gundolf vorgeschlagen worden war. In der Nazizeit wurde sie verändert: »Dem deutschen Geist« hieß es nun. Laut Wikipedia war die traditionsreiche und weltberühmte »Ruperto Carola« *»die erste Volluniversität in Deutschland, die sich zur nationalsozialistischen Universität erklärte und das Führerprinzip einführte. Von den 1933 einsetzenden Entlassungen jüdischer oder politisch unerwünschter Dozenten und Professoren war die Universität überproportional betroffen.«*

Das wusste ich zum Glück noch nicht. Denn ich erlebte das geistige Klima an der Fakultät zunächst wie eine Befreiung. An zu Hause schrieb ich mit Emphase:

Meine ersten Tage in Heidelberg sind nun verstrichen. Endlich habe ich die Ruhe, Euch einige Zeilen zu schreiben. Ich muss sagen, dass eigentlich alles bisher sich von seiner erfreulichsten Seite gezeigt hat: Die Atmosphäre im Heim erinnert in keiner Weise an die Internatszeit, mein Zimmergenosse beeinträchtigt meine innere Ruhe nicht, die Vorlesungen sind von ganz fantastischem Format. Man kann wirklich sagen, dass sich hier die theologische Elite Deutschlands versammelt hat.

In meinem Studienbuch sehe ich, dass der letzte Satz nicht völlig übertrieben war. Ich hörte Vorlesungen bei den Alttestamentlern Gerhard von Rad, Claus Westermann und Rolf Rendtorff; beim Neutestamentler Erich Dinkler; beim Kirchengeschichtler Hans von Campenhausen; beim Sozialethiker Heinz-Eduard Tödt. – Gerhard von Rads »Jesaja«-Vorlesung überstrahlte alles. Auf ihn traf das Wort zu: »Nur Begeisterte können andere begeistern.« Es war keine Schauspielerei in seinem Vortrag. Er vermochte es aber im großen Hörsaal 13 der Neuen Universität, seine glühende Hochachtung vor den alten Texten auf die Hörer zu übertragen und ihnen das Gefühl zu geben, auf eine Quelle von ungeheurer Bedeutung gestoßen zu sein. Ich höre noch, wie er das hebräische Wort deklamierte: »*Mebasärät*« und immer wieder »*Mebasärät*«. Es ging um die »Freudenboten« im Anfangskapitel des Buches Deuterojesaja: *Auf hohen Berg steige, du Freudenbotin Zion! Erhebe mit Macht deine Stimme, du Freudenbotin Jerusalem! Erhebe sie ohne Furcht! Sprich zu den Städten Judas: Siehe da, euer Gott! (Jesaja 40, 9).* Er sprach das erst auf Hebräisch, dann die deutsche Übersetzung. Sein Gesicht leuchtete dabei voller Freundlichkeit, als sei er selbst der Freudenbote aus uralter Zeit. Sein Gebiss schien mit zu leuchten, voll sprühender Begeisterung. Dass ihm diese Stelle so sehr gefiel, hatte wohl damit zu tun, dass er alles, was im Alten Testament auf die Weiterführung im Neuen Testament hinweisen konnte, für besonders bedeutsam hielt: Hier war es der Zusammenhang mebasärat (Freudenbote) und Euangellion = Evangelium (Frohe Botschaft). Es war ein geistvoller Genuss, ihm zuzuhören! Auf ganz andere Weise brillant war der von Rad-Schüler Rolf Rendtorff. Bei ihm hörte ich im nun schon vierten Fachsemester die Vorlesung »Geschichte Israels«. Zu diesem Zeitpunkt gerade einmal 40 Jahre alt, war seine Vortragskunst von jugendlicher Kraft und erweckte bei den Studierenden im wörtlichen Sinn »inter-esse« = Dabeisein. Man fühlte sich motiviert, mehr zu erfahren und zu lesen: Das Standardwerk war Martin Noths »Geschichte Israels«, und ich las es mit Leichtigkeit und Gewinn begleitend zu dieser Vorlesung. In dankbarer Erinnerung an Rendtorff nahm ich mir jetzt seine autobiographischen Reflexionen »Kontinuität im Widerspruch« vor, ein lesenswertes Erinnerungsbuch, das sich durch seine Bescheidenheit wohltuend abhebt von vielen anderen Autobiographien mehr oder weniger berühmter Theologen. In ihm wird deutlich, wie sehr er für den Eigenwert des Alten Testaments gekämpft hat und für die Beseitigung antijudaistischer Klischees, die es in der deutschen Theologie immer noch gab und gibt. Ein Zitat aus seinem 1998 erschienenen Sammelband mit Studien zum christlich-jüdischen Dialog mag für das Vermächtnis jenes großen Wissenschaftlers stehen, der 2014 gestorben ist:

> *Langsam, ganz langsam wächst auch in Deutschland unter den Christen die Erkenntnis, dass unser Verhältnis zu den Juden und dem Judentum im Laufe der Kirchengeschichte in völlig falsche Bahnen geraten ist. Immer mehr beginnen zu begreifen, dass Christentum und Judentum nicht feindselige Antipoden sind, sondern dass sie ganz eng zusammengehören. Für Christen entsteht aus diesen Einsichten die Notwendigkeit zu einer sehr tiefgreifenden Neubesinnung über die Identität des Christentums und der Kirche angesichts des lebendigen Judentums, das sie Wurzel bildet, aus dem das Christentum erwachsen ist.*

Kurz hat Rendtorff, der in Israel gerne an Synagogengottesdiensten teilnahm, mit dem Gedanken gespielt, selbst zum Judentum zu konvertieren. Jüdische Freunde hielten ihn davon ab: Einen so kompetenten christlichen Gesprächspartner wollte man nicht verlieren.

Im Jahr nach dem Ende meines Studiums in Heidelberg wurde Rendtorff 1970 gegen erheblichen Widerstand der konservativen Ordinarien zum Rektor der Ruperto Carola gewählt. Was dann geschah, konnte ich aus der pfälzischen Nähe genau verfolgen. Es stand aber auch im »SPIEGEL«(Nr. 7/1971):

Der viel Getadelte, der den Linken zu rechts und den Rechten zu links erscheint, ist Rolf Rendtorff, 45, seit Februar 1970 Rektor an der Ruprecht-Karl-Universität. Er ist der CDU nicht genehm und hat, obwohl er seit 1964 SPD-Mitglied ist, auch Schwierigkeiten mit Genossen. Was immer der Rektor, der sich selbst als »konsequenter Reformer« versteht, in den vergangenen elf Monaten an Deutschlands traditionsreichster Alma mater unternahm – »ständig waren viele irritiert, weil ich mich«, so die Selbsterkenntnis, »anders benehme«.

Der Rektor Rendtorff hat seine Amtskette beiseitegelegt, lässt sich nicht mehr mit »Eure Magnifizenz« anreden und nimmt auch keine Rücksicht auf politische Etikette. Als der US-General James Polk ihn im Mai letzten Jahres zum traditionellen Sommerball bat, schlug Rendtorff zusammen mit seinen beiden Stellvertretern die Einladung aus: »In einer Zeit, in der der gegen den Willen des vietnamesischen Volkes geführte Krieg zu einem Indochina-Krieg ausgeweitet wird« und Studenten in den USA erschossen würden – so ließ Rendtorff wissen – könne er sich nicht »bei Cocktails, Tanz, Unterhaltung und kaltem Buffet mit denen vergnügen, die für diese Gewalt mit die Verantwortung tragen«.

Der Nazi-Marinerichter Hans-Georg Filbinger, »furchtbarer Jurist«, der noch kurz nach Kriegsende einen Deserteur in Norwegen zum

Tode verurteilte, nun aber Ministerpräsident von Baden-Württemberg war, quittierte dies mit einem Aufschrei der Empörung und beeilte sich, dem General eine Ergebenheitsadresse, nebst »schärfster Missbilligung« des Rendtorff-Schreibens zu senden. – 1973, nach Schmähungen durch den reaktionären »Bund Freiheit der Wissenschaft« und dem Verlust der Mehrheit im Senat der Universität, trat Rendtorff zurück und widmete sich wieder seiner fruchtbaren wissenschaftlichen Arbeit. Er starb hochgeehrt, aber bis zuletzt als Außenseiter angesehen, im Alter von 88 Jahren.

An einem alttestamentlichen Hauptseminar des damals sehr angesehenen Professors Claus Westermann nahm ich teil, mit dem Thema: »Sünde und Vergebung im AT«. In meiner Perspektive war er ein Güte ausstrahlender älterer Herr, der eine fast seelsorgerlich zu nennende Tonart anstimmte. »Wissenschaftlichkeit« schien nicht seine erste Priorität zu sein. Gerhard von Rad hätte nie gesagt: »Wie es die Bibel an vielen Stellen ausspricht«. Denn »die Bibel« als übergeordnete einheitliche Stimme gibt es so nun einmal nicht. Sein Buch »Gottes Engel haben keine Flügel« war damals ein Bestseller, und ein neuerer Rezensent bemerkte darüber zu Recht: »Wie wenige andere hat er den Bogen raus, theologische Einsichten so zu vermitteln, dass sie auch im Hirn und Herzen von Hänschen und Franz ankommen«. Dennoch hat er mich mit einem Gedanken sehr beeindruckt: Die Theologie der Geschichte vom »Sündenfall« in Genesis 3 betrachtend, sagte er: »Die Sünde war gar kein ›Fall‹, sondern hier erhebt Gott den Menschen und würdigt ihn der Sünde«. Dann also wäre die Sünde ein von Gott in seine ›Pädagogik‹ eingebundener Akt der Freiheit? Ich nahm das ganz persönlich und dachte in diesem Zusammenhang zurück an die schauerliche Zeit meines »Niedergangs« und an das »Exil in Butjadingen« im frommen Internat (s. Band I, S. 103 ff.): War auch ich damals der Sünde »gewürdigt« worden?

Außerdem belegte ich in diesem ersten Heidelberger Semester noch die folgenden Vorlesungen:

Erich Dinkler: Auslegung des Johannesevangeliums. Der Bultmann-Schüler setzte sich vornehmlich mit dem Kommentar seines Lehrers auseinander, vor allem mit dessen umstrittener Quellentheorie und der daraus folgenden Literarkritik. Dinkler war seinen Studenten sehr nahe und suchte diese Nähe auch. Ohne viel Glanz zu verbreiten, gehörte er zu den theologischen Lehrern, an die ich mich gerne erinnere.

Hans von Campenhausen: Kirchengeschichte der Gegenreformation. Wenn er mit brennender Zigarre den Vorlesungssaal betrat und die Asche aus dem Fenster schnippte, erzeugte er natürlich die von ihm gewünschte Heiterkeit. Inhaltlich ist mir nicht viel Bedeutendes in Erinnerung geblieben. Er stand kurz vor der Emeritierung. Ertragreicher war es, seine ausgezeichnet geschriebenen Bücher über die griechischen und lateinischen Kirchenväter zu lesen.

Bei *Heinz-Eduard Tödt* hörte ich: Ethik des Politischen. Obwohl er damals schon 45 Jahre alt war, erschien er uns als einer der Jungen, auf denen – ähnlich wie bei Rolf Rendtorff – große Hoffnungen zu setzen waren. Es war ein neuer Ton, der zu hören war: Nicht auf Belehrung, sondern auf Partizipation zielend. Auch er hat autobiographische Reflexionen hinterlassen, in dem von seiner Frau Ilse Tödt posthum herausgegebenen Buch »Wagnis und Fügung«, die er bescheiden geworden vor der Fülle des Stoffes »Anfänge einer theologischen Biographie« nannte. Darin beschreibt er u. a. detailreich und fast schon allzu ausführlich die Schlachten des Zweiten Weltkrieges, an denen er an West- und Ostfront als Soldat aktiv teilnahm. Er stützt sich dabei auf die Beschreibungen und Notizen, die er per Feldpostbrief an seine Familie in Husum schickte, was dem Ganzen eine hohe Authentizität verleiht. Eine Bemerkung hat mich förmlich elektrisiert, als ich mich jetzt mit seiner Autobiographie beschäftigte. Er schrieb 1941 von der Westfront:

Die ... offensive, aggressive Einstellung machte mir als Theologen, der versuchte, christlichen Grundsätzen zu folgen, weniger zu schaffen, als zu erwarten war. Unsere Generation

– »*geboren in dem Krieg, für den Krieg*« – *hielt es offenbar für selbstverständlich, im Not- und Kriegsfalle dem Vaterland völlig zur Verfügung zu stehen. Wenn denn nun der im Ersten Weltkrieg ausgetragene Waffengang wiederholt werden sollte, dann hielten wir den Angriff und die schnelle Entscheidung für die beste Option.*

Und nun nimmt er Bezug auf die »Erlanger Theologie«, deren »Blütezeit« Beyschlag noch 1991 so positiv und unkritisch gewürdigt hat (s. o.):

Hinzu kam für mich, dass die deutsche lutherische Theologie, die ich kennengelernt hatte, den Kriegseinsatz für die Zukunft des eigenen Volkes bedingungslos bejahte und bestritt, dass Jesu Bergpredigt sich überhaupt auf den Kriegsdienst für die Volksgemeinschaft bezog. In der Schrift des hochangesehenen Erlanger Theologieprofessors Werner Elert »Der völkische Wehrwille«, einem Vortrag vor Leipziger Theologiestudenten 1937, lief alles letztlich darauf hinaus, dass wir als Theologen gewiss den »Wotansgläubigen« zeigen würden, dass wir den Tod weniger fürchten als sie und ganz bestimmt nicht die schlechteren Soldaten im Kriege seien. Und in der Tat betrachtete auch ich es als ein Zeugnis für unseren christlichen Glauben, mich im Kriegseinsatz von anderen nicht übertreffen zu lassen.

Den von Tödt zitierten Vortrag Elerts »Der Christ und der völkische Wehrwille« habe ich auf diesen Hinweis hin nachgelesen. Da liest man z. B. den folgenden uns heute unglaublich vorkommenden Satz: »*… wir (haben) das deutsche Blut geerbt. Es braucht kaum hinzugefügt zu werden, dass der Christ gerade aus diesem Grunde, gerade weil er sich dem Schöpfer verpflichtet weiß, mit entschlossenem Ernst auch für die biologische R e i n e r h a l t u n g des d e u t s c h e n B l u t e s einzusetzen hat, die heute durch unsere Gesetzgebung gefordert und gefördert wird.*« Die Blutspur dieser Gesetzgebung und dieses Denkens ist uns Heutigen ausreichend bekannt. Für den »Wehrwillen« steht im Folgenden – ärgerlich genug für Elert – die Bergpredigt Jesu im Wege. Aber kein Problem für ihn: »... *daraus folgt, dass jene Sätze der Bergpredigt, deren politische Deutung uns immer wieder suggeriert werden soll, a u f g a n z e V o l k s k ö r p e r g a r n i c h t a n w e n d b a r s i n d. Kein ehrlicher Leser der Bergpredigt kann auf den Gedanken kommen, dass Jesus darin Forderungen an das staatliche Handeln ganzer Völker richten wollte.*« Danach folgt eine polemische Abrechnung mit einem der größten Verfechter der universalen Bedeutung der Bergpredigt: Leo Tolstoi. – Inzwischen sind Kasernen – nach langer Debatte – nicht mehr nach Nazimilitärs benannt. Ich finde es unfassbar, dass in Erlangen das einzige evangelische Studentenheim immer noch nach diesem unselig wehrertüchtigenden Theologen Werner Elert benannt ist.

Tödt hat nach seiner von ihm ausführlich beschriebenen Identifizierung mit dem Kriegshandwerk und langjähriger sowjetischer Kriegsgefangenschaft sich in einem langwierigen Prozess von dieser Verstrickung gelöst. Zwanzig Jahre lang hat er das Fach Sozialethik an der Ruperto Carola vertreten. Er war mitten in den Studentenunruhen für uns, die wir den Traum von einem antiautoritären Sozialismus hegten, ein glaubwürdiger und manchmal auch mäßigender Gesprächspartner. Er war Mitbegründer der Heidelberger Friedensforschung und hat sich um die wissenschaftliche Edition der Werke Bonhoeffers verdient gemacht. Es war ein nachwirkendes Glück für mich, einem solchen theologischen Lehrer begegnet zu sein.

Ich sollte wohl auch erzählen, welche Vorlesungen ich bewusst n i c h t belegt habe. Im Studentenheim war es Usus, dass einmal im Jahr ein Theologe der Universität zum Gesprächsabend eingeladen wurde. Diesmal war der Ordinarius für Kirchengeschichte Heinrich Bornkamm an der Reihe. Meiner Mutter hatte ich im Vorfeld von diesem Besuch erzählt und sie reagierte äußerst enthusiastisch: »Das ist ein guter Freund von Gerhard Pfahler. Erzähle ihm, dass deine

Eltern Pfahler am Pädagogischen Institut Rostock als Lehrenden erlebt haben und, dass er seitdem ein Freund der Familie ist. Vielleicht springt so eine Doktorarbeit für dich heraus!« So etwas mochte ich ja nun ganz und gar nicht, und ich hatte auch überhaupt nicht die Absicht, zu diesem Zeitpunkt mich für eine Doktorarbeit zu bewerben. Entsprechend befangen ging ich in dieses Gespräch und muss mich wohl ausgesprochen täppisch benommen haben. Denn ich schrieb meiner Mutter danach: »Nun habe ich bei der Adventsfeier des Heims Heinrich Bornkamm kennengelernt, der mich aber gar nicht gemocht hat.« Das allerdings beruhte auf Gegenseitigkeit. Ich besuchte bewusst nie eine Vorlesung, geschweige denn ein Seminar bei ihm, den die ihn umschwärmenden Studierenden zärtlich »Heibo« nannten. Als ich jetzt der Sache etwas nachging, stellte ich fest, dass »Heibo« und Pfahler schon in nationalsozialistischer Zeit stark befreundet waren. H. Bornkamm setzte sich als Rektor der Universität Gießen für die Berufung Pfahlers ein, und Pfahler folgte ihm 1934 im Amt des Rektors. Da wusch eine braune Hand die andere. Während Bornkamm die »staatsmännische Größe des Führers« als »Geschenk an unser Geschlecht« pries, schrieb Pfahler unter dem Deckmantel der Wissenschaft rassistische Pamphlete wie »Rasse und Erziehung« oder »Rassenkerne des deutschen Volks und ihrer Gemische« … Nach 1945 wurde ihm von der zuständigen Spruchkammer die Lehrbefugnis und die Rückkehr ins Amt zunächst entzogen, mit der Begründung: »*Es hätte von dem Inhaber des Lehrstuhls der Erziehungswissenschaft erwartet werden müssen, dass er für das Menschliche Aufgeschlossenheit zeige, anders als der Betroffene, bei dem das Rassisch-Völkische so sehr im Vordergrund gestanden hatte, dass es das Humanum völlig überformt hatte.*«

Nur kurz war Pfahler 1929/30 Professor am Pädagogischen Institut Rostock, das für die Lehrerausbildung in Mecklenburg zuständig war, tätig gewesen. Hier waren Hannchen, Erich, »Onkel Peter« und Onkel Karl (s. Band I, S. 76 f.) seinem Einfluss ausgesetzt gewesen. Vor allem Hannchen hatte gläubig seine abstrusen

Rassetheorien in sich aufgesogen: Immer wieder wurden wir von ihr auf »fälische«, »nordische« oder »dinarische« Hinterköpfe aufmerksam gemacht. Noch im hohen Alter, als sie auf Pflege angewiesen war, sprach sie verächtlich über ihre sie liebevoll umsorgende polnische Betreuerin: »Diese Polin ...«, als spreche sie über etwas ganz Minderwertiges. So lange können die wahnhaften »Lehren« wissenschaftlicher Scharlatane auch noch in alten Köpfen rumoren...

Der »Heibo-Freund« Pfahler schrieb nach seiner »Rehabilitierung« in Form einer »Apologie im Gewand ›psychoanalytischer‹ Reflexionen« (so Christa Kersting in ihrer lesenswerten und ausgezeichnet recherchierten Abhandlung *»Pädagogik im Nachkriegsdeutschland – Wissenschaftspolitik und Diziplinentwicklung«*) ein Buch, das im Bücherregal des Königskinderwegs eine herausragende Stellung einnahm: »Der Mensch und seine Vergangenheit«. Darin wollte Pfahler tatsächlich – ganz im Geiste der angebrochenen Restauration – Sigmund Freuds Erkenntnisse vom unbewussten »Es« als überholt entlarven. An die Stelle setzte er eine »Tiefe«, die Platz ließ für alles Mögliche, vor allem aber für C. G. Jungs »Archetypen«. Nachdem er – so seine nachträgliche Aussage – von Gott im Zeichen des Bankrotts des Nationalsozialismus »einen Schuss vor den Bug« bekommen habe, ließ er nun in der letzten unzugänglichen Kammer des Ichs seiner »Tiefe« für Gott ein wenig Raum. Er behauptete ein »Bekehrungserlebnis« gehabt zu haben ... In diesem Buch schildert er fast schon mitleiderregend den Erfolg seiner »Tiefenpsychologie«:

Man kann ein von ... Gespenstern erschrecktes Kindergemüt auch einmal rasch dadurch entlasten, dass man, sich selber als lebendigen Gegenbeweis anbietend, das beängstigende Sinnbild in sein lebendiges Gegenteil verkehrt. Dem kleinen sechsjährigen Dietrich zum Beispiel (in allen Zügen das typische Bild des durch die bösesten Kriegseindrücke verwetterten Großstadtkindes) hat eine Tante »aus erzieherischen Gründen« eine furchtbare Angst vor dem »Böllemann«

eingejagt, die jedem Versuch vernünftiger Aufklärung gegenüber immer wieder Sieger blieb. Böllemann: das ist der,»der den unartigen Kindern Hände und Füße abschneidet«, usw.! Nachdem der Helfer zwischen sich und dem Jungen im Spiel und Scherz die nötige Wärme geschaffen hat, bringt er vorsichtig das Gespräch auf den Böllemann: Dass es den nicht gebe, so wie die Tante behauptet, ja geschwindelt habe, das wisse er ja. Aber er wolle ihm ein lustiges Geheimnis verraten. Er selber sei nämlich »der Onkel Böllemann«. Doch dürfe nur er ganz allein so zu ihm sagen. – Von Stund an ist der alte böse Böllemann ausgelöscht. Und das Kind wahrt allen Großen gegenüber sein neues kostbares Vorrecht, allein für sich einen »Onkel Böllemann« zu besitzen.

Ja, lieber Onkel Böllemann, der du unsere Kindheit und Jugend mit bedeutsamen Augenaufschlägen begleitet hast: So kann man auch Psychotherapie betreiben, mit seherischem Blick und zuckendem Mundwinkel. Nirgendwo sonst, als in der Psychologie und bei ihren Berufsvertretern, verbirgt sich so viel an Scharlatanerie – noch nicht einmal in der Theologie…

Mein Bruder Wolfgang konnte mit seinem mimischen Talent den Psychologen Pfahler ganz ausgezeichnet karikieren: Vor allem das charakteristische Zucken mit dem Mundwinkel. Wolfgang allerdings scheute sich weniger, das durch Hannchen abgerufene »Vitamin B« zu schlucken: Er schrieb 1970, nachdem er das Theologiestudium abgebrochen hatte, auf Vermittlung Pfahlers hin eine Doktorarbeit bei Otto Friedrich Bollnow (1973 als Buch erschienen mit dem Titel »Grenzen der Erziehung«). Dieser war Pfahler 1938 als Lehrstuhlinhaber für Psychologie und Pädagogik an der Gießener Universität gefolgt und nach der Wiederzulassung Pfahlers 1952 zur Universität in Tübingen wieder sein befreundeter Kollege geworden. So schlossen sich die alten verbündeten Kreise wieder … – Gerd Steffens (in: *Collegium Academicum 1945–1978* im Sammelband *Auch eine Geschichte der Universität Heidelberg)* schildert genau diesen Vorgang aus der Sicht des Heidelberger Philosophen Karl Jaspers im Jahre 1945:

»*Was da grundsätzlich mit uns Deutschen durch uns geschehen war, kam nicht zu Bewusstsein. Man nahm nicht Abstand von dem totalen Verbrecherstaat, zu dem wir geworden waren.*« ... »*Die Mehrheit der Kollegen, die zunächst von der Mitwirkung ausgeschlossen war, verlangte die Solidarität aller zu gemeinsamem Schutz*«. *Jaspers, der sich 1945 von allen Seiten umschmeichelt und an die Spitze der Universität gedrängt sah, hat später seine Rolle als die einer* »*öffentliche(n) Puppe*« *durchschaut, deren antinazistische Aura es der zünftigen Kumpanei von Nicht-Nazis und ehemaligen Nazis erleichterte, die alten akademischen Positionen wieder einzunehmen.*

Manchmal denke ich: Hätte Wolfgang doch diese belasteten »Koryphäen« besser durchschaut und diese von jener Generation ausgetretenen Pfade verlassen! Mit seiner analytischen Kraft und seiner exakten und feinsinnigen Formulierungsgabe hätte er mehr von dem verwirklichen können, was ganz wunderbar in ihm veranlagt war und nach Ausdruck verlangte.

Ausflug in den Pietismus

Nun aber wurde ich für kurze Zeit fromm. Wie es dazu kommen konnte – trotz der Erfahrungen im Zinzendorf-Internat in Tossens –, ist mir auch im Nachblicken nicht besonders klar. Vielleicht war es eine unbestimmte Sehnsucht, neben die vielen durch das Studium vermittelten rationalen Erkenntnisse so etwas wie eine Gefühlsebene einzuführen, in der das Bedürfnis nach Autorität und Anleitung befriedigt wurde. Vielleicht aber war es auch ganz einfach die Suche nach Gemeinschaft, weil wir trotz des Universitätsbetriebes uns doch oft recht einsam fühlten.

Vermittelt wurde der Kontakt zur »Studentenmission Deutschlands« durch den Mitbewohner im Heim R. R. Auch er ein Theologiestudent – schon einige Semester weiter: Ein lupenreiner Pietist. Wir nannten ihn »Hardy«, obwohl sein eher biederes Äußeres so gar nichts mit dem des Schauspielers Hardy Krüger, mit seinem germanischen Flair, gemein hatte. Hardy lag meine »Bekehrung« am Herzen. Aber das »persönliche Verhältnis zu Jesus Christus« wollte sich zu seiner Trauer bei mir einfach nicht einstellen. Meinen Lebensstil kritisierte er völlig zu Recht: Ich rauchte bis zu zwei Schachteln »Ernte 23« am Tag und trank abends oft zwei Flaschen »Heidelberger Schlossbräu« (Flascheninhalt: ¾ Liter, mit Bügelverschluss). Er überredete mich, zu einem Bibelabend im Studentenheim Am Klausenpfad mitzukommen. Dort fiel mir eine recht hübsch anzusehende Brünette auf, wegen der ich sogar noch ein paar Mal wiederkam. Das Diskussionsniveau war klafterweise vom universitären Standard entfernt, und die Frage, ob Christen auch tanzen dürfen, bewegte mich nicht wirklich, weil ich nicht tanzen konnte. Die Brünette behandelte mich freundlich, als sie meiner Verehrung gewahr wurde, auch wenn das für mein Empfinden viel zu mütterlich war. Ihre Anwesenheit konnte mich nicht veranlassen, am täglich stattfindenden »Mittagsgebet« der SMD teilzunehmen. Mir sträubten sich förmlich die Haare, als ich hörte, wie dort verfahren wurde: Persönliches Sündenbekenntnis vor allen anderen und Ausbreitung persönlichster Probleme vor der Gebetsgemeinschaft. So blieb dieser Ausflug in den Pietismus zu Hardys Kummer für mich völlig folgenlos. Auch mein »Lebensstil« änderte sich zunächst nicht (s. u.).

Abbildung 8: Grauer Morgen in der Heimküche

Ende Januar erhielt ich die Nachricht, dass meine Mutter Hannchen einen schweren Herzanfall erlitten hatte. Kurzentschlossen brach ich das Semester ab und fuhr mit der »Isetta« nach Hamburg.

Als ich heimkam, bewirkte mein bloßes Erscheinen schon Besserung. Hannchen hatte »Asthma Bronchiale«, mit schweren, angsterfüllenden und herzschädigenden Anfällen. Es war ein psychosomatisches Symptom, das mit ihrer ganzen Situation zusammenhing: Allein mit dem Mann, der sie während aller Tage der Ehe betrogen und verraten hatte; ohne ihre beiden Söhne, die an ihren Studienorten in weite Ferne gerückt waren; wie immer in ihrem Leben mit dem Gefühl, alles leisten und tragen zu müssen. Über ihre Asthmaerkrankung hatte ich mich ein wenig kundig gemacht: Ob sie hysterische Ursachen hatte, wie es die Ratgeberliteratur jener Zeit suggerierte? Darin wurde auch ein »Heilmittel« angepriesen, das mir unmittelbar einleuchtete: Gegen Hysterie helfe manchmal ganz einfach eine Backpfeife. An jenem Tag war der Anfall besonders schlimm und wollte gar nicht mehr aufhören. Den Angehörigen befällt dabei ein schreckliches Gefühl der Ohnmacht. Da dachte ich: Jetzt probierst Du es mal aus! Ich gab ihr eine Backpfeife von »nicht schlechten Söhnen« (wenn es diesen Ausdruck gäbe …). Ich sehe noch ihr völlig verdutztes Gesicht ob dieser Schmach. Hinterher brach sie in Lachen aus. Sie nahm es mir nicht übel, weil sie die gute Absicht verstand. Geheilt war sie damit aber überhaupt nicht, und es hat Jahre gedauert, bis die Symptome verschwanden.

In dieser Zeit erreichte mich ein Brief von Hardy, den ich in seiner kleinen, gestochenen Schrift aufbewahrt habe. Darin war eine Rechtfertigung seiner methodistisch-pietistischen Sicht, die wir als »moralinsauer« bezeichnet hatten. Ich finde, sie ist der Wiedergabe wert:

»Jetzt will er wieder einmal moralisieren«, meinst Du sicher. Das ist aber nicht der Fall. Was ist schon erzwungene, erbettelte Moral anders als eine große Heuchelei? Zwar halte ich viel (!) von Moral, aber nur von solcher, die wir aus der Freiheit unseres Glaubens an Christus gewinnen. »Mir ist alles erlaubt«, sagt Paulus, »es soll mich aber nichts gefangen nehmen« (1. Korinther 6, 12). Du erinnerst Dich vielleicht an Johannes 8,34ff.: »Wer die Sünde tut, der ist der Sünde Knecht … Wenn euch nun der Sohn frei macht, so seid ihr richtig frei«. – Wer kann von sich sagen, er habe die Knechtschaft der Sünde, wie immer sie auch beschaffen sein mag, noch nie gespürt. Wohl niemand.

Und doch gibt es daneben die beglückende Erfahrung, dass Jesus uns herausreißt aus unserer Knechtschaft, wenn wir ihn unseren Herrn sein lassen, seine <u>Knechte</u> werden. Das ver-

langt von uns unbedingtes H ö r e n auf sein Wort und unbedingten Gehorsam. Christsein ist keine lasche, müde Angelegenheit, sondern verlangt von uns das Hören, Hören und nochmalige Hören auf die Stimme (Befehl) unseres Herrn.
Lieber Jörn! Deshalb, gerade oder auch nur deshalb müssen wir uns seinem Anruf stellen: In unserer täglichen Bibellese; in dem Wort, das uns ein Bruder sagt; in der Predigt; im Abendmahl, in der Gemeinschaft mit ihm. Und wie kann unsere Antwort anders lauten als »Herr, da bin ich. Du siehst mich in all meiner Schwachheit und meinem Versagen. Sei du mein Herr«.
Ich wünsche Deiner Mutter baldige Genesung und Dir – trotz des plötzlichen Semesterabbruchs – keinen Stillstand.

Hardy war ein lieber und fürsorglicher Mensch. Seine Frömmigkeit war echt und ohne jedes Falsch. Dass er angesehener Missionar geworden ist in Afrika (Tansania), lag in der Konsequenz, die er aus seinem Glauben gezogen hat. Als ich ihn jetzt, nach fast 50 Jahren mit Hilfe des Internet wiederfand, schien er mir immer noch derselbe zu sein. Was das »Knechtische« und den Gehorsam angeht, sind wir andere Wege gegangen. Für mich wurde eines der biblischen Lieblingsworte Ernst Blochs entscheidend: »*Von nun an nenne ich euch nicht mehr Knechte; denn ein Knecht weiß nicht, was sein Herr tut. Euch aber habe ich gesagt, dass ihr Freunde seid; denn alles, was ich von meinem Vater gehört habe, habe ich euch kundgetan*«. (Johannes 15, 15). Jesus ist für mich mehr »Genosse« als »Herr«. – Die »Pietcong« (wie Schandmäuler die Pietisten damals nannten) habe ich – wohl auch auf Grund dieser persönlichen Begegnung mit Hardy – in den späteren Gemeinden nie verachtet. Auch in meinen teilweise heftigen politischen Auseinandersetzungen haben sie mich nie völlig verurteilt. Der Ausspruch eines alten Mannes aus diesen religiös leicht überhitzten Kreisen ist mir unvergesslich: »Herr Pfarrer: Sie sind noch immer nicht ganz bei Jesus. Aber Sie kommen ihm immer näher. Mein Frau und ich beten jeden Abend für Sie. Damit auch Sie eines Tages sagen: *Ich weiß, dass mein Erlöser lebt.*« Ich habe ihn beerdigt und s e i n Lied singen lassen: *»Jesus meine Zuversicht«.*

Fragmentarischer Bericht über den 1. Mai 1966

Bevor ich meine »Isetta« wieder auf den Weg nach Heidelberg lenkte, nahm ich noch Abschied von meinem Großvater. Durch meine Anwesenheit war er richtig wieder aufgelebt mit seinen fast 90 Jahren, trotz mancher Gebrechen. »Jörni, Jörni«, sagte er immer wieder, »Wat aus dir wohl mal werden mag? Haste denn eigentlich schon 'ne Braut?« Ich musste verneinen. »Jörni, Jörni«, sagte er wieder, »Pass aber bloß auf! Denn wie ick innem Kalenderspruch jelesen hab: ›Erst küssen und lieben sie. Doch dann kommt die Kralle. Und so sind sie alle ‹.« Das waren ja schöne Aussichten!

Unbeeindruckt davon, landete ich am 30. April 1966 wieder im Heidelberger Studentenheim und feierte Wiedersehen mit Max Friedrich Hurtig und Hardy. Der darauffolgende 1. Mai war ein sonniger und strahlend schöner Tag, so warm wie es für diese Zeit ziemlich ungewöhnlich ist. Hurtig und ich machten uns auf den Weg in die Altstadt. Auf den Neckarwiesen huldigten bereits überraschend viele Studierende der Maisonne. Natürlich hielten wir Ausschau nach »Naschim«, wie ich nach meinem Hebräisch-Kurs in Erlangen hübsche Mädchen zu nennen pflegte. Als hätte ich viel Ahnung davon, sagte ich zu Max: »Jetzt, am Anfang des Semesters werden die Karten neu gemischt. Halten wir uns also ran!« Mit der kleinen Fähre überquerten wir den Neckar und gingen in die Marstall-Mensa. Nach dem frugalen Mahl legten auch wir uns auf die Neckarwiesen. Voller Wohlgefallen betrachteten wir vorzugsweise die weiblichen Sonnenanbeterinnen, die sich auf ihren Laken räkelten. »Ich bin geil!« sagte Max und dem hatte ich nichts hinzuzufügen.

Hier breche ich die Schilderung dessen ab, was am 1. Mai und in den Jahren danach geschah – als Hurtig und ich die Frauen kennenlernten, die wir dann früher oder später geheiratet haben. Grund dafür ist eine E-Mail meiner Verflossenen, die mir darin untersagt, sie und ihre Familie in meinen Erinnerungen zu erwähnen. Ich hatte ihr die Passagen über die ersten Jahre unserer Verbindung zum Gegenlesen und zur eventuellen Korrektur geschickt. Sie schrieb: »*Ich möchte auf KEINEN FALL* (Hervorhebungen durch die Verfasserin) *in Deinen Erinnerungen erscheinen, weder ICH, noch meine SCHWESTER oder der REST meiner FAMILIE.*« Daran halte ich mich in der Hauptsache. Ganz vermeiden kann ich die Erwähnung ihres Daseins nicht völlig, weil ich bis zur Scheidung immerhin 32 Jahre mit ihr verheiratet war und wir zusammen zwei Kinder hatten. Manches, was mit ihr zusammenhängt, werde ich verfremden, anderes auf das absolut Notwendige reduzieren, wiederum anderes aussparen oder einfach nicht erwähnen. Wenn ihre Erwähnung nicht vermieden werden kann, nenne ich sie hier einfach »meine Frau« Ihre Entscheidung ist in ihren Zusammenhängen durchaus verständlich.

Aber ich bedaure es trotzdem sehr, weil es nie in meiner Absicht lag sie oder ihre Familie in irgendeiner Form herabzusetzen oder auf negative Weise in die Öffentlichkeit zu zerren. Wichtig war mir bei der Schilderung vor allem das zeitgeschichtlich Typische, wie es nur zu diesem und keinem anderen Zeitpunkt geschehen konnte. Ein Alfred Tetzlaff z. B. gehört ganz und gar zu seiner Zeit: Als die kleinbürgerlichen Väter noch nachträglich den Krieg gewinnen wollten, die Mütter ihnen andächtig lauschten, die Töchter Miniröcke trugen, und die aufmüpfigen Schwiegersöhne sich mit dem Nazigeist der Schwiegerväter fetzten ... Es ist schade, wenn tatsächlich erlebte Episoden dieser Art verlorengehen.

Es ist aber auch bedauerlich, dass ich eine der wichtigsten Weichenstellungen meines Lebens, die ich bereits in ihrer komischen oder tragischen Entstehungsgeschichte beschrieben hatte, nicht in die Autobiographie eintragen kann. Die Bedeutung des Wortes »privat« (lat. privare = berauben) hat sich mir in diesem Zusammenhang ganz neu erschlossen. Ja, es stimmt: Ich fühle mich durch solche Einschränkung erheblich in meinen Darstellungsmöglichkeiten »beraubt«.

Der Einschränkung zum Trotz halte ich fest: Nicht einmal ein ganzes Jahr später war ich mit iht, die ich an diesem 1. Mai kennengelernt hatte, verheiratet. Die Trauung fand in Ludwigshafen am Rhein statt. Wir erwarteten ein Kind.

Maloche im Rangierbahnhof und Pfalzwanderung

So war das Sommersemester 1966 wie im Fluge vergangen. Für das Studium hatte ich nicht übermäßig viel getan: ohne große Begeisterung an einem neutestamentlichen Hauptseminar beim Qumran-Forscher Kuhn teilgenommen: »Die Sendschreiben der Apokalypse des Johannes«; Rolf Rendtorffs Vorlesung »Einleitung in das Alte Testament« mit Gewinn gehört; ein dogmatisches Proseminar beim Assistenten Edmund Schlinks Günther Gaßmann belegt: »Die Kirche nach evangelischem und römisch-katholischem Verständnis« – wobei ich ein Referat über Hans Küngs »Strukturen der Kirche« zu halten hatte; zwei Vorlesungen aus dem Bereich der Psychologie.

Bei einer von ihnen hatte ich ein recht peinliches Erlebnis. Es war eine zweistündige Vorlesung, und ich hatte mich ziemlich weit vorne, in der Nähe des Vorlesungspultes, mitten unter die »Naschim« gesetzt, die in diesem Fach überrepräsentiert waren. Vorher hatte ich mir einen halben Liter Bier genehmigt, ohne an die Folgen für die Blase zu denken. Der Professor sprach sehr interessant über verschiedene Traumlehren, als ich nach Ablauf der ersten Stunde zuerst dieses dringende Bedürfnis spürte. Es wurde mit der Zeit so stark, dass ich dem Vortrag immer weniger folgen konnte und voll und ganz mit der Unterdrückung des Harndrangs beschäftigt war. Aufstehen, um doch noch die Toilette zu erreichen? Kam für mich nicht in Frage: Alle »Naschim« in der Reihe, in der ich saß, hätten aufstehen müssen, was störende Geräusche und Unruhe verursacht hätte und vom Professor vielleicht sogar als Störung gewertet worden wäre. So eine Blamage vor all diesen hübschen jungen Frauen: Nein, nie und nimmer! So kämpfte ich weiter den aussichtslosen Kampf und verlor ihn zuletzt: Ließ die erste Portion in die Hose ab, der weitere folgten. Als endlich die Glocke das Vorlesungsende signalisierte, blieb ich einfach sitzen und wartete, bis sich der Saal geleert hatte. Dann ging ich durchnässt und breitbeinig auf die Toilette. Zum Glück wohnte ich ja gleich um die Ecke…

Wie demütigend ist doch die Armut, in der man sich eine Freundin eigentlich gar nicht leisten kann! Darum war nach Semesterende Maloche angesagt. Ich fand einen – wie es schien – gutbezahlten Job im Rangierbahnhof Mannheim, wo die Waggons der Güterzüge zu beladen waren. Täglich fuhr ich mit dem Zug zum Bahnhof Mannheim-Seckenheim. Ich wurde einem türkischen Vorarbeiter zugeteilt und erhielt eine große, gebogene Ladekarre. Es galt, die Karre so voll wie möglich zu beladen und das Ladegut in die bereitstehenden Güterwaggons zu verfrachten. Das musste schnell geschehen, denn schließlich arbeiteten wir im Akkord. Anfangs bekam ich öfters vom Vorarbeiter einen Anschiss, weil ich zu langsam war oder weil mein Ladekarren umkippte. Das alles geschah im Halbdunkel einer unterirdischen Halle – nach dem Motto aus Dantes Beschreibung des Eingangs zur Hölle: »Ihr, die ihr hier eintretet, lasst alle Hoffnung fahren …«. Es war eine staubige und schmutzige Arbeit. Man ersehnte den Zeitpunkt, da man sich in der ungepflegten Dusche reinigen konnte. Das brachte mir eine langwierige Fußpilzerkrankung ein. Die vierwöchige Arbeitszeit kam mir wie ein halbes Jahr vor. Dann überließ ich die Hölle den Zurückbleibenden, für die es kein Entrinnen gab.

Die Taschen aber waren voller Geld, das ungeduldig darauf wartete, wieder ausgegeben zu werden. So machten mein Bruder Wolfgang und ich uns auf die Wanderschaft durch die Pfalz. Es war ein wunderschön sonniger Spätsommer, als wir in Neustadt an der Weinstraße unsere Wanderung begannen. Wir stiegen hoch hinauf

auf die Kalmitspitze, den zweithöchsten Berg der Pfalz nach dem Donnersberg, und dann wieder hinunter in die Rheinebene in das idyllisch gelegene Weindorf St. Martin. Es war schon dunkel, als wir dort völlig erschöpft eintrafen. Wir gingen in das erstbeste Gästehaus, aßen reichlich, tranken köstlichen Wein und schliefen lange und wahrscheinlich traumlos.

Ein neuer sonniger Tag erwartete uns, und nach dem Frühstück wanderten wir weiter nach Annweiler am Trifels. Auch dort bezogen wir ein günstiges Quartier und gingen hoch zur Reichsburg auf dem Trifels, wo die Reichskleinodien verwahrt waren und 1193 Richard Löwenherz für drei Wochen eingekerkert war. Ein herrlicher Ausblick auf den Pfälzerwald entschädigte für alle Mühe des Aufstiegs. – Im Gasthaus am Kurpark, in dem wir untergekommen waren, nahmen wir zu günstigem Preis unsere Mahlzeiten ein. Hier lernte ich den Pfälzer Wein kennen und lieben, mit so seltsamen Namen wie »Kallstadter Kobnert« oder »Gimmeldinger Meerspinne«. Wir sonnten uns im Schwimmbad und blieben noch zwei Tage hier.

Dann ging es weiter, bei immer noch strahlendem Sonnenschein, nach Bad Bergzabern. – Es war eine lange Wanderung, und Wolfgang schlaffte nun immer mehr ab. Der Abstand, den ich durch schnelleres Gehen schuf, wurde ständig größer und ich musste immer länger auf ihn warten. Was mir damals nicht bewusst wurde: Das waren die Auswirkungen seines Herzklappenleidens, das aus der Zeit der Flucht durch seine TBC-Erkrankung verursacht worden war. – So wurde es erst Abend, bis wir endlich Bad Bergzabern erreichten. Als wir uns nach der – im Wanderführer angekündigten – Jugendherberge erkundigten, gab es eine herbe Enttäuschung: Es gab sie noch gar nicht – sie wurde erst 1 ½ Jahre später eröffnet. Jetzt eine Pension zu suchen, kam nicht in Frage, denn wir hatten an den ersten Tagen der Wanderung weit über unsere Verhältnisse gelebt. In dieser Lage erinnerten wir uns an unsere erste Irlandreise im Jahre 1953, als unsere Familie nach Irland fuhr (s. Band I, S. 58 ff.)

und wir aus Geldnot oft in oder bei anglikanischen Pfarrhäusern übernachtet hatten. Warum nicht einfach zum nächstgelegenen Pfarrhaus gehen und um Nachtasyl bitten!? Schließlich waren wir ja beide Studenten der Theologie…

Wir fragten uns durch und erreichten eines jener herrschaftlichen und großzügig gebauten Pfarrhäuser, bei deren Anblick man unwillkürlich Luthers »Ein feste Burg ist unser Gott« assoziieren kann. Auf unser Läuten hin öffnete ein Halbwüchsiger und sagte: Die Eltern seien nicht da, wir möchten doch bitte in einer Stunde noch einmal vorbeikommen. Es war schon gegen 21:00 als wir erneut läuteten. Das Außenlicht ging an und vor die Tür trat ein mir »mittelalterlich« vorkommender Mann mit wehender Mähne (tatsächlich war er damals 36 Jahre alt). Er beäugte uns äußerst misstrauisch und versperrte uns jedes Näherkommen. Als wir unser Anliegen vorgetragen und unsere missliche Lage beschrieben hatten, war seinem Gesicht anzusehen, dass er uns keinen Ton glaubte. Vor allem unsere Behauptung, Theologiestudenten zu sein, erregte offensichtlich seine Zweifel. Da kam Wolfgang die rettende Idee: »Wir können ihnen auch gerne den Prolog des Johannesevangeliums auf Griechisch aufsagen.« Daraufhin bat er uns nun doch ins Amtszimmer. Wir durften Platz nehmen und er tätigte einige Anrufe. Deren Ergebnis war, dass wir im nahe gelegenen Kindergarten übernachten durften. Er begleitete uns dorthin und gab uns je eine Decke für die auf dem Fußboden bereitliegenden Matratzen. Viel freundlicher geworden, verließ er uns, nicht ohne uns für den nächsten Morgen zum Frühstück eingeladen zu haben.

Es war eine kalte Septembernacht, mit den ersten Frösten des Jahres. Wir froren unter der dünnen Decke und schliefen entsprechend schlecht. Ich holte mir hier eine starke Erkältung, die mich während der weiteren Wanderung nicht mehr verließ. – Am Morgen eines erneut sonnigen Tages gingen wir zur verabredeten Zeit zum Frühstück ins Pfarrhaus. Dekan Robert Hensel – so hieß er – war ausgesprochen gut gelaunt und aufgeräumt. Er fragte uns nach unserem Theologiestudium aus und erklärte sein besonderes Interesse dafür mit seiner Mitgliedschaft in der Prüfungskommission für das 1. Theologische Examen der Pfälzischen Landeskirche. Damit konnte er uns nicht schrecken, die wir ja auf der Liste der Schleswig-Holsteinischen Landeskirche standen. Ich fühlte mich an die Predigt meines Schnelsener Ortspfarrers über Bultmann und Käsemann erinnert (s. o.), als er wie ein Rohrspatz über den Mainzer Neutestamentler Herbert Braun schimpfte – dessen konsequente historisch-kritische Bibelauslegung damals für Aufsehen und bei kleinen Kirchenlichtern für Wut und Empörung sorgte. Hensel wurde später als Oberkirchenrat Bildungsdezernent der pfälzischen Landeskirche und sogar zum Honorarprofessor ernannt. Welch eine Karriere!

Die weitere Pfalzwanderung führte uns nach Dahn im Felsenland, mit seinen pittoresken Felsformationen aus Buntsandstein, die von ferne an die Landschaften mancher Westernfilme erinnert. Unser Wanderelan war durch Wolfgangs Fußblasen und meine Erkältung aber nur noch gedämpft. So fuhren wir die nächsten Stationen unserer Pfälzerwald-Umkreisung mit dem Bus und landeten schließlich in Hertlingshausen, nun wieder im Norden des Pfälzerwaldes. Wir übernachteten dort im Naturfreundehaus und zogen bei längst nicht mehr so schönem Wetter per pedes weiter, um als letzte Station die Jugendherberge in Steinbach am Donnersberg zu erreichen.

Es war ein weiter Weg von ca. 17 km, mit z. T. starken Steigungen. Wolfgang hatte große Probleme, und wir mussten oft rasten, um seine wunden Füße zu behandeln. Es war schon Abend, als wir in Standenbühl an der Kaiserstraße eintrafen, wo ich ihm die Schule zeigte, wo Hannchen, der Großvater und ich 1949 gewohnt hatten (s. Band I, S. 30 ff.). In Steinbach erreichten wir die Jugendherberge um 20:10 h. Die Eingangstür war abgeschlossen. Auf unser Klingeln hin öffnete unwillig der Herbergsvater und klärte uns darüber auf, dass wir zehn Minuten zu spät seien und er uns »zur Strafe« nicht aufnehmen werde. Als wir insistierten geriet er fast außer sich und wies uns schließlich die Tür. Das war noch zu der Zeit, als auf den grauen Decken in den Schlafsälen auf der einen Seite das Wort »Fußende« aufgedruckt war und um 22:00 h kein Wort mehr gesprochen werden durfte. – Wir gingen zurück in den schönen verwinkelten Ort mit seiner das Dorf überschauenden Kirche. Schon bald fanden wir ein Quartier zu erschwinglichem Preis. Der Blick aus dem Fenster zeigte am folgenden Morgen die Waldungen auf dem Donnersberg. Ich wusste noch nicht, dass hier – im letzten Abschnitt meines Lebens – einmal mein Haus stehen würde.

Tod des Großvaters

Wieder in Heidelberg, rief ich in Hamburg an und erfuhr, dass es um meinen Großvater sehr schlecht stand, nach einer Lungenentzündung. Wolfgang und ich fuhren sofort nach Hamburg. Wenn seine Enkel kamen, lebte er meist wieder auf. Am 21. Juni hatten wir groß seinen 90. Geburtstag begangen, wobei er noch einmal zur Hochform aufgelaufen war und seine Gäste mit Anekdoten in Berliner Mundart erheiterte. Nun aber kamen wir zu spät.

Wie schon einmal (s. Band I, S. 186 ff.) lag er rotwangig in seinen Kissen und atmete schwer. Als er uns bemerkte, huschte ein Lächeln um seine Gesichtszüge. Seine schwarzen Haare waren vom Schweiß verklebt, aber noch immer voll und nur mit wenigen grauen Strähnen. Sprechen konnte er fast nicht mehr, und wenn er es versuchte, war es meist ein unverständliches Flüstern. Meine Hand hielt er ganz fest, als übertrage sich von mir eine rettende Lebenskraft. So saß ich stundenlang an seinem Bett und erzählte ihm von der Pfalzwanderung, natürlich von meiner »Braut« in Ludwigshafen und von den alten Zeiten, als wir täglich Hand in Hand spazierengegangen waren. Manchmal reagierte er mit einem Lächeln oder einem Kopfnicken. Wenn er genug davon hatte, ließ er die Hand los, drehte sich auf die Seite und schlief schwer atmend für eine Weile ein.

In dieser Kammer hatte er seit 1950 gewohnt, bescheiden und ohne jeden Anspruch. Ihr Inneres prägte sich mir in diesen Stunden tief ein: Die geblümte Tapete, das sparsame Mobiliar, das Jugendbild von Tochter Hannchen, die Zither auf dem Tisch, das schwere gusseiserne Schild mit der Nummer seiner letzten Lokomotive, das Modell eines japanischen Hauses – Ende des 19. Jahrhunderts aus Nagasaki mitgebracht. In die manchmal sehr lauten Händel unserer Familie hatte er sich nur einmal eingemischt. Da hatte er, um mich zu schützen, in seinem Berliner Dialekt zu meinem Vater gesagt: »Lass Jörni sofort los, sonst jibt's eenen annen Ballon!« Mein Vater trat sofort den Rückzug an ... Dankbar nahm er Tag für Tag das Mittagessen in seiner Kammer ein: »Hannchen, Hannchen! Dat haste wieder auf Feuer gekocht! Aber zu viel! Zu viel!« Wenn wir Fisch aßen, wollte er aus Bescheidenheit immer nur den Kopf haben.

Er starb in der Nacht zum 10. Oktober. Wieder war ich bei ihm und hielt seine Hand. In der letzten halben Stunde seines Sterbens wollte er die Hand nicht mehr und war ganz auf seine letzten röchelnden Atemzüge konzentriert, ehe der letzte wie ein Stoßseufzer verrann. Ich hatte alle im Haus geweckt und nun standen sie um sein Sterbebett herum. Nur sein Sohn, unser Onkel Ernst (s. Band I, S. 86 f.), fehlte. Er hatte es aus Frankfurt nicht mehr geschafft und traf erst am folgenden Morgen ein: Untröstlich, beim Tod seines Vaters nicht dabei gewesen zu sein. Er hatte ihn als sein »Verlorener Sohn« zeitlebens besonders geliebt.

Leider ließ ich mich dazu verleiten, in der darauffolgenden Nacht die »Totenwache« zu halten. Als ich auf dem Stuhl neben dem Bett sitzend den Leichnam betrachtete, merkte ich nach einiger Zeit, dass von ihm eine Eiseskälte ausströmte, die richtig unangenehm war. Auch der Verwesungsgeruch hatte Einzug in die Kammer gehalten. Ich hielt zwar bis zum Morgengrauen durch, doch war es ein traumatisches Erlebnis: Noch Jahre danach meinte ich, wenn ich dies Zimmer betrat, jene Kälte und jenen Geruch wieder zu spüren. Seitdem ist es für mich klar, dass die äußere Hülle, der Leichnam, nichts mehr mit dem Menschen zu tun hat, der darin gewohnt hat. Ich habe darum nie verstanden, dass Leichen

geschminkt werden und vor der Beerdigung zur »Besichtigung« freigegeben werden.
Die Trauerfeier in der schönen Niendorfer Rundkirche wurde durch Pastor Metzendorf geleitet, dem unkonventionellen Pfarrer unseres Vertrauens (s. Band I, S. 134). Wolfgang gab ihm für seine Traueransprache und für den Lebenslauf eine eigene Würdigung an die Hand, die er ausführlich zitierte. Mir gab Metzendorf aus der »Agende für Evangelisch-Lutherische Kirchen und Gemeinden« den Auftrag, daraus den 90. Psalm vorzutragen. Das tat ich mit großem Einsatz und echter Bewegtheit für diese alten Worte mit ihrem hymnischen Klang: *»Denn tausend Jahre sind vor dir wie der Tag der gestern vergangen ist, und wie eine Nachtwache ...«*, wobei ich an meine eigene gerade zurückliegende Nachtwache denken musste. Oder: *»Unser Leben währet siebenzig Jahre, wenns hoch kommt, so sinds achtzig Jahre, und wenns köstlich gewesen ist, so ists Mühe und Arbeit gewesen, denn es fähret schnell dahin, als flögen wir davon.* Das klang in mir nach: *»... als flögen wir davon«*. In einem Bild sah ich die Wildenten von damals wieder, deren Flug ich in England so bewundert hatte. – Pastor Metzendorf schenkte mir die Beerdigungsagende, aus der ich vorgelesen hatte. Ich fand sie jetzt, nach undenklicher Zeit, wieder, mit der handschriftlichen Widmung: *»Jörn Wilhelm, zur Erinnerung an den 18. Sonntag nach Trinitatis 1966. Dein Johann Metzendorf«.* Denn an diesem Sonntag war mein Großvater vor 50 Jahren gestorben.

Nachrichten aus Papua-Neuguinea

Zum weit entfernten Papua-Neuguinea hatte ich eine familiäre Beziehung: Immer wieder erzählte mir meine Mutter von ihrem Großonkel »Käpten Knothe«. Der war Hafenmeister in Brunsbüttelkoog gewesen, am Kaiser-Wilhelm-Kanal, dem heutigen Nordostseekanal. Ihre Begegnung mit ihm muss wohl in der zweiten Hälfte der 20er Jahre stattgefunden haben. Vorher war er tatsächlich Kapitän bei der kaiserlichen Marine gewesen, und es hatte ihn vor dem 1. Weltkrieg in die deutsche Kolonie »Neu-Guinea« im Nordosten der großen Insel im Pazifik verschlagen. Dort verband er sich mit einer Ureinwohnerin, heiratete sie nach dem Stammesritus und hatte mit ihr zwei Kinder. Das wurde von der kaiserlichen Marine geduldet, solange diese Verbindung auf das Kolonialgebiet beschränkt blieb. Als Käpten Knothe nach Deutschland zurückkehrte, nahm er aber die Frau und die beiden Söhne mit und heiratete standesamtlich. Die vorhersehbare Folge war es, dass er aus der kaiserlichen Marine ausgeschlossen wurde und sein Kapitänspatent verlor. Als Ersatz wurde ihm die Stellung als Hafenmeister zugeschanzt. Glücklich darüber wird er nicht gewesen sein: Er begann zu trinken. Zu Hannchen sagte er zu diesem Thema: »Min Kääl brukt vääl«, (meine Kehle braucht viel). Das wurde in unserer Familie zum geflügelten Wort: Immer wenn wir einen über den Durst getrunken hatten. Dennoch endet die Geschichte gut: Er kaufte ein kleines Haus auf der Insel Usedom, in das er nach Erreichung des Ruhestands mit seiner Familie einzog. Leider haben meine Nachforschungen nichts über den weiteren Verlauf der Familiengeschichte ergeben.

Mein Freund Knut, genannt »Kümmel« (s. Band I, S. 124 ff.), hatte mich schon 1965 in Heidelberg besucht. Es war ein vorläufiger Abschiedsbesuch, weil er als gelernter Reedereikaufmann möglich machen konnte, wovon wir gemeinsam immer nur geträumt hatten: Wir nannten diesen Traum »Daressalam« und »Réunion« und meinten damit das Ausschreiten hinaus in die weite Welt, um so viel wie möglich zu sehen, zu erfahren und zu erleben. Es war zugleich eine Absage an die begrenzte und erstarrte Welt, in der wir in Deutschland lebten, wo zur Zeit des Kalten Krieges der »Status quo« als das Maß aller Dinge gefeiert wurde. Nun wanderte er aus, zunächst nach Australien, wo er in Melbourne und Sydney lebte. Dann wechselte er nach Papua-Neuguinea, das damals noch unter australischer Verwaltung stand.

Am 2. Januar 1966 schrieb er mir aus der dortigen Hauptstadt Port Moresby:

Lieber Jörn!

Ich sitze im Schatten eines blütenreichen Baumes. Es ist etwa 35 Grad im Schatten, ich schwitze wie ein Idiot, trinke seit etwa 4 Stunden Bier und es ist alles beschissen. Glücklicherweise ist es nicht ganz so beschissen, wie zwei Monate davor in diesem stinklangweiligen Melbourne. Ich habe genug über Melbourne geflucht und bin müde auch hier zu fluchen. Nur so viel: Melbourne ist die trostloseste Anhäufung von Stein und Mensch, die ich je gesehen habe. Die drei Monate in Melbourne waren die sinnlosesten meines Lebens. Als ich in Sydney ankam und plötzlich Sonne, einen herrlichen Strand und – weit wichtiger – Menschen hatte, mit denen man über etwas anderes als Wetter, Autos, Geldverdienen, Klatsch und Saufen sprechen konnte, kam ich mir wie jemand vor, der drei Monate in einer Höhle gelebt hat und zum ersten Mal wieder Licht sieht.

Knut schrieb, wie er redete. Es war die knappe Sprache, die damals in unseren »existentialistischen« Kreisen angesagt war – mit der Verachtung aller Anpassung an das Bestehende. Wenn ich seine Zeilen heute wiederlese, will ich ihm nachrufend ein wirkliches Schreibtalent bescheinigen. Er kam ohne Verzierungen auf den Punkt. Wie auch das Weitere zeigt:

Ich werde eine Zeit lang hierbleiben und dann vielleicht auf die Inseln gehen, das ist, wenn mich nicht das Heimweh packt. Es ließe sich hier großartig leben, wenn nicht alle Australier Arschlöcher wären. Ist natürlich Quatsch: Der Prozentsatz von Arschlöchern ist in jeder Nation ziemlich groß. Manchmal kotzt mich die Menschheit in ihrer Überheblichkeit an. Und hier ist es ganz schlimm, weil der dümmste

Australier immer noch tausende hat, die in seinen Augen noch dümmer sind: Die Eingeborenen. Fragt mich neulich jemand, ob ich was von Darwin gehört habe. Ich sage: Ja. Er: Musst mal ganz genau hinsehen, dann kannst du bei denen noch den Schwanz sehen. Ich: Und das muss ausgerechnet jemand sagen, bei dem selbst der Schwanz noch nicht abgefallen ist. Die Folge war ein gezielter Kinnhaken von einer Hand, die gewohnt ist, mit dem Schweißbrenner zu arbeiten. Ich war etwa fünf Minuten besinnungslos und musste dann fürchterlich kotzen.

Eine treffsichere Beschreibung der Brutalität des weißen Rassismus. – Der Traum von den Südseeinseln als Sehnsuchtsort speist sich natürlich aus dem Tahiti-Mythos und verbindet sich mit dem Namen des Malers Paul Gauguin, dessen Südseebilder wir beide liebten. Gauguin schrieb 1890 an seinen dänischen Malerfreund: »*Die glücklichen Bewohner eines unbeachteten Paradieses in Ozeanien kennen vom Leben nichts anderes als seine Süße. Für sie heißt Leben Singen und Lieben.*« Dies aber war eine Fiktion, die längst von der Realität nicht gedeckt war. Wer die »Entdeckung« Tahitis und der Freundschafts- und Gesellschaftsinseln in Georg Forsters »Weltumseglung mit Kapitän Cook« nachliest, kann feststellen, dass diese erträumten Paradiese in Wirklichkeit schon damals nicht bestanden haben. Aber der Mythos lebte weiter, wie auch aus dem Folgenden ersichtlich:

Trotz der Tatsache, dass alles beschissen ist: Mir gefällt es hier. Bis gestern hatte ich ein Haus etwa 10 km vor Moresby. Und die Zeit dort war herrlich. Es hatte eine große Veranda zum Meer. Es war auf einem Berg gelegen und hatte eine phantastische Aussicht. Palmen, verschiedene Arten von Früchten, die man nur zu pflücken brauchte, in den Eisschrank legen und dann zum Frühstück herrlich erfrischend waren. Ich hatte einen Boy, der die Arbeit machte, morgens wachte ich auf, und das Frühstück war fertig.

Hier vermischt sich der Südseemythos etwas unangenehm mit kolonialer Herrenmenschen-Mentalität: Der »Boy« als willfähriger Diener, der die Arbeit verrichtet und alle Wünsche erfüllt. Dann aber »malt« er und wird selbst zum »glücklichen Bewohner«:

> Manchmal, besonders abends, wenn die Sonne unterging, saß ich auf meiner Veranda und hab gelebt. Das Meer, Palmen, eine Eingeborenensiedlung, ein paar Eingeborene fischten, die Lichter von Moresby auf der anderen Seite der Bucht und die rote Sonne, alles ist in ein eigenartiges blaues Licht getaucht und dann hab ich dort gesessen, ein Bier getrunken, eine Zigarette geraucht und manchmal war ich richtig glücklich.

Das »Glück« aber ist ein Ort des Vergessens, wo die Realitäten der Zeitgeschichte ausgeblendet sind:

> Ich lebe fröhlich, ohne Wünsche dahin. ... Ich hab seit Wochen keine Zeitung mehr gelesen ... Manchmal höre ich in den Nachrichten, dass irgendwo in Vietnam ein Krieg sein soll oder dass die Amerikaner oder Russen wieder ein paar Leute um die Erde fliegen haben. Aber das ist alles so belanglos und uninteressant. Und das gefällt mir sehr gut.

Diese Einstellung sollte später zum lebenslang anhaltenden Zerwürfnis zwischen Kümmel und mir führen – worüber noch zu berichten ist. – Aber die Wirkung dieses ersten Briefes aus Port Moresby auf mich war stark. Das alte Fernweh in mir brach wieder durch. So gewann ein fantastischer Plan in mir Raum: Warum eigentlich nicht Missionar werden in Papua-Neuguinea, einem der letzten Gebiete, wo christliche Mission noch aktiv und lebendig war?! In Heidelberg gab es damals noch ein »Missionswissenschaftliches Institut« unter der Leitung von Hans-Werner Gensichen. Seine Vorlesungen besuchte ich gelegentlich, um mir ein Bild über den Missionsgedanken im Zeichen fortschreitender Entkolonialisierung zu machen. Mir war schon klar, dass es zum Glück jenen Missionar nicht mehr geben kann, wie er in Howard Hawks Film »African Queen« ironisch auf die Schippe genommen wird. In meinem Antwortbrief entwickelte ich Kümmel meinen Plan. Seine Reaktion war euphorisch und skeptisch zugleich:

> *Zu deiner Idee herzukommen, die mir übrigens auch gekommen ist, die ich aber meinem besoffenen Gehirn zugeschrieben hatte, kann ich nur sagen: Groß. Nur möchte ich dich warnen, nicht allzu viel zu erwarten. Von »paradiesischen Zuständen« kann so gut wie keine Rede sein. Zu viele Australier hier und vom »Liebesleben unter Melanesen« gibt es auch nichts zu berichten. … Es ist eine phantastische Sache, wenn du kämest; und wenn du es mit deinem Studium verbinden kannst, weiß ich eigentlich gar nicht, was dagegen sprechen könnte. Ich wage allerdings nicht zu hoffen. Es wäre zu schön dich hier zu haben.*
>
> *Ne andere Frage: Kann man das Leben als Missionar so richtig genießen?*

Mit dieser Frage hatte er allerdings den Nagel auf den Kopf getroffen! Ein ständig Bier trinkender oder eingeborene Frauen anbaggernder Missionar war ja eigentlich eine Undenkbarkeit … Überhaupt: Menschen aus einer ganz anderen Stufe der Kultur zum abendländischen Christentum zu b e k e h r e n, war ja meine Sache nun wirklich nicht. Bei Gensichen hörte ich zum ersten Male vom »Cargo-Kult« als größtem Konkurrenten der christlichen Mission in Papua Neuguinea: Die noch von magischem steinzeitlichem Denken beherrschten Ureinwohner, hatten eine neue Religion geschaffen, die das Cargo, also das von westlichen Schiffen gelieferte Ladegut, als heilige Gegenstände verehrten. Ein Radio z. B. wurde zum Fetisch, weil hier unsichtbare Stimmen wie von Geistern ertönten. Den Kampf dagegen aufzunehmen, schien mir nicht meine Bestimmung zu sein. Solche Zweifel unterstützte Kümmel, wenn er schrieb:

Seit etwa zwei Wochen spiel ich mit einem Eingeborenen Schach. Es steht 19 zu 3 für ihn. Hat das Schachspielen bei einem Missionar gelernt. Naja, ich kann die Brüder sowieso nicht leiden. Ich hab eine seltsame Antipathie gegen die Kirche hier, obwohl ich weder einen Missionar noch einen Pfarrer kenne.

Und dann nahm er mir alle Illusionen, wodurch aus meinem Fernweh nur noch ein Aschehäufchen wurde. Am 18. Januar 1967 schrieb er in seinem letzten Brief aus Port Moresby:

Ich habe heute deinen Brief bekommen und ich glaube, ich muss mal ein ernstes Wort mit dir reden.

»Frei wie ein Vogel«: Sei doch bitte nicht albern … Mein Gott, danke deinem Schöpfer, dass du in einem zivilisierten Land mit vernünftigen Leuten Bier trinken kannst. Und du beneidest mich, was? Sei doch nicht verrückt. Bleib doch bloß, wo du bist und sei verdammt noch mal zufrieden…
Life is a tragedy. Hoorah! (Eugene O'Neill)

So nahm meine Missionarslaufbahn ein jähes und vorzeitiges Ende.

Heute meiden manche das Wort Missionswissenschaft und sprechen lieber von »interkultureller Theologie«…

Ein wichtiges Semester

Es begann nun schon mein sechstes Semester im Winter 1966/67. Ich hatte mir eine ganze Menge vorgenommen: Ein alttestamentliches Hauptseminar über Deuterojesaja bei Gerhard von Rad; ein dogmatisches Hauptseminar »Das Selbstbewusstsein Jesu als dogmatisches Problem« bei Edmund Schlink; Vorlesungen bei Claus Westermann über die Psalmen, bei von Rad über die kleinen Propheten, bei Günter Bornkamm zur »Auslegung des 1. Korintherbriefes«, bei Schlink »Dogmatik II: Christologie«, bei Reinhard

Slenczka »Ethik I: Prinzipienlehre«, außerdem zwei aus dem Bereich der Psychologie. Ein anspruchsvolles und arbeitsreiches Programm. In Heidelberg wartete wieder der fordernde Studienalltag, besonders das dogmatische Hauptseminar bei Edmund Schlink. Ich muss es widerwillig zugeben: Es war das lehrreichste Seminar, an das ich mich in meinem Studium erinnern kann. Das lag vor allem am Thema: »Das Selbstbewusstsein Jesu als dogmatisches Problem«. Damit kam all das in den Blick und auf den Prüfstand, was die »Leben-Jesu-Forschung« in Jahrhunderten mittels historisch-kritischer Methoden ermittelt hatte. Die spannende Frage lautete: Was ist aus alledem für die heutige Christologie – also die dogmatische Lehre von Jesus Christus – zu folgern? Zuallererst galt es, das epochemachende Buch von Albert Schweitzer zu lesen: »Geschichte der Leben-Jesu Forschung – von Reimarus bis Wrede«. Die Lektüre war ein geistiges Abenteuer und – trotz mancher sprachlicher Altertümlichkeiten (1901 erschienen!) – ein literarischer Hochgenuss! Für das »Selbstbewusstsein Jesu« war das ebenfalls 1901 erschienene Buch von William Wrede »Das Messiasgeheimnis in den Evangelien« als vergleichende Lektüre wichtig, mit der entscheidenden Frage: Hatte der historische Jesus sich selbst als der kommende Messias verstanden? Mit anderen bekam ich den Auftrag, Wredes Buch thesenartig zusammenzufassen und auf seine Zukunftsbedeutung für die Christologie hin zu untersuchen.

Das war die Hauptarbeit in diesem Semester. – Professor Edmund Schlink mochte ich nicht. Er hatte etwas Verbissenes, Humorloses und Intolerantes in seiner Ausstrahlung. Ohne ihn unfair in die geistige Nähe seiner Schwester Basilea Schlink – der Gründerin und »Prophetin« der evangelikalen und sektiererischen »Darmstädter Marienschwesternschaft« – zu stellen, waren sie sich in diesen Charakterzügen offensichtlich sehr ähnlich. (Man lese den Aussteigerbericht der ehemaligen Schwester Adaja (Charlene Anderson) im »Internet Archive«). Vorgreifend auf die schon bald folgenden Heidelberger Studentenunruhen, mag folgende Begebenheit für ihn charakteristisch sein: In der heftigen Diskussion um die Hochschulreform wagte es einmal ein Student ihn »Herr Schlink« anzusprechen. Seine Reaktion: »Wenn es schon so weit ist, dann könnten sie mich ja gleich Edmund nennen.« Was der Student danach sagte, ist nicht überliefert. Ich wünschte mir, er hätte gesagt: »Prima! Aber wollen wir nicht erst einmal Brüderschaft miteinander trinken?«…

Das Semester ging in seine Endphase und nun galt es, die Seminararbeit über William Wredes »Das Messiasgeheimnis in den Evangelien« zu Ende zu bringen. Das Buch trägt den Untertitel: »Zugleich ein Beitrag zum Verständnis des Markusevangeliums«. Dieses etwa um 70 n. Chr. entstandene erste Evangelium überhaupt ist eine Schrift, die missionarisch den »Heiden« Jesus als den »Christus« = Messias vorstellen will. Es fällt auf, dass in der Darstellung des Markus, sowohl was Jesu Wunder angeht, als auch seine Lehre und seine Gleichnisse, die Zuhörer, Zeugen und Jünger von ihm immer wieder mit Schweigegeboten über seine Messianität eingedeckt, ja sogar bedroht werden. Zugleich wird immer wieder berichtet, dass das Volk und sogar seine Jünger seine Messianität n i c h t erkennen. William Wrede – so die Hauptthese seines Buches – sieht darin ein von Markus selbst stammendes theologisches Leitmotiv, mit dem der Widerspruch erklärt werden soll, dass der historische Jesus, der sich selbst nicht als der kommende Messias verstand, erst im nachösterlichen Auferstehungsglauben gewissermaßen nachträglich von der Urgemeinde zum Messias erhoben wurde. Das Leitmotiv will erklären, dass schon der irdische Jesus auf geheime Weise sich als Messias verstanden und geoffenbart hat, was nur durch Schweigegebote einerseits und Verstockung andererseits geschützt, noch nicht ans Licht der Öffentlichkeit treten durfte. Diese Konstruktion des Markus aber ist nichts anderes als Redaktionsgeschichte, von keinerlei historischen Tatsachen gedeckt. – Den Inhalt von Wredes meisterlich geschriebener Arbeit fasste ich nun, mit einer eigenen Gliederung, thesenartig zusammen. In der Würdigung meinte ich feststellen zu können – noch ganz unter dem Eindruck von Wredes Buch –, dass im Vergleich zum gleichzeitig erschienen Buch Albert Schweitzers »Das Messianitäts- und Leidensgeheimnis – Eine Skizze des Lebens Jesu«, Wrede die weitaus größere Zukunftswirkung zu bescheinigen sei. Dieser Meinung bin ich noch heute, 50 Jahre danach. Denn Schweitzer, der Wredes Literarkritik völlig zustimmt, streitet heftig ab, dass es sich bei der Messiasgeheimnistheorie um literarische Fiktion handelt, sondern erklärt sie kurzerhand zur historischen Wahrheit. Erich Grässer (in: »Albert Schweitzer als Theologe«) hat den Gegensatz auf eine Formel gebracht: *»Während Wrede die Unzusammenhänge auf die Redaktion des namens einer ›Gemeindetheologie‹ ›auf dem Papier‹ tätigen Evangelisten zurückführt, sieht Schweitzer hier ›die vulkanische Natur eines ›unermesslichen Selbstbewusstseins‹ in der Geschichte am Werk«.* D a s war natürlich der Punkt, der für Edmund Schlink von besonderem Interesse war, um seine eigene Christologie zu entfalten.

Es kam der letzte Tag des Seminars. Schlink gab die Arbeiten zurück, versehen mit seiner Beurteilung. Vorher besprach er mit uns das Buch Wredes. Zu meiner freudigen Überraschung benutzte er dafür die von mir stammende gegliederte Zusammenfassung. Aber ich hatte mich zu früh gefreut: In seiner schriftlichen Beurteilung bemängelte er meine positive Würdigung Wredes und behauptete einfach, ohne es zu belegen, dass Schweitzers Historisierung des Messiasgeheimnisses erkennbar größere Wirkung in der nachfolgenden Forschung gehabt habe, als Wredes redaktionsgeschichtliche These. Eine offensichtlich falsche Einschätzung. Meine Arbeit sei deswegen ungenügend und er könne mir keinen Schein über die erfolgreiche Teilnahme am Seminar ausstellen. Wenn ich ihn dennoch erlangen wollte, müsste ich im kommenden Semester an seiner Vorlesung teilnehmen und mich an einem Colloquium mit ihm beteiligen, in dem er meinen Wissensstand ermitteln würde. Auf solche Weise kann man auch für nicht völlig entleerte Vorlesungssäle sorgen ... Zähneknirschend folgte ich dieser subtilen Erpressung und erhielt den Schein im folgenden Semester ohne Probleme. Beim »Colloquium« zeigte er sich sogar auf ungewohnte Weise charmant. Aber damit konnte er mich nicht für sich einnehmen. Heinz-Eduard Tödts Witwe Ilse Tödt schrieb in ihren Tagebuchbriefen: »Er lehrte nicht, er predigte.« Genauso habe ich ihn auch erlebt und schrieb das auch nach Hause, eine seiner Vorlesungen beschreibend: *...von der Sache her bestimmt sehr ertragreich, aber zu leicht in die Predigt verfallend, sodass ich mir wie im Semestereröffnungsgottesdienst vorkam.*

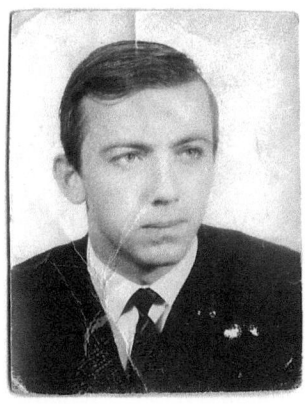

Abbildung 9: Passfoto 1967

Ich fuhr mit der »Isetta« in die Semesterferien nach Hamburg. Es wurde ihre letzte Fahrt mit mir: Am Autobahnkreuz Hannover ratterte es im Getriebe, und nichts ging mehr. Es war ein Kolbenfresser, wie ich schon vermutet hatte. Ich hielt auf dem Seitenstreifen ausgerechnet vor dem Gebäude der Autobahnpolizei. Zu meinem großen Glück hielt bald danach ein großer Mercedes mit einem äußerst freundlichen Ehepaar. Sie schleppten mich und die »Isetta« bis zur nächsten Abfahrt ab, und an einer Tankstelle erhielt ich für sie sogar noch 20 DM. In Hamburg fuhren sie mich bis vor die Haustür am Königskinderweg.

Handschuhsheimer Sommer

Es fand sich für uns Jungverheiratete eine erschwingliche Souterrainwohnung im Nordosten des Ortsteils Handschuhsheim, von den Kurpfälzern nur »Hendesse« genannt. Das Dorf war erst 1903 eingemeindet worden und hatte seinen dörflichen Charakter noch erhalten. Für Studenten war vor allem die Gastronomie hier interessant: Essen und Trinken rund um die »Tiefburg« war viel preiswerter als in der von Touristen überlaufenen Altstadt. Leider war es in der Wohnung sehr dunkel, und es gab keinen eigenen Eingang. Die Vermieterin war eine Frau mittleren Alters, die sehr auf Ruhe und Ordnung bedacht war, mit leicht hysterischen Zügen. Anfangs war sie recht freundlich, was sich aber bald gründlich ändern sollte. Die Lage des eingezäunten und von einem Boxerhund bewachten Hauses war fantastisch, wenn auch etwas abgelegen: Es waren nur wenige Schritte bis hin zum Wald, der sich bis hoch zum Heiligenberg erstreckte; von hier aus führte ein Feldweg auf gleichbleibender Höhe durch Weinberge und Obstgärten bis hin zum weltbekannten Philosophenweg, mit einmalig schönen Ausblicken in die Rheinebene und auf die Stadt.

Neben der Strafvorlesung bei Edmund Schlink belegte ich weitere Vorlesungen: »Einleitung in das Neue Testament« bei Erich Dinkler, »Die Lehre von Gott« bei Peter Brunner, zwei philosophische Vorlesungen: »Einführung in die Philosophie«, »Heidegger – Wahrheit und Geschichtlichkeit«. Der Status des Neuverheirateten ließ mich allerdings das alles nur sehr lässig angehen und im Laufe des Semesters habe ich die meisten einfach abgesetzt. Mein Hauptaugenmerk richtete sich auf das Homiletische Seminar bei Walther Eisinger, in dem es galt, zum ersten Male eine Predigt abzufassen und sie vor den Seminarteilnehmern auf der Kanzel der Peterskirche zu halten.

Finanziell ging es uns zunächst nicht so gut. Mein Budget war zwar von meinen Eltern leicht aufgestockt worden, aber leisten konnten wir uns nicht viel. Darum ergriff ich gerne die sich bietende Gelegenheit, die das Institut für Arbeits- und Sozialmedizin anbot: Als Hilfskraft bei einer Reihenuntersuchung bei den Angestellten der Stadt Heidelberg mitzuwirken. Die Stelle war recht gut bezahlt, und die Arbeitszeit erstreckte sich nur auf den Vormittag. So musste ich alle am Morgen stattfindenden Vorlesungen absetzen, was mir nicht schwerfiel. – Es begann damit, dass ich die Probanden – oft von mir aus gesehen schon im gesetzteren Alter – auf ihr Lungenvolumen hin untersuchen musste. Das lief so: »Und jetzt bitte gaaanz tief einatmen. Bitte die Luft anhalten und jetzt gaaanz langsam ausatmen.« Meine Suggestivkraft schien ziemlich ordentlich zu sein, denn alsbald wurde ich zur Durchführung des Belastungs-EKG befördert: Das damals noch recht neue »Fahrradfahren« mit sich ständig erhöhender Frequenz. Auch hier gelang es mir, die Probanden zu Höchstleistungen anzuspornen, sodass ich wiederum befördert wurde, was immer mit jeweils höherer Bezahlung einherging: Nun fragte ich die Probanden einen psychologischen Test ab, der Aufschluss über ihre psychosomatischen Probleme geben sollte. Darunter war eine indiskrete Frage, die sich auf die Einschätzung der eigenen Ehe bezog. Bei den anderen Interviewern wurde fast durchweg die Antwort »gut« gegeben. Bei mir gab es dagegen viele Teilnehmer, die mir ihre Eheprobleme »beichteten«, als hätten sie den kommenden Seelsorger in mir gewittert. Mir gefiel diese Arbeit sehr, einmal weil ich bei den Mitarbeitern des Instituts recht angesehen war, aber auch, weil mir der Sinn dieser Reihenuntersuchung einleuchtete: Dass schlechte und inhumane Arbeitsbedingungen, wie sie bei der Heidelberger Stadtverwaltung vorlagen, zu schlimmen psychischen und physischen Folgen bei den Arbeitnehmern führen müssen. Sie war ein Vorreiter der später folgenden politischen Diskussion um eine humanere Arbeitswelt. – Durch das hier verdiente Geld ließ es sich für uns in diesem Sommer locker und leicht leben.

Das Homiletische Seminar gefiel mir gut. Professor Walther Eisinger war ein Mann, der von der religionspädagogischen Praxis herkam. Sein Lieblingsautor war Johann Peter Hebel, was ihn mir noch sympathischer machte. Denn Max Picard (s. Band I, S. 71) war es, der unserer Familie einst das »Schatzkästlein des Rheinischen Hausfreundes« geschenkt hatte. Ich las es mit Begeisterung. Besonders die Geschichten vom Zundelheiner und Zundelfrieder, natürlich auch »Kannitverstan« und »Unverhofftes Wiedersehen«, für Ernst Bloch »die schönste Geschichte der Welt«. – Die Teilnehmer an diesem Seminar waren meist schon ältere Semester, die kurz vor dem Examen standen. Viele von ihnen rauchten Pfeife – wie Karl Barth – , so dass immer eine Rauchwolke über uns schwebte. Sie rissen das Gespräch an sich und zerlegten jede andere Meinung, die gegen ihren Beitrag vorgebracht wurde, gekonnt in ihre Teile. Ich wagte schon gar nicht mehr etwas zu sagen … Aber noch war nicht aller Tage Abend: Wir wählten unsere Predigttexte. Mein Text war für den Sonntag Trinitatis vorgesehen: Jesaja 6, 1–8, die Berufungsgeschichte des Propheten. Nun galt es alles anzuwenden, was wir gelernt hatten: Erste Begegnung mit dem Text (Zürcher Bibelübersetzung), theologische Assoziationen, Übersetzung aus dem Hebräischen, Kontext, Einzelexegese, Sitz im Leben, Skopus (Zielsetzung) des Textes, Meditation der Bedeutung für unsere Zeit, Suche nach aktualisierenden Beispielen und Texten. Schließlich entstand so meine erste Predigt, die ich unverändert wiedergebe:

Liebe Gemeinde!

Die Erkenntnis, dass etwas wirklich wahr ist, kann einem durch Mark und Bein gehen. Jeder hat es einmal erlebt dieses Gefühl, diesen Jubel: Das, was du gedacht hast, ist nicht nur graue Theorie, sondern lebensvolle Wahrheit.

Und doch: Wie selten sind solche Augenblicke, wenn Wahrheit in wirklichem Sinne hindurchbricht! Es stimmt wohl, was Stefan Andres sagt, vielleicht gerade für uns Theologiestudenten: »Man kann in der Wahrheit tatsächlich ersaufen, ohne sie zu erkennen.« Trifft dieser Satz nicht haargenau die Art unseres Nachdenkens über Gott? Wir haben viel nachgedacht und gelernt über Gott. Wir sind im Besitz lauter kleiner Wahrheiten über ihn. Dies verführt uns – wie Thielicke sagt – »zu einer Art Besitzerfreude: Ich habe das und das eingesehen, gelernt, verstanden. Wissen ist Macht.« So besteht immer die Gefahr, dass Gott für uns zum Besitz wird, über den wir verfügen.

Spüren wir in unserer theologischen Besitzerfreude noch, dass – wie die Seraphim singen – »alle Lande seiner Ehre voll« sind? Für Albert Schweitzer ist diese Wahrheit eines Tages zur Wirklichkeit geworden: Als er auf dem Ogowe-Fluss nach Lambarene fuhr, kam ihm jene Wahrheit in den Sinn, die als »Ehrfurcht vor dem Leben« fortan sein ganzes Leben fordern sollte. Ehrfurcht vor dem Leben heißt ja nichts anderes, als die Schöpfung und den Schöpfer ernstnehmen im Geschöpf. Ehrfurcht vor dem Leben ist Reflex der Ehrfurcht vor Gott, dem Schöpfer der Welt: »Alle Himmel erzählen die Ehre Gottes«, so sagt es Psalm 19. Ehrfurcht vor dem Leben haben, bedeutet also, in der Schöpfung das Geheimnis dessen zu erspüren, der die Blumen, die Vögel und mich selbst erschaffen hat. Ehrfurcht vor dem Leben ist nicht die Moral eines Tierschutzvereines: Wo Krieg ist in der Welt – ob in Israel oder Vietnam – wird das Geheimnis der Schöpfung missachtet. Der Mensch macht sich selbst zum Herren über Leben und Tod, oder – wie man so schön sagt – »nichts mehr ist ihm heilig«. Wer weiß, was es heißt, Gottes Ehre zu fürchten, der wird keine Kriege mehr »heilig« nennen

»Heilig«, sagt Jesaja, »ist nur Gott«. Jesaja muss es wissen: Er hat Gott mit eigenen Augen g e s e h e n im Tempel von Jerusalem. Für ihn wurde das Geheimnis Gottes sichtbar. Ist das für einen Theologiestudenten – mit seinen Fragen und Problemen – nicht enttäuschend, das Fazit seiner Gottesschau zu hören? Alles, was er zu hören bekommt, ist die Beschreibung des Kleidersaums und die Aussage: Gott ist heilig. Unser enttäuschter Theologiestudent fühlt sich *hiernach zweifellos nicht klüger als zuvor, denn sein Wissen über Gott scheint sich nicht vermehrt zu haben. Sein theologischer Besitz der vielen Wahrheiten über Gott ist nicht erweitert worden. Dabei hat ihm Jesaja ja alles gesagt: Gottes Heiligkeit ist sein Geheimnis, das selbst in der Sichtbarkeit Geheimnis bleibt. Gottes Heiligkeit ist sein verborgenes Wesen, das dem Menschen – und auch unserem Theologiestudenten – unverfügbar bleiben muss. Das Heilige ist das Unsagbare von Gott, die Bezeichnung dessen, das wir nicht bezeichnen können und dürfen. Es bleibt sein Geheimnis, das wir manchmal nur im Blick auf den gestirnten Himmel über uns erspüren können. Es geht uns wohl wie jenem Blinden, der gefragt wurde, ob er nie das Verlangen gehabt habe, die Schönheiten der Welt zu betrachten. Seine bündige Antwort war: »Ich habe die Sonne nie gesehen, aber ich spüre, wie ihre Strahlen mich wärmen.«*

Für Jesaja aber gilt, was Dante über sein Paradies aussagt: »Im Himmel, der das meiste Licht empfängt, war ich, und Dinge sah ich, die zu sagen keiner vermag, der niederkehrt von dorther; denn auf den Spuren seines Sehnens eilt in uferlose Tiefen unser Geist und findet, sich erinnernd, nicht zurück.« So geht denn der kurze Moment der Sichtbarkeit des Heiligen schon wieder zu Ende: »Das Haus ward voll Rauch.«

Was bedeutet die Heiligkeit Gottes aber für den Menschen? Für Jesaja ist diese Frage keine Frage: Er weiß, dass, wer Gott von Angesicht gesehen, sein Leben verwirkt hat. Er weiß auch, weshalb das so ist: Unrein sind seine Lippen und die Lippen des Volkes, in dem er wohnt. Unreinheit ist das Wesen des Menschen vor Gott. So erkennt Jesaja erst in der Begegnung mit Gott, wer er ist. Das Wesen der menschlichen Existenz ist es, das im Stehen vor Gott offenbar wird. Kierkegaard nennt die menschliche Existenz ein

»Sich-Verhalten zum Absoluten«. *Die Existenz im Stehen vor Gott als dem Unbedingten* – sagt Kierkegaard – *erweist den Menschen vor sich selber als den Sünder schlechthin: Menschliche Existenz ist sündige Existenz.* Was die Wahrheit dieser dürren Worte ausmacht, das hat Jesaja als Wirklichkeit erfahren: Auge in Auge mit der Heiligkeit Gotte, weiß er sich von nun an gerichtet. Gottes Heiligkeit bedeutet für den Menschen Gericht. So hat es auch Kierkegaard gesehen: »Die christliche Lehre von der Sünde ist eitel Anzüglichkeit wider den Menschen. Anschuldigung über Anschuldigung, sie ist die Klageschrift, welche das Göttliche als Ankläger sich erlaubt gegen den Menschen niederzulegen.« Wenn Sünde aber nur »vor Gott« existiert, dann bedeutet dies: je tiefer wir die Heiligkeit Gottes erkennen, desto tiefer wird unsere Sündenerfahrung sein. Fragen wir einmal unseren Theologiestudenten, ob diese Wahrheit auch für ihn zur Wirklichkeit geworden ist. Oder lässt er auch diese Wahrheit an sich vorübergleiten, um sie seinem theologischen Raritätenkabinett einzuverleiben?

Jesaja wusste, dass angesichts der Heiligkeit Gottes sein Leben wertlos geworden war und so stand er da: In Erwartung des Endes. Ganz überraschend aber wurde aus dem Ende ein neuer Anfang: Gott selber war es, der sein Leben zu neuem Wert erhob. Ist es die Unreinheit der Sünde, die Gott dem Menschen in unermessliche Ferne rückt, so wird durch die Aufhebung der Unreinheit alles plötzlich anders: Im Akt der Gnade wird der Mensch nun der Gemeinschaft mit Gott gewürdigt. Jetzt hat er Anteil an der Heiligkeit Gottes. Paulus nennt die Glieder der Gemeinde von Korinth »Geheiligte durch Jesus Christus«. So schimmert durch die Gnadentat an Jesaja schon jene Erfüllung der Gnade hindurch, die in Jesus Christus allen Menschen Vergebung der Sünde zuspricht. Dass der Mensch Gemeinschaft mit Gott haben kann, ist *seit der Menschwerdung Gottes auch für das »Volk unreiner Lippen« zur Tatsache geworden: So können auch wir uns als »Geheiligte durch Jesus Christus« ansehen. Und ebenso wie das Leben des Jesaja in der Gnadentat der Heiligung einen neuen Anfang nahm, so erhält auch unser Leben in unserer Heiligung durch Christus einen ganz neuen Wert: Alles was wir haben, können wir von nun an als Gnade erkennen; denn durch die Aufhebung des Gerichts ist uns – genauso wie Jesaja – unser Leben neu geschenkt. »Alles ist Gnade!« sagt Theodor Fontane. Wenn er dies begriffen hat, dann wird unser Theologiestudent seinen theologischen Besitz getrost veräußern können.*

»Ich m u s s malen«, sagt Charles Strickland, alias Paul Gauguin, in Somerset Maughams Roman »Silbermond und Kupfermünze«. Es ist die Geschichte eines Mannes, der nach 40 Jahren spießbürgerlichen Lebens Frau und Kind verlässt, um nur noch seiner Kunst zu leben. Dieses Muss ist zum Kompass seines Lebens geworden. Der Zwang, der hinter jeder Berufung steht, wird deutlich auch im Worte des Amos, des Hirten von Thekoa: »Der Löwe brüllt – wer fürchtet sich nicht? Der Herr Jahwe redet – wer verkündigt nicht?«

Verspüren auch wir diesen Zwang, so dass wir sagen könnten: »Ich m u s s predigen?« Ist das vielleicht unsere besondere Begabung – wie das Genie des Künstlers – , die uns dies und nichts anderes tun lässt? Ist es unser Streben nach Erkenntnis, das im Dienst Bewährung sucht? Oder ist es gar unsere theologische Beredsamkeit, die uns für die Verkündigung besonders geeignet macht?

Sollten wir uns einer dieser Meinungen anschließen, so ruft uns Jesaja hier energisch zurück: Er weiß sich berufen, weil Gott gerufen hat und weil er sich in diesem Ruf getroffen fühlt. Gott hat ja nicht etwa Jesaja persönlich gerufen. Ganz allgemein nur hat er nach einem Boten verlangt. Jesaja aber weiß, dass er selbst gemeint ist und so meldet er sich mit ruhiger Selbstverständlichkeit in den Dienst Gottes. In dieser Selbstverständlichkeit liegt doch auch etwas von jenem Muss, das den Maler Charles Strickland die Sicherheit des bürgerlichen Lebens verlassen lässt, um sich auf das Wagnis der Kunst einzulassen.

Woher hat Jesaja dieses Wissen: Dass er – und nur er – gemeint ist? Er weiß es, weil Gott vorher an ihm gehandelt hat. Er war zum Tode verurteilt gewesen. Gott aber hat ihn begnadigt, hat ihm das Leben neu geschenkt. Dieses Leben kann jetzt nicht mehr nur für sich selbst gelebt werden. Alles ist ja jetzt zur Gnade geworden. Und wer begnadet ist, der muss etwas tun, um auf diese Gnade zu antworten. Darin unterscheidet sich die Berufung in den Dienst Gottes auch nicht von jeder anderen Berufung. Hier haben wir es ja, das Zwingende, das Muss einer jeden Berufung: Wenn der Bürger Charles Strickland plötzlich malen muss, dann äußert sich darin ja nichts anderes, als dass ihn die Gnade seines Genius zur Antwort zwingt. Und deshalb ist es nicht u n s e r e Begabung, unser Erkenntnisstreben, unsere theologische Beredsamkeit, die uns für das Amt geeignet macht, sondern die Gewissheit, dass durch Jesus Christus aller Welt Gnade widerfahren ist. Um dieser Gnade willen braucht es Arbeiter in der Ernte: Unsere Arbeit, das muss die selbstverständliche Antwort auf diese Gnade sein. Wer darum weiß, dass die Berufung in den Dienst Gottes Gnade ist, der wird nicht mehr herrschen wollen, sondern nur noch dienen. Er wird sich ehrfürchtig für die Gnade in seinem Leben offenhalten. Ehrfurcht und Demut, das muss unsere Antwort auf die Gnade des heiligen Gottes sein: Als Ehrfurcht vor dem Leben und als Demut gegenüber dem Nächsten.

Wem die Wahrheit von der Gnade Gottes durch Mark und Bein gegangen ist, den wird die Wahrheit nicht kalt lassen: Er *wird wie Jesaja hinausgehen in die Welt, ihr den Willen Gottes zu verkünden. Was Berufung ist, können wir nur wissen, wenn wir erfahren haben, was das heißt: Alles ist Gnade.*

Amen

Der vollständige Abdruck dieser ersten Predigt geschieht nicht, weil der Verfasser von ihrer Mustergültigkeit überzeugt wäre. Im Gegenteil: In ihr sind typische Anfängerfehler zu bemerken. Heute predige ich z. B. längst nicht so »dogmatisch« und in so unanschaulicher Theologensprache. Was wird hier nicht alles an theologischen Geschützen aufgefahren: »Schöpfung«, »Heiligkeit«, »Geheimnis«, »Unreinheit«, »Sünde«, »Gericht«, »Vergebung«, »Gnade«, »Berufung«, »Menschwerdung Gottes«. Auch wenn der Jesaja-Text manche dieser Begrifflichkeiten selbst verwendet, so muss doch für eine Predigt konkretere Rede und Beschränkung auf das Wesentliche gefordert sein. – Als ich die Predigt im Seminar vorstellte, wurde sie von den Pfeifenrauchern auch mit allen Regeln der Kunst auseinandergenommen. Man bemängelte die vielen Zitate, den »altmodischen« Rückbezug auf die Schöpfungstheologie Albert Schweitzers, die »überholt« erscheinende Gotteslehre Kierkegaards und die Gleichsetzung von »Genie« mit »Berufung«. Walther Eisinger allerdings verteidigte die Predigt vehement: Dies sei die einzige Predigt in der die »Gemeinde« – in Gestalt der anwesenden Theologiestudenten – angesprochen werde. Er sah in der Zitierung von Albert Schweitzers Ehrfurchtsethik einen interessanten und für die Zukunft wichtigen Ansatz – worin er Recht behalten sollte. Die vielen Zitate fand er belebend und erfrischend. Er erzählte von einem Landpfarrer in der Badischen Landeskirche, der seine Predigten immer mit reichhaltigen Zitaten aus Literatur, Wissenschaft und Zeitung zu garnieren pflegte. Deshalb seien seine Zuhörer aus nah und fern gekommen, um seine Predigten nicht zu versäumen. Vielleicht würde ich einmal in seine Fußstapfen steigen. Die dogmatischen Passagen allerdings hatten es ihm auch nicht angetan …

Mit einem der Pfeifenraucher kam ich ins Gespräch. Er hatte über die Himmelfahrt Jesu zu predigen. Später nannten wir unter Kollegen aus gutem Grund Himmelfahrtspredigten »Himmelfahrtskommandos«… Auch er war unglücklich mit dem Text aus der Apostelgeschichte des Lukas, mit einem gen Himmel entschwebenden Jesus. Aber nun hatte er den Ausweg gefunden: Er hatte die 1965 erschienene Schrift »Stellvertretung. Ein Kapitel Theologie nach dem ›Tod Gottes‹« von Dorothee Sölle gelesen. Seine Predigt begann deshalb fulminant so: »Seit der Himmelfahrt Jesu wissen wir: Gott ist weg!« So hätte das Dorothee Sölle allerdings nicht unterschrieben, die nach Auschwitz – wohin sie schon 1958 gefahren war – den theistischen, über das Schicksal und die menschlichen Katastrophen verfügenden Gott für tot erklärt wissen wollte. Viel später sagte sie über diese Schrift: »Die Grundvorstellung ist: Gott handelt unmittelbar, auf wunderbare Weise, indem er mich oder dich rettet, und das hat nichts damit zu tun, wer wir sind. Dazu kann ich auch heute klipp und klar sagen: dieser Gott ist tot.« Sie sagt von einem bestimmten Gott er sei tot und nicht »Gott ist weg«…

Als er auf der Kanzel der Peterskirche, wie wir alle, vor den Seminarteilnehmern und Walther Eisinger seine Predigt vortrug, zeigte sich bald, wie dünn und dürftig diese Predigt war. Ähnlich erging es den meisten derer, die im Seminar noch so hochmütig getönt hatten. Als ich auf der Kanzel stand, wusste ich, dass ich – mit Hilfe meiner Stimme – meine Predigt zum Sprechen bringen würde. Im nachfolgenden Seminar wurde mir das vor allem von denen bestätigt, die vorher kein gutes Haar an ihr lassen wollten…

Ohnesorg-Erlebnis, Geburt einer Tochter und Trennung

Während dieses Sommersemesters wurde am 2. Juni in Westberlin der Student Benno Ohnesorg erschossen. Er hatte an der Demonstration gegen den Besuch des Schahs von Persien teilgenommen und wurde von dem Kriminalobermeister Karl-Heinz Kurras in einem

Hinterhof durch einen Kopfschuss, aus nächster Nähe abgefeuert, getötet. In Roman Brodmanns legendärem Dokumentationsfilm »Der Polizeistaatsbesuch« ist das unfassbare Geschehen eingefangen: Im selben Augenblick, als es geschah. Zugleich ist es ein Porträt der bundesrepublikanischen Gesellschaft jener Zeit: Gespenstisch leere Autobahnen für den Kaiser; Spießbürger, die ihm in reaktionärer Kaisertreue huldigen wollen; Bundespräsident Heinrich Lübke, wie er sich mit Frau Wilhelmine vor der Oper im Glanze des Pfauenthrones sonnen will. Vorher auf der anderen Seite etwa 3000 Studierende vor dem Schöneberger Rathaus. Auf Handzetteln wird von ihnen der Schah des vielfachen Mordes beschuldigt. Unter seinem Porträt sein Steckbrief, verfasst vom Germanistikstudenten Peter Schneider, später ein erfolgreicher Schriftsteller:

Gesucht wird Schah Mohamed Reza Pahlevi wegen Mord und Folterungen an dem Journalisten Karimpour Schirazi, an dem Außenminister Hossein Fatemi, an dem Justizminister Lotfi nach vorherigem Ausreißen der Augen, an 71 oppositionellen Offizieren, an Hunderten von Kommunisten, an ziviler Bevölkerung und Journalisten.

Beschreibung des Täters: Ca. 1,70 m groß, ovale Gesichtsform, trägt Panzerweste unter dem Hemd, darüber Orden. Besondere Kennzeichen: Kaiserkrone, goldenes Telefon, 5.000 Mann Leibwache, isst ausschließlich aus silbernem Geschirr, reist in Begleitung eines Giftprüfers. Er wurde zuletzt gesehen in Begleitung des Bundespräsidenten Heinrich Lübke. Wir weisen darauf hin, dass Personen, die dem Täter Asyl gewähren, sich der Beihilfe zu den genannten Verbrechen schuldig machen. Wir bitten die Bevölkerung, alle Aktionen, die zur Unschädlichmachung des Täters führen, tatkräftig zu unterstützen.

Beim Eintreffen des Schahs prügelten eingeflogene »Jubelperser« mit Holzlatten auf die Demonstranten ein. Später, vor der Oper, in der die »Zauberflöte« gegeben wurde, praktizierte der nazibelastete Polizeipräsident Duensing dann seine selbst so genannte »Leberwursttaktik« zur Zerschlagung der Demonstration. Flüchtende Demonstranten wurden mit Greiftrupps verfolgt. Dabei wurde der 26-jährige Benno Ohnesorg von hinten erschossen.

Die Tötung Benno Ohnesorgs hat eine ganze Studentengeneration bewegt und aufgerüttelt. Auch ich hatte das, was wir später das »Ohnesorg-Erlebnis« nannten. Wie konnte es zu diesem kollektiven Erleben kommen?

Uwe Timm ist in seinem überaus lesenswerten Buch »Der Freund und der Fremde« dieser Frage nachgegangen und hat zugleich ein ergreifendes Porträt seines Freundes Benno Ohnesorg abgeliefert. Uwe Timm wohnt in Paris, als er die Nachricht vom Tod seines Freundes erhält. Er sieht

das Foto, das ihn am Boden liegend zeigt, das in allen Zeitungen zu sehen war, das immer wieder abgebildet wurde, das ich in Paris sah, diese junge Frau über ihn gebeugt, ihm den Kopf haltend, das Blut auf dem Boden, dieses Foto hat, wie nur Bilder es vermögen, Empörung erzeugt...

Und über das Erlebnis, das Bilder wie diese vermitteln können:

Bilder, die sich ins Bewusstsein einsenken, eine hochverdichtete, aus sich heraus sprechende Situation zeigen und so rationale Einsichten emotional aufladen und an die eigene Handlungsfähigkeit appellieren. Ein Kraftstoß, der nicht durch Einsicht immer wieder erneuert werden muss, sondern langanhaltend wirkt: Du musst dich ändern. Du musst etwas tun.

Timm beschreibt seinen Freund als etwas introvertierten, eigentlich unpolitischen, dem Streit möglichst ausweichenden Menschen, der in der Evangelischen Studentengemeinde zu Hause war.

Der Freund war Christ, ging in die evangelische Gemeinde. Einer Diskussion darüber, ob und warum er glaube, entzog er sich, nicht aus Taktik, sondern weil die Fragen, so gestellt, nicht beantwortet werden konnten ... Sein Glaube war, vermute ich, sein Suchen nach Sinn, nach Tradition, ein Interesse an dem Neuen Testament, auch ein ästhetisches Interesse daran, wie die Offenbarung, das Wort also, in der Malerei aufscheint, vielleicht auch eine Suche nach Gemeinschaft, gemeinsamem Handeln, aber auch das: die Frage nach der Schöpfung und nach dem Leben, das sich nach Geboten ausrichtet. Er handelte durchaus moralisch, ohne es herauszustreichen ... Übertreibungen und Lügen waren ihm fremd. Keine herabsetzende Nachrede über andere.

Das also war der Mensch, der der Staatsgewalt zum Opfer fiel. Wir alle hätten es sein können! Zu spät erfuhr ich von seiner Beerdigung am 9. Juni in Hannover, an der zehntausend Studenten teilnahmen. Auch am Schweigemarsch und an der Kundgebung in Heidelberg am Tag seiner Beerdigung nahm ich nicht teil. Deshalb lasse ich hier Dietrich Hildebrandt (im Herbst 2015 gestorben), einen der Wortführer des Sozialistischen Deutschen Studentenbundes (SDS), zu Wort kommen, der in seinem Buch »... und die Studenten freuten sich« (1991 esprint-Verlag, Heidelberg) – ursprünglich seine Dissertation – das Ereignis so beschrieb:

Der Schweigemarsch selber trug aber alles andere als politisch-aggressive Züge. Nur wenige hatten selbstgemachte Transparente mitgebracht: »Vorsicht, Herr Pastor lässt schießen!« (Anm. d. Verfassers: Gemeint ist Pastor Heinrich Albertz, damals Regierender SPD-Bürgermeister von Westberlin, der nach der Erschießung Ohnesorgs zurücktrat), *wobei das doppelte S in SS-Runen gemalt war. Oder:* »Das herrschende brutal-autoritäre Denken wird noch mehr Opfer kosten!« *Und:* »Lieber Marxisten als Albertz-Christen!« *Diese Parolen reichten aus, um in der Rhein-Neckar-Zeitung mit Abscheu kommentiert zu werden. Vor den Redaktionsräumen in der Hauptstraße hatte der Zug übrigens sein Schweigen durchbrochen, laute Buh-Rufe waren zu hören gewesen. Die RNZ hatte sich am Vortag geweigert, eine Erklärung des AStA abzudrucken, weil sie ihr nicht ausgewogen genug erschien. Die Redaktion hatte verlangt, dass zumindest erwähnt werden müsse, dass bei den Demonstrationen in Berlin auch Polizisten verletzt worden waren. Diese Forderung versteckte ihre politische Zensur hinter einer väterlich-pädagogischen Haltung gegenüber den Studenten, die noch einiges zu lernen hätten. Nichtsdestoweniger wiederholte sich in verkleinertem Maßstab eine Pressepolitik, die in Berlin ihre staatstragende Funktion in einer abstrusen Hetze gegen die Studenten herausgestrichen hatte. Der Konflikt mit der Lokalpresse, insbesondere mit der RNZ, wird die Studentenbewegung in Heidelberg die ganzen Jahre begleiten.*

Am Abend des 28. September platzte bei meiner Frau die Fruchtblase. Wir fuhren in die Ludwigshafener Klinik, und sie entband kurz nach 24:00 h, also nun schon am 29. September, unsere Tochter, der wir den Namen Ulrike gaben. Ich war außer mir vor Freude, als ich die erschöpfte Mutter und das kleine Menschenwesen sah, das von der ersten Minute an sehr lebhaft war. »Das wird mal 'ne Hexe!« sagte anerkennend die Hebamme. – Nach der Geburt gab es – auch aus politischen Gründen – heftigen Streit mit meiner Frau und ihrer Familie. Das ging so weit, dass Scheidungsklage eingereicht wurde. Unsere Wege trennten sich – schon wenige Monate nach der Hochzeit.

In der Heidelberger Zeitung (es war wohl das »Heidelberger Tageblatt«) fand ich das Angebot eines Zimmers in der Straße »Schlossberg« für sage und schreibe nur 65 DM. Als wir hinkamen, stand eine Schlange von Mitbewerbern vor der Tür. Ich fasste mir ein Herz und sprach sie an: Berichtete von der Zwangslage in der ich mich befand und, dass ich nun unbedingt dieses Zimmer haben m ü s s e. Man sah mir meine Verzweiflung wohl an, denn überraschend verließen alle nacheinander das Wohnhaus, und ich bekam das Zimmer tatsächlich.

Wieder allein, aber nicht verlassen

Nun galt es Bilanz, zu ziehen und Änderungen auf den Weg zu bringen. Ich war noch verheiratet und Vater einer gerade einmal einen Monat alten Tochter, die ich nicht sehen durfte. Die Zeit des Spielens war vorbei. Ich musste Ordnung in mein Leben bringen: Möglichst bald mein Studium abschließen und mich auch innerlich auf das Berufsleben eines Pfarrers vorbereiten. Ich hatte mich schon nach der Hochzeit auf die Liste der Theologiestudenten der Protestantischen Landeskirche der Pfalz setzen lassen. Ich hoffte, die gerade eingegangene Ehe doch noch zu retten und sah in der Pfalz am Rhein für die junge Familie eine Zukunft in Unabhängigkeit. Hamburg und Schleswig-Holstein rückten dagegen in weite Ferne.

Um das Besuchsrecht für die kleine Ulrike zu erhalten, suchte ich einen Heidelberger Rechtsanwalt auf. Er war ein sehr besonnener Mann, bemüht, nicht noch zusätzlich Öl ins Feuer zu gießen. Sein Schreiben führte schließlich dazu, dass die Scheidungsklage zurückgezogen wurde. Meine Frau setzte ihr Studium in Rheinland-Pfalz fort, und Ulrike wurde von ihren Eltern betreut. Letztlich war das auch für mich eine vernünftige Lösung, da ich mich ohne Ablenkung frei meinem Reststudium widmen konnte. Vorgreifend kann ich sagen, dass so die letzten drei Semester meines Theologiestudiums mit zur schönsten Zeit meines Lebens wurden…

Das ziemlich heruntergekommene Wohnhaus Schlossberg 3 hatte eine interessante und für das Studium äußerst günstige Lage: Unmittelbar vor dem Schlossbergtunnel ging es nach rechts ab, dann folgte links ein Gebäude, in dem damals ein Polizeirevier untergebracht war. Dahinter kam schon das Haus, in dem ich nun wohnte. Von der Nordseite her blickte man auf das Collegium Academicum, das Gefängnis (!) am »Faulen Pelz« und die Neue Universität herab; links waren die Peterskirche und die Universitätsbibliothek. Um die Vorlesungen zu besuchen, musste ich also nur wenige Schritte gehen. Zentraler konnte ich fast gar nicht wohnen.

Das Innere des Hauses aber war zum Fürchten: Ging man durch die große Eingangstür hinein, stand man im Halbdunkel des Flures vor dem schwarzen Loch einer Treppe, die ins Souterrain führte. Schilder wiesen darauf hin, welche Kellerkinder dort wohnten: Einer hieß, als hätte ihn Kafka so benannt, »Markus Käfer«; ein Zahnarzt namens »Angst« hatte hier seine Praxis. Dann ging es eine kurze Treppe hoch zum Erdgeschoss, wo mein Zimmer lag. Betrat man die Etage, war gleich links eine Toilette, mit winzigem Waschbecken; dann folgte die kleine Wohnung der Hausverwalterin, mit dem bizarren Namen »Futor«; angrenzend ein schönes Zimmer, mit Blick auf die Altstadt; durch den schmalen Flur gehend, erreichte ich dann mein Zimmer, dem ein weiteres gegenüberlag.

Das Fenster meines Zimmers schaute auf die Straße und den Berghang und hatte dadurch nur wenig Lichteinfall. Es gab ein – wie sich herausstellte: defektes – Bett, eine Waschkommode, mit Kanne und Schale, einen Tisch mit einem Stuhl, keine Heizung, aber dafür einen kleinen Eisenofen. Es hatte schon bessere Tage gesehen, denn es besaß eine hohe Decke, mit Stuck verziert, der aber nur noch rudimentär zu erkennen war. Kaltes Wasser zum Waschen musste ich aus der kleinen Toilette holen, wo ich auch den Kübel mit Schmutzwasser entleerte, das ich unter Freunden spaßhaft »Wasser des Lebens« nannte. Hier hätte auch Dostojewskis »Raskolnikoff« wohnen können...

Wir hatten schon November, und es war kalt geworden. Irgendwie musste ich Brennstoff für den Ofen besorgen, statt bibbernd nur im Bett zu liegen. Ich fragte Frau Futor, eine kleinwüchsige, braunäugige Frau mit einer schwarzen »Perücke«, die eher einem Wischmopp glich. Mit ihrer harten Aussprache – sie schien aus einem slawischen Land zu stammen – erklärte sie mir den Weg zu einem Kohlenhändler in der nahe gelegenen Straße »Plöck«. Dort lieh ich einen Leiterwagen, mit dem ich eine Fuhre Eierbriketts ans Haus transportierte. Hatte man die Eierbriketts erst zur Weißglut gebracht, verströmte der Ofen eine das ganze Zimmer erwärmende Hitze. Nur die Entsorgung der Asche machte Mühe. In beiden Wintern, in denen ich dort wohnte, lagen Aschekrümel über den ganzen Fußboden verstreut, was barfuß sich nicht sehr angenehm anfühlte. Ich hätte wohl besser fegen sollen…

Schon seit dem vorherigen Wintersemester war Christoph Lindenmeyer, mein Freund aus den Erlanger Tagen, nach Heidelberg gekommen. Durch meine Liebes- und Ehegeschichte waren wir uns in den Semestern zuvor aber nur selten begegnet. Nun wohnte er nur einen Steinwurf von mir entfernt im »Collegium Academicum«. Dieses in Ideallage hinter der Neuen Universität situierte Studentenheim war 1945 auf Betreiben der amerikanischen Besatzungsmacht gegründet worden. Im Zuge des Re-Education-Programms sollte hier eine demokratische Elite ausgebildet werden und Wohnrecht erhalten. Nach amerikanischem Vorbild wurde ein »Kollegienhaus« eingerichtet. Es sollte eine »studentische Lebens-, Arbeits- und Selbsterziehungsgemeinschaft« entstehen. Es war schon ein Privileg, hier aufgenommen zu werden. Mit »Linde« bildete ich nun eine ganz eigene Gemeinschaft, in der wir die bewegten Zeiten der Studentenunruhen erlebten.

Zum Weihnachtsfest 1967 kam meine Frau mit Ulrike zu Besuch. Voller Vorfreude nahm ich die längst fällige gründliche Reinigung des Zimmers vor, so dass es sauber war wie nie zuvor und nie wieder danach. Von zu Hause mitgebrachte »String«-Bücherregale brachte ich an der Wand an – nur mit Nägeln, ohne Schrauben und Dübel. Draußen war es winterlich kalt und der Ofen bullerte, so dass eine angenehme Wärme den Raum erfüllte. Als ich Ulrike auf den Arm nahm, sah ich welche Fortschritte sie während der kurzen Zeit gemacht hatte. Mit ihren wachen

Augen strahlte sie mich an. Auf meiner einzigen Elektrokochplatte kochte ich Kaffee, und ich präsentierte Christstollen und Baumkuchen aus meinem Geburtstagspaket aus Hamburg. Es gab wohl auch einen kleinen Tannenbaum.

Abbildung 10: Ulrike im Winter

Ich begann – neben dem Semesterprogramm – schon mit der Examensvorbereitung. Das bedeutete, dass ich mir einen pedantisch eingehaltenen Tagesablauf angewöhnte: Nach meiner Katzenwäsche an der Waschkommode gab es die erste Zigarette und eine Großtasse mit Instant-Kaffee vom Albrecht-Markt (so hieß ALDI damals noch); um 8 Uhr hatte ich am Tisch zu sitzen und Otto Webers »Grundlagen der Dogmatik« auf Karteikarten zu exzerpieren. Wenn keine Vorlesungen anstanden, tat ich das bis 12 Uhr. Dann ging ich – oft mit Linde – in die Mensa. Danach machten wir einen Spaziergang: Immer die Hauptstraße bis zum Bismarckplatz hinauf und hinunter. Wir nannten das »Hacky Girl Play Day«.

Hintergrund des Spiels war die Tatsache, dass hier ganz viele mehr oder minder schöne Mädchen flanierten. Einer von uns beiden war jeweils der »Präsident« und hatte die größenwahnsinnige Behauptung zu vertreten, alle vorbeikommenden Mädchen »bestellt« zu haben. Stockte der Fluss der vorbeiziehenden Mädchen oder wurde ein hässliches Mädchen als schönes ausgegeben, musste der jeweilige Präsident abgesetzt und vom anderen abgelöst werden, bis wiederum die Ablösung nötig wurde. Dieses kindische Macho-Spiel bereitete uns eine diebische Freude. – Danach ging ich wieder in mein Zimmer und übersetzte jeweils eine Stunde Griechisch aus dem Neuen Testament und Hebräisch aus dem Alten Testament. Dann stand »Bibelkunde« auf dem Programm: Ich las nacheinander die ganze Bibel durch und hielt das Wesentliche schriftlich fest. Die wichtigsten Daten der Kirchengeschichte trug ich auf kleine Karteikarten ein: Vorne die Jahreszahl, hinten das Ereignis. Abends trafen Linde und ich uns nach der Mensa im »Mainzer Rad« (Ecke Universitätsplatz/Hauptstraße) zu einem einzigen Glas Wein und machten uns mit Hilfe dieser Karten spielerisch für das Fach Kirchengeschichte fit. Noch ein wenig gelesen, dann ging es ins Bett, das mindestens einmal in der Woche zusammenkrachte, wenn ich zu lebhaft träumte.

Bewusst hatte ich das Vorlesungs- und Seminarprogramm klein gehalten, um Zeit für die Examensvorbereitung zu bekommen. Umso intensiver beschäftigte ich mich damit: »Theologie des Neuen Testaments« bei Erich Dinkler; »Methodik und Didaktik des evangelischen Religionsunterrichtes« bei Walther Eisinger und bei ihm das einzige Seminar: »Didaktische Modelle für biblische Unterweisung und Katechismus-Unterricht«. Hier lernte ich u. a. die Methode des Gruppenunterrichts kennen und anwenden. Einen besonderen Eindruck hinterließ bei mir Hans-Georg Gadamer mit seiner »Einleitung in die Philosophie«. Der Nachfolger von Karl Jaspers auf dem Heidelberger Lehrstuhl für Philosophie galt damals schon als einer der bedeutendsten Philosophen des 20. Jahrhunderts, besonders was seine Lehre der Hermeneutik (Kunst des Verstehens) anging. Nach diesem Semester wurde er 1968 emeritiert. Ihn lernte ich auf sonderbare Weise auch persönlich kennen. Hier greife ich schon auf den Frühsommer 1968 vor. – Wenn ich sehr knapp bei Kasse war, sprach ich manchmal bei der studentischen Arbeitsvermittlung vor, um einen Eintagesjob zu bekommen. Irgendwo war immer ein Garten umzugraben, worauf ich inzwischen spezialisiert war. Ich erhielt mit zwei anderen Studenten eine Adresse in Ziegelhausen, wo es in der Tat um das Umgraben eines Gartens ging. Es versprach, ein heißer Tag zu werden, als wir vor einem ansehnlichen Haus hoch über dem Neckar ankamen und läuteten. Eine äußerst hübsche und attraktive junge Frau öffnete. Sie rief sofort mit lauter und etwas schriller Stimme: »Hans-Georg, die Studenten sind da!« Und da erschien tatsächlich der Nestor der Heidelberger Philosophie vor uns und begrüßte uns per Handschlag. Die Frau nahm uns in den Garten mit, und nun hieß es, in die Hände zu spucken, um vielleicht noch vor der größten Mittagshitze fertig zu werden. Nach etwa einer Stunde kam sie und fragte, ob wir etwas essen und trinken wollten. Wir waren nicht abgeneigt. Sie lief wieder ins Haus, und wir hörten, wie sie darin laut und schrill ihrem Mann Anweisungen, nein: Befehle gab. Er kam dann auch mit einem großen Tablett balancierend zu uns, schenkte uns ein und animierte uns zuzugreifen: Ein überaus freundlicher alter Herr, der demütig tat, was seine vitale junge Frau ihm gebot. Bald waren wir fertig und wurden fürstlich entlohnt. Später erfuhr ich, dass Gadamer kurz vorher eine seiner Studentinnen geehelicht hatte. Dem Stadium der Professorenverehrung war sie bei unserem Arbeitseinsatz ganz offensichtlich schon entwachsen. Nun ja: Selbst Sokrates hatte eine Xanthippe zur Ehefrau gehabt, was seine Nachwirkung aber überhaupt nicht beeinträchtigte…

Herbert Braun und die Mitmenschlichkeit

Der Neutestamentler Herbert Braun aus Mainz kam zu einem Vortrag nach Heidelberg. Wie ich schon während der Pfalzwanderung beim Dekan von Bad Bergzabern bemerken konnte (s. o.), war er der Watschenmann für viele Kirchenleute und Pfarrer, die seine Lehre vom Aufgehen Gottes in die Mitmenschlichkeit mit dem Ketzerhut bedenken wollten. Ich gedachte, mir selbst ein Bild zu machen, ging hin und beschloss, einfach nur zuzuhören.

Abbildung 11: Prof. Herbert Braun

Leider habe ich den Titel des Vortrags nicht in Erinnerung und muss mich auch für den Inhalt allein auf mein Gedächtnis verlassen. – Ans Rednerpult ging ein kleiner, eine lange gerade Pfeife rauchender Mann, mit verschmitztem Gesichtsausdruck. Er sprach über einen Text aus dem Markusevangelium: »Das Ährenraufen der Jünger am Sabbat« (Markus 2, 23–28). Die Exegese war sehr einfach:

Und es begab sich, dass er am Sabbat durch ein Kornfeld ging, und seine Jünger fingen an, während sie gingen, Ähren auszuraufen. Und die Pharisäer sprachen zu ihm: Sieh doch! Warum tun deine Jünger am Sabbat, was nicht erlaubt ist? (Verse 23+24)

Dieselbe Geschichte ist auch bei den Evangelisten Matthäus und Lukas überliefert, die sie von Markus teils wörtlich übernahmen. Die Veränderungen gegenüber der Vorlage sind bei den genannten Versen minimal: Matthäus gibt den Jüngern zur Verdeutlichung ein Motiv mit dem Einschub: »*und seine Jünger waren hungrig*«; auch Lukas will verdeutlichen: »*… rauften Ähren aus und zerrieben sie mit den Händen und aßen.*« Hintergrund ist bei allen dreien die Verletzung des Sabbatgebotes durch Jesus und seine Jünger, da an diesem Tag Arbeit, also auch Ernte, verboten ist. Geschichtlich richtig daran ist, dass die Glaubensrichtung der Pharisäer auf strikte Befolgung der Thora bedacht war. So weit so gut.

Und er sprach zu ihnen: Habt ihr nie gelesen, was David tat, als er in Not war und ihn hungerte, ihn und die bei ihm waren: wie er ging in das Haus Gottes zur Zeit Abjatars, des Hohenpriesters, und aß die Schaubrote, die niemand essen darf als die Priester, und gab sie auch denen, die bei ihm waren? (Verse 25+26)

Hier nun wurde Herbert Brauns Miene noch verschmitzter, und er meinte: Die Gemeinde-Tradition habe die radikale und einzigartige Sabbatkritik des Jesus von Nazareth nicht mehr ausgehalten. Geschwind musste David dafür herhalten, auch einen rituellen Verstoß begangen zu haben, als er die nur für Priester bestimmten Schaubrote aß. Es handelt sich um einen kommentierenden Einschub der späteren Gemeinde, der von Markus so übernommen wurde. Matthäus verlängert den Einschub noch um die Frage, ob nicht auch im Tempel arbeitende Priester dann als Sabbatbrecher zu bezeichnen seien. Er fügt noch in eigener Regie ein hier passendes Zitat des Propheten Hosea hinzu: *Ich habe Wohlgefallen an Barmherzigkeit und nicht am Opfer.* Lukas übernimmt wörtlich den Einschub von Markus und fügt nichts hinzu. Aber vom historischen Jesus stammen alle diese Worte nicht. Braun resümiert: *Es liegt ja auf der Hand: all diese Hinweise wollen die Anstößigkeit der Sabbatfreiheit Jesu abschwächen durch die Erklärung, Jesu unrituelles Verhalten besitze gleichwohl alttestamentliche und jüdische Vorbilder.* Vom historischen Jesus stammt wahrscheinlich nur dieses Wort:

Und er sprach zu ihnen: Der Sabbat ist um des Menschen willen gemacht und nicht der Mensch um des Sabbats willen.

Warum ist Herbert Braun sich so sicher, hier die *ipsissima vox*, die Stimme des historischen Jesus, zu hören? In seinem Buch »JESUS – Der Mann aus Nazareth und seine Zeit« gibt er die Antwort:

Damit ist nun in der Tat das fromme jüdische Empfinden schärfstens verletzt. In jüdischen Texten ist das Wort, dass der Sabbat den Juden und nicht sie dem Sabbat übergeben sind, ein einsamer Vogel auf dem Dach und hat nie ein sabbatkritisches Verhalten gezeigt. Erdrückend zahlreich dagegen sind die jüdischen Zeugnisse für die religiöse Hochschätzung des Sabbatgebotes. Und nun soll dieser Sabbat, den nach jüdischem Glauben Gott in der Himmelswelt zusammen mit allen Engeln rituell genau innehält, um ihn dann dem von ihm erwählten Volke Israel als religiöse Observanz aufzuerlegen; eben dies Himmelswelt und Erdenwelt in gleicher Weise durchwaltende Institut soll nicht der vorzügliche Dienst an der Gottheit sein, sondern soll dem Menschen dienen?!... Schneidender kann die Antithese gegen jüdisches Denken kaum vorangetrieben werden: Der Sabbat und seine Beobachtung ist nicht religiöser Selbstzweck; der Mensch ist der Zweck des Sabbats. Dass die tradierenden Christen darüber erschrocken sind, ist nur zu verständlich.

So wie er hier schreibt, hat er am damaligen Abend in Heidelberg auch gesprochen. Wohl auch noch mehr: Dass es d i e s e r in bestem Sinne radikale Jesus ist, in dem Gottes Menschwerdung und sein Aufruf zur Humanität sich ereignet. Kirchlichkeit bedeutet dagegen in jahrhundertealter Tradition bis heute: Abschwächung und Relativierung der ursprünglichen Radikalität Jesu. Kein Wunder, dass die getroffenen Hunde in der Kirche Herbert Braun anbellten...

So ist der Menschensohn ein Herr auch über den Sabbat.

Das Fettgedruckte habe ich für diesen Satz von der revidierten Lutherbibel übernommen. Der Fettdruck unterstreicht ja die besondere Wichtigkeit oder gar Denkwürdigkeit eines Wortes. Herbert Braun sah das ganz anders: Für ihn ist das ein später kirchlicher Eintrag, der an der Würde des Jesus Christus, nicht aber am Inhalt der Botschaft des Jesus von Nazareth interessiert ist. Oder einfacher gesagt: Herrenkult (kyrios =» »Herr«, der wie der Caesar die Herrschaft ausübt) statt radikaler Kritik der Überlieferung. – Folgerichtig ist es in diesem Zusammenhang, dass sowohl Matthäus wie auch Lukas das Herrenwort von Markus übernehmen, nicht aber das eigentliche Jesuswort von der Sabbatfreiheit. – Darin sah Braun nun die wichtigste Aufgabe der neutestamentlichen Forschung: Die kirchlichen Übermalungen des Jesusbildes zu entfernen und damit das Eigentliche der Jesus-Botschaft freizulegen – im Sinne der Menschlichkeit Gottes.

Dieser Abend mit Herbert Braun war für meine weitere theologische Entwicklung sehr wichtig. Ich bedauerte es fast, nicht in Mainz zu studieren, um ihn hören zu können, wenn ich es wollte. – Der ehemalige Katholik Kurt Flasch, der kenntnisreich besonders die Frühgeschichte des Christentums (Augustin!) erforscht hat, schildert in seinem Buch »Warum ich kein Christ bin« (München 2013) seine Begegnung mit Herbert Braun in dem Abschnitt »Samstagnachmittage bei Herbert Braun«.

... ich (stieß) auf Herbert Braun (1903–1991) ... ich atmete auf: Seine Sprache war am wenigsten predigerhaft; sie klang

härter und weniger redundant (mit überflüssigem Beiwerk). Ich hatte den Eindruck, Braun bleibe länger als seine Kollegen beim historisch-kritischen Schwarzbrot. Er wollte offenbar wissen, was am Anfang des Christentums wirklich gewesen ist.

Dann seine persönliche Begegnung mit Herbert Braun an einem Samstagnachmittag, dem weitere folgen sollten:

> *Ich hatte einen methodenstrengen Gelehrten erwartet, fand aber einen freundlichen Herrn vor, der gegen die Fünfzig ging und den meine Fragen offensichtlich interessierten. Ich erzählte ihm, ich sei ursprünglich katholisch, komme aber von der Alten Geschichte her und hätte einen Sack voller Zweifel. Mir war vorher klar, dass ich ihn nicht nach Theologenart befragen konnte: Glauben Sie an die Gottheit Christi? Wir sprachen über Einzelheiten; er war ein guter Kenner von Qumran, er verstand sich auch auf die antike Philosophie, und nie hat er angefangen zu predigen. Er holte seine Pfeife heraus, stopfte sie umständlich und redete im Plauderton gelassen weiter.*

Dann ging es zur Sache:

> *Herbert Braun gestand in aller Ruhe ein, dass Jesus und Paulus sich über das nahe Weltende getäuscht haben. Er selbst hege keine Hoffnung aufs Jenseits. Das Elend des Christentums sei: Die Christusformeln überdeckten die Jesus-Erfahrung; viel Pessimismus, viel Lamento über das irdische Jammertal habe sich eingeschlichen ... Er, Herbert Braun, verstehe sich nur insofern als Christ, als er für sich aus der Traditionsmasse herausnehme, was ihm einleuchte.*

Damit gab sich Kurt Flasch nicht zufrieden:

> *Ich fragte: »Ja, warum brauchen Sie dann noch Jesus?« Die Antwort lautete etwa: »Er ist mir vertraut. Er zeigt mir, wie*

ich leben soll. Er leitet mich an zur Selbsterforschung, ohne mich zu demütigen. Er gestattet mir Selbsterkenntnis, mit der ich ›getrost‹ weiterleben kann.« Er sagte dies in einem so warmen Ton, mit großem Ernst und innerer Heiterkeit, dass ich Sympathie für ihn empfand und nur schonend formulierte, was ich doch dachte: Dafür brauche ich diesen Jesus nicht.

Der Abschied atmet ein wenig Traurigkeit:

Ich ging von ihm weg mit großem Respekt vor seiner Person und seiner Gelehrsamkeit, bedrückt, wie leer, wie ergebnislos diese Forschung sei. Die mit prächtigen Prädikaten prangende Theologie war ihm abhandengekommen ... Es war das letzte Mal, dass ich einen Theologen um Rat in Glaubenssachen fragte. Ich war endgültig ›entmythologisiert‹.

Hier allerdings vermute ich beim Ex-Katholiken Flasch Reste von Sehnsucht nach einer triumphierenden Kirche, wie er sie von zu Hause aus kannte. Man kann doch z. B. mit dem einfachen Jesuswort von der Sabbatfreiheit eine Menge ausrichten, um auch die Kirche selbst menschlicher zu machen. Was sollen mir dafür »prächtige Prädikate« oder überhaupt eine »prangende Theologie«?

Ich habe versucht, den Weg zu gehen, den Herbert Braun gewiesen hat. Ich las Jahre danach seine Predigten, die ganz einfach, für jeden verständlich und unprätentiös die Botschaft des Jesus von Nazareth aktualisierten. In der Festschrift zu seinem 70. Geburtstag »Neues Testament und christliche Existenz« (Tübingen 1973, herausgegeben von Hans Dieter Betz und Luise Schottroff) hat der Neutestamentler Kristlieb Adloff diese Predigten eingehend, einfallsreich und eindrücklich gewürdigt: »Gottes wunderliche Kinder – Heitere und ernste Gedanken eines theologischen Lesers der Predigten Herbert Brauns«:

... (Jesus) kann der Welt den Glauben an die Macht ihres Ursprungs in der Liebe mit Tat und Wort entgegensetzen;

er kann ihre Herrschaft mit dem Beispiel seines leidenden Dienstes subversiv unterlaufen. Ist er zwar kein finsterer Revolutionär, so doch (wenn schon) ein fröhlicher Anarchist, wie seine Freundschaft mit Zöllnern und Huren beweist. Er bindet sich nicht an die Leistungen irgendwelcher Väter, sondern hält sich an den Leitfaden der Treue zur Erde, an die brüderliche Kommunität der Sanftmütigen, welche die Erde besitzen werden. Er ist antiautoritär und hat so die schöpferische Autorität Gottes auf seiner Seite.

Ich bin versucht zu vermuten: Im Gegensatz zu den meisten theologischen Sätzen, die ich gelesen habe, würde Jesus selbst sich in dieser Charakterisierung tatsächlich wiederfinden…

Viel später sagte mir mein Bruder Wolfgang, der längst von der Theologie Abschied genommen hatte: »Du hast es verstanden, aus dem Wenigen, an das du glaubst, ganz viel zu machen.« Darin fühlte ich mich erkannt und habe das als das größte Lob empfunden, das ich je gehört habe. Ich habe es zu einem guten Teil Herbert Braun zu verdanken.

Rudi Dutschke

Von der Wirkung Rudi Dutschkes auf die Studierenden in Heidelberg hörte ich zuerst in der »Schnitzelbank« – einem der urigsten Studentenlokale der Stadt: Die Tische waren die einstigen Werkbänke, auf denen die Fassdauben geschnitzt wurden, bevor die Küferei dichtmachte. Unzählige Gäste hatten ihre Namen hineingekerbt. Der Wein war hier gut, wenn auch teurer als im »Weinloch« in der Unteren Straße, wo ich ab und zu ein Schöppchen trank, selbst wenn ich finanziell schon aus dem letzten Loch pfiff … Es war ja noch die Vor-Bafög-Zeit, und es gab unter den Studierenden gerade auch in Heidelberg eine klar zu unterscheidende Zweiklassengesellschaft: Zum einen die »armen Schlucker«, die auf die Mensa angewiesen waren, um nicht darben zu müssen – zu ihnen gehörte ich; auf der anderen Seite die »Wuschi-Studenten«, wie Linde und ich diese Studierenden nannten, die in den angesagten Restaurants der Altstadt zu Abend speisten, Sportwagen oder auch »nur« eine »Ente« (2CV) fuhren und deren weibliche Version teure »Wuschis« (= Pelze) spazieren führte.

Linde und ich saßen um die ehemalige Werkbank herum und diskutierten bei Wein und Bratwurst kritisch mit anderen die gesellschaftlichen Verhältnisse, vor allem den von der großen Koalition aus CDU/CSU und SPD so gut wie beschlossenen Notstandsstaat: Die Außerkraftsetzung der Demokratie bei »Unruhen« wie in Westberlin, wo der Knüppel des Staates für die nötige Friedhofsruhe sorgen sollte und die Gewerkschaften bei Streiks diszipliniert und entrechtet werden konnten. Wanderten wir zurück in die faschistische »Volksgemeinschaft«?

Da erhob sich plötzlich die feine Stimme einer wirklich schönen Studentin und fragte: »Wart ihr denn nicht dabei, als Rudi in Hörsaal 13 gesprochen hat?« Und dann erzählte sie begeistert von seiner klaren und akzentuierten Sprache, seinem revolutionären Programm und seiner mitreißenden Ausstrahlung, die sie miterlebt hatte. – Das hatte ich – viel zu beschäftigt noch mit meiner Familiengründung – wieder versäumt. Dietrich Hildebrandt beschreibt das Ereignis in dem oben erwähnten Buch:

Am 27. Juli 1967, also schon nach Ende der Vorlesungszeit in den Semesterferien, sprach Rudi Dutschke in der Neuen Universität. Der Hörsaal 13 war überfüllt. In der drangvollen Enge herrschte eine aufgeregte Unruhe. An der Seite hatten sich Burschenschaftler postiert und lärmten, einer von ihnen schwenkte einen Wimpel mit der kaiserlichen Reichskriegsflagge. Rudi Dutschke hatte einen imponierenden Auftritt. Nachdem gleich zu Beginn das Mikrophon ausgefallen war und auch kein Ersatz beschafft werden konnte, schob Dutschke das Mikrophon beiseite, setzte sich auf das Pult und schlug nach wenigen laut und akzentuiert gesprochenen

Sätzen den ganzen Hörsaal in seinen Bann ... Der Hörsaal war durch die These und das persönliche Auftreten Rudi Dutschkes wie elektrisiert. Hier zeigte sich zum ersten Mal deutlich, auf welches Interesse und auf wieviel Zustimmung eine radikale Kritik der gesellschaftlichen Verhältnisse und an der politischen Herrschaft in der Bundesrepublik unter den Studenten stoßen würde.

Hier war ein neuer, bisher unerhörter Ton für uns, die wir uns bislang als die »heimatlose Linke« (s. o.) begriffen hatten. Ich besaß natürlich keinen Fernseher, aber – es wird wohl im CA gewesen sein – das legendäre Interview von Günter Gaus mit Dutschke in der Sendereihe »Zu Protokoll« vom 3.12.1967 hatte ich gesehen, und es hatte mich tief beeindruckt. Was war es, das diese Stimme so überzeugend machte? Es war, wie ich mich erinnere, vor allem seine Wahrhaftigkeit und die messerscharfe Durchdachtheit seiner Worte, die mich und andere faszinierte. Aber auch seine hier kundgegebene Vision von der möglichen gesellschaftlichen Zukunft. Aus dem nachlesenswerten Interview zitiere ich nur diese Frage und diese Antwort:

Gaus: *Warum treten Sie aus der Politik nicht aus? Wäre das nicht ein größeres Mitleid mit den armen Teufeln, mit den Menschen, für die Sie so schreckliche Zeiten heraufkommen sehen? Warum sagen Sie nicht: Wir können es nicht ändern, lass es doch laufen!*

Dutschke: *Wir können es ändern. Wir sind nicht hoffnungslose Idioten der Geschichte, die unfähig sind, ihr eigenes Schicksal in die Hand zu nehmen. Das haben sie uns jahrhundertelang eingeredet. Viele geschichtliche Zeichen deuten darauf hin, dass die Geschichte einfach nicht ein ewiger Kreisel ist, wo nur immer das Negative triumphieren muss. Warum sollen wir vor dieser geschichtlichen Möglichkeit*

Halt machen und sagen: Steigen wir aus, wir schaffen es doch nicht, irgendwann geht es mit dieser Welt zu Ende. Ganz im Gegenteil: Wir können eine Welt gestalten, wie sie die Welt noch nie gesehen hat, eine Welt, die sich auszeichnet, keinen Krieg mehr zu kennen, keinen Hunger mehr zu haben, und zwar in der ganzen Welt. Das ist unsere geschichtliche Möglichkeit – und da aussteigen? Ich bin kein Berufspolitiker, aber wir sind Menschen, die nicht wollen, dass diese Welt diesen Weg geht: Darum werden wir kämpfen und haben angefangen zu kämpfen.

In diesem »Wir« sah ich mich von nun an eingeschlossen: Auf dem langen und beschwerlichen Marsch in die Zukunft des »Noch-nicht«.

Ulrikes Taufe, Django und das Mönchlein

Der studentische Alltag war allerdings erheblich nüchterner in seiner Banalität, unter dem Druck, möglichst bald Examen zu machen. Ausflüge in die »Schnitzelbank« oder ins »Weinloch« waren vorerst nicht mehr drin. Ich lernte erst spät, dass durch das intensive Lesen von theologischer Fachliteratur sich der Besuch von Vorlesungen deutlich einschränken lässt. So arbeitete ich Artur Weisers »Einleitung in das Alte Testament«, sowie Willi Marxsens »Einleitung in das Neue Testament« gründlich durch und erhielt dadurch ein sicheres Gerüst für die kontextuale Exegese. Mein größter Fund aber waren Ernst Käsemanns großartige »Exegetische Versuche und Besinnungen«, deren Aufsätze ich nacheinander durcharbeitete, die auch in der späteren Predigtarbeit von unschätzbarer Bedeutung waren. Seine Göttinger Antrittsvorlesung, schon 1951 erschienen unter dem Titel »Ketzer und Zeuge«, eine Spurensuche nach dem Verfasser des Johannesevangeliums, ragte dabei für mich heraus.

Daneben meldete sich das Private wieder an. Mit meiner Frau war nun ein modus vivendi gefunden: Wir wollten einfach nur zusehen, bald Examen zu machen, um danach unsere gemeinsame Zukunft aufzubauen. Die Trennung musste dafür in Kauf genommen werden. Unsere Tochter Ulrike, inzwischen schon fast ein halbes Jahr alt: Sollte sie nicht allmählich mal getauft werden? Das war – für einen künftigen Pfarrer – mein Ressort. Ich setzte durch, dass sie in Hamburg stattfinden sollte: Evangelisch, versteht sich.

Also nun die Taufe in Hamburg:. Meine Mutter bestimmte, unter dem Einfluss von Wolfgang, dass dessen entfernter Freund Pastor Wolfgang R., der in St. Pauli Nord an der Gnadenkirche Dienst tat, die Taufe durchführen sollte. Wieso konnte ich der Wahl eines so hoffnungslosen Reaktionärs zustimmen? – so frage ich mich heute. Einerseits für eine neue und bessere weltweite Gesellschaft kämpfen und andererseits mich einem Kirchenverständnis unterwerfen, das hyperkatholisch alles überbot, was reaktionärer Katholizismus zu bieten hatte. So musste z. B. meine Frau sich von R. einen »Muttersegen« gefallen lassen, weil ja schließlich eine Frau, die entbunden hatte, als »unrein« zu gelten hatte ... Die Kirche muss man gesehen haben: Ein monumentaler Protzbau aus dem Jahre 1906, nördlich vom Heiliggeistfeld, ganz in der Nähe vom Schutzbunker, in dem ich einst Mathematik lernte (s. Band I, S. 190 f.) ... 2004 wurde diese Kirche an die Russisch-Orthodoxen verkauft. Heute heißt sie »Kirche des Heiligen Johannes von Kronstadt«. Sie ist ein in Stein erstarrtes Zeichen für die Ferne von den Menschen, die auf St. Pauli ganz andere Probleme haben, als es ein Pastor Wolfgang R. je begriffen hat...

Abbildung 12: Hannchen und Erich mit der getauften Ulrike

Ich war jetzt richtig fleißig geworden … Nur für den Samstagabend erlaubte ich mir regelmäßig einen Ausbruch aus der freiwilligen Askese: Zunächst ging ich zu den Bouquinisten an der Heiliggeistkirche und erwarb antiquarisch zum Preis von 1 DM einen rororo-Thriller (»… a faint cold fear thrills through my veins«). Dann gegenüber zum »Albrecht-Markt«, wo ich eine Literflasche »Rietburg-Schoppen« – einen »lieblichen« Wein, den ich heute noch nicht einmal für Weinsoße verwenden würde –, Zwiebeln, Eier, Butter und ein Schwarzbrot kaufte. Endstation war eine kleine Metzgerei an der Ecke Ingrim-/Krämergasse – in der Nähe der »Edition Staeck« –, wo ich 150g Beefsteaktartar erstand. Das Tartarbrot war für mich der kulinarische Höhepunkt der Woche. Danach las ich den Thriller in einem Zug durch – am liebsten von Pierre Boileau und Thomas Narcejac oder John Bingham –, trank nach und nach den Wein aus und ging angeheitert ins Bett.

Den Luxus von Kinobesuchen gönnte ich mir weiterhin. Zu jener Zeit hatten die Italo-Western Hochkonjunktur, insbesondere die »Django«-Filme. Gleich den ersten unter der Regie von Sergio Corbucci und mit Franco Nero als Hauptdarsteller sah ich mir an: Der einsame, wortkarge und düstere Antiheld, der einen schwarzen Sarg hinter sich herzieht, in dem ein Maschinengewehr versteckt ist – er hatte es uns angetan. Natürlich auch der schwarze Humor, der hinter diesen brutalen und bluttriefenden Racheorgien stand. Lustiger Weise hatten diese Filme Titel, die ironisch »christliche« Bezüge herstellten: »Django – Sein Gesangbuch war der Colt«, »Django – Die Bibel ist kein Kartenspiel«, »Django spricht das Nachtgebet« oder »Gott vergibt … Django nie!« Dass diese Filme »in« waren, hing sicher mit dieser nach Revolution rufenden Zeit zusammen…

Dann ging auch mein nun schon achtes Semester zu Ende. Ich merkte es daran, dass das »Mönchlein« – wie ich ihn für mich nannte – nicht mehr an meinem Fenster vorbeiging. Das Mönchlein war ein Theologiestudent, der wohl in der Nähe wohnte, weil er Tag für Tag mit seiner schwarzen Baskenmütze das Haus passierte, mit seinem nach innen gekehrten Habitus. Nie sprach ich damals mit ihm ein Wort. Später in der pfälzischen Landeskirche merkte ich, dass dies mein leider inzwischen verstorbener Kollege Hans Blitt gewesen ist, dessen Baskenmütze allerdings wohl kaum als ein Hinweis auf eine klammheimliche Sympathie für Che Guevara zu deuten war … Der war ja schon am 9. Oktober des Vorjahres in Bolivien von den Schergen des Regimes ermordet worden. Zu Beginn dieses zu Ende gehenden Semesters hatte jemand deshalb an die Wand der Neuen Universität gepinselt: »Che lebt!«, was für mich wie eine Auferstehungsparole war. »Jesus mit der Knarre« hat Wolf Biermann Che Guevara genannt.

Mordanschlag auf Rudi Dutschke

Dieser April 1968 hatte es in sich: Am 4. April war Martin Luther King in Memphis Tennessee ermordet worden. Für uns, die wir uns schon damals der APO (der außerparlamentarischen Opposition) verbunden fühlten, war das ein schwerer Schlag! Wieder hatten es die Kräfte der Finsternis vermocht, eine der großen Hoffnungsgestalten dieses Jahrhunderts ums Leben zu bringen. Der Verlust dieses Charismatikers der Gewaltlosigkeit ließ unsere Hoffnung kleiner und unseren Zorn größer werden. Noch hatten wir das alles gar nicht begriffen, als die Nachrichtenagenturen eine Woche später, am Gründonnerstag, die Schreckensmeldung tickerten: Rudi Dutschke war auf dem Kurfürstendamm in Berlin von drei Kugeln durch den Hilfsarbeiter Josef Bachmann niedergestreckt worden. Nach eigenen Angaben hatte Bachmann der Mord an Martin Luther King dazu »inspiriert«. Wolf Biermann schrieb und sang »Drei Kugeln auf Rudi Dutschke ein blutiges Attentat«, wobei er zu Recht die erste Kugel aus Axel Springers Zeitungshaus fliegen sah. Das hat ihn allerdings nicht davon abgehalten, im Mai 2012, zum 100. Geburtstag Axel Springers, dort in Begleitung von Thomas Gottschalk und Hans-Olaf Henkel gratulierend aufzutauchen…

Über das alles ist so viel geschrieben worden, dass ich hier nur meine höchst eigene Erinnerung an diesen Gründonnerstag 1968 wiedergebe und an das, was kurz danach geschah. Heinz Bude hat in seinem Buch »Das Altern einer Generation – Die Jahrgänge 1938–1948« (Suhrkamp 1997) sechs Interviews mit '68ern geführt, immer mit der Eingangsfrage: »Wissen Sie noch, wie das war, als Sie die Nachricht gekriegt haben von dem Attentat auf Rudi Dutschke?«. Meine Antwort hätte einfach so gelautet: In den Abendstunden rief ich von Heidelberg aus weinend meine Frau in Ludwigshafen an. Sie kannte die Nachricht auch und war tief erschüttert. Sie berichtete mir, dass ihr Vater gesagt hatte: »Das geschieht diesem Radaubruder zu Recht.« Ich war darüber fassungslos und nicht einmal in der Lage, zornig zu werden. Am nächsten Tag, dem Karfreitag, fuhr ich nach Frankfurt, um meinen Onkel Ernst zu besuchen. Er hatte ein Zimmer in der Nähe der Katharinenkirche. An ihre Außenwand hatte jemand untereinander stehend gepinselt: Jesus, Che, King, Dutschke, mit einem schwarzen Kreuz je daneben.

Früh am Karfreitag reiste ich nach Hamburg, um mit der Familie Ostern zu verbringen. Sogleich fuhr ich mit der Straßenbahn in die Innenstadt und sah schon vom Dammtorbahnhof aus, dass sich auf der Moorweide etwa 2000 Demonstranten versammelt hatten. Es gab eine Kundgebung mit den örtlichen Studenten-Aktivisten. Einer von ihnen war Jens Litten, der uns einhämmerte: »Unser bisheriger Protest gegen die autoritär-faschistischen Tendenzen konnte diese nur bloßlegen. Jetzt müssen wir jedoch einen offenen Kampf gegen sie beginnen.« Es wurde dazu aufgerufen, sofort zum Springer-Hochhaus in der nahe gelegenen Neustadt zu ziehen. Die Erbitterung saß tief. Immer wieder wurde der sich auf Che Guevara beziehende Slogan »Zwei, Drei Vietnam – fangen wir bei Springer an!« skandiert. Natürlich auch: »Wir sind eine kleine radikale Minderheit« – eine vom Berliner Regierenden Bürgermeister Schütz stammende Schmähung, die auf die vorgebliche Isolation der Studentenbewegung zielte. Und dann standen wir vor dem Eingang zum Hochhaus, den ich vor nicht ganz vier Jahren als Werkstudent benutzt hatte. Geschubst und gedrängt, stand ich unvermittelt in der Eingangshalle. Farbeier flogen und eines traf meinen nagelneuen Trenchcoat – die Flecken gingen nie wieder ganz heraus … Die Polizei war in Hundertschaften mit Wasserwerfern aufmarschiert. Ich suchte das Weite und habe an der Blockade der Lieferfahrzeuge nicht mehr teilgenommen, die dann zu einem brutalen Schlagstockeinsatz der Polizei führte.

Die Hamburger SDS-Führung gefiel mir nicht besonders – gerade auch im Gegensatz zum Heidelberger SDS, der in Burkhart Braunbehrens, Günter Mangold, Hermann Scheer, Joscha Schmierer und Volker Müller Aktivisten mit Charisma, Redegewandtheit und Glaubwürdigkeit vorweisen konnte. Jens Litten wechselte schon bald auf die andere Seite. 1987 wurde er dann Chefredakteur des Springerblattes »Winners« (SPIEGEL 49/87), und nach der Wende gehörte er »zu denen, die auf Rügen eine schnelle Mark verdienen wollen «(SPIEGEL 27/91) – mit Immobilien, versteht sich.

Helmut Schmidt und der Sternmarsch nach Bonn

Als ich bald darauf wieder nach Heidelberg kam, hatte der SDS dort gerade in Eßlingen erfolgreich eine Blockade zur Nichtauslieferung der Bildzeitung durchgeführt. Nun rief er zum kritischen »Besuch« prominenter Wahlkämpfer auf. Am 26. April, zwei Tage vor der Landtagswahl in Baden Württemberg, kam Helmut Schmidt, der damalige Fraktionsvorsitzende der SPD im Bundestag, in die Stadthalle. Ich gelangte ziemlich früh in den Saal und setzte mich in eine der vorderen Reihen. Was ich dabei nicht bedacht hatte: So war ich zwar ganz nah an »Schmidt-Schnauze« dran, war aber links, rechts, vor und hinter mir eingekreist von der Heidelberger Parteiprominenz, mit der – wie ich erfahren sollte – nicht zu spaßen war. Zu spät registrierte ich, dass die SDS-Größen und ihr Anhang sich auf der linken Seite der Halle versammelt hatten. Helmut Schmidt legte in bewährter Weise los. Er drosch auf alles ein, was mit seiner sehr engen Sicht nicht kompatibel war und teilte vor allem nach links tüchtig aus. Er war ja die Verkörperung und der Frontmann der Hamburger SPD, die zumindest damals so rechtslastig war, dass sie mit einem gewissen Recht als »CSU der SPD« tituliert wurde. Männer wie Hans Apel und vor allem Heinz Ruhnau, der als damaliger Innensenator u. a. für die Studenten so etwas wie die Vorbeugehaft wieder einführen wollte, stehen für diesen Kurs. Aber so etwas kam bei den Nachbarn um mich herum natürlich an, und sie applaudierten frenetisch. Ich ließ mich nicht einschüchtern und warf ab und zu Zwischenrufe ein, mehr oder minder qualifiziert, die jedes Mal von Schmidt mit voller Verve verbal niedergeknüppelt wurden. Meine Sitznachbarn rückten von mir ab, als hätte ich eine ansteckende Krankheit. Als Schmidt die »guten« unpolitischen Studenten gegen die politisierten Studierenden aufhetzen wollte – so als unterstütze man Streikbrecher gegen Streikende – hatte er sich verrechnet, wie Dietrich Hildebrandt (s. o.) berichtet: *»Zwar waren es immer nur wenige Sprecher, die gegen die Partei-Matadoren antraten, aber es gab doch auch immer einige, die neu mobilisiert als Diskutanten auftraten und für ein bunteres Bild sorgten. Das machte z. B. Helmut Schmidt einen Strich durch die Rechnung, als er auf seiner Wahlveranstaltung in der Stadthalle gegen die SDS-Aktivisten polemisierte und an die namen- und sprachlosen unorganisierten Studenten appellieren wollte, sich nicht unterkriegen zu lassen. Es meldeten sich genügend unorganisierte Redner, die Schmidt mit den gleichen radikalen Argumenten konfrontierten wie der SDS.«* Das war eine gute Lektion für diesen selbstherrlichen »Le Feldwebel«, wie ihn die linke Presse in Frankreich titulierte, um ihn an seine Rolle in der Nazi-Wehrmacht zu erinnern und an den dort erlernten Kasernenhofton. – Als die Halle sich leerte, blieb ich einfach sitzen und erntete weitere böse Blicke von den Parteibonzen und ihren Frauen. Ich fixierte in der leeren Halle den ebenfalls sitzengebliebenen Schmidt und es kam zu einem langen Blickeduell. Mir schien, als wollte er mir noch etwas sagen. Doch dann packte er seine Sachen und trollte sich.

Am 1. Mai dieses Jahres 1968 hatte das Sommersemester begonnen. Ich belegte außer einer überflüssigen Vorlesung über die »Theologie der reformatorischen Bekenntnisse« nur zwei »Repetitorien« (Kurse zur Examensvorbereitung) in alt- und neutestamentlicher Theologie. Meinen Tagesablauf veränderte ich fast nicht, obwohl mir das morgendliche Exzerpieren von Otto Webers »Grundlagen der Dogmatik« (s. o.) nicht so fruchtbar erschien, wie es verheißen war. Nach dem »Hacky Girl Play Day« mit Linde (s. o.) verbrachte ich den Nachmittag in meinem Zimmer, übersetzte, las Fachliteratur und hörte aus meinem kleinen roten Transistorradio AFN (American Forces Network), am liebsten Johnny Cash und seinen »Ring of fire« und »I wanna go home«.

Am 11. Mai fuhr ich im wohl vom AStA gemieteten Bus nach Bonn zum Sternmarsch gegen die Notstandsgesetze. Neben mir saß ein Student mit einem Button, auf dem ein Judenstern zu sehen war, auf dem statt der Aufschrift »Jude« das Wort »Student« stand. Klar: Der Hass auch in der Heidelberger Bevölkerung auf die Studenten war groß. Nach den Osterunruhen aufgeheizt zudem durch BILD und die Rhein-Neckar-Zeitung. Wie oft bekamen wir zu hören: »Geht erst mal schaffen!«, »Ihr gehört alle über die Mauer abgekippt!« oder »Ab mit euch ins Arbeitslager!« Aber die Gleichsetzung Jude = Student fand ich angesichts der Ausrottungspolitik der Nazis, mit ihren fabrikmäßigen Todeslagern, doch historisch gesehen für völlig unangemessen. Ich sagte ihm das auch, so dass wir uns während der weiteren Reise anschwiegen. Die Studentenbewegung – das haben viele in der Nachschau auch zugegeben – ging mit dem Faschismusvorwurf teilweise viel zu leichtfertig und oberflächlich um.

Die Straßen in Bonn waren wie leergefegt. Die örtliche Junge Union hatte die Bevölkerung in Hauswurfsendungen ermahnt:

»Halten Sie ihre Türen geschlossen, wenn die Demonstranten zu Diskussionen in Ihre Wohnungen eindringen wollen.«

Bundeskanzler Kiesinger hatte am Vortag im Bundestag vor dem »Druck der Straße« gewarnt. Wir werden an die 60 000 Demonstranten gewesen sein an diesem trüben und kalten Samstagnachmittag auf der Wiese des Hofgartens – wohin ich später noch öfters kommen sollte. Aus West-Berlin trafen in einem Sonderzug Demonstranten ein, *die auf dem Westlern zugänglichen Teil des Ost-Berliner Grenzbahnhofs Friedrichstraße verbilligte DDR-Fahrkarten gelöst hatten und gleich die Gelegenheit wahrnahmen, auch gegen Ulbrichts Regime zu protestieren. Sie schockten die Volkspolizisten mit Sprüchen wie »Dubcek in die DDR« und »Macht aus Stalinisten gute Sozialisten« (SPIEGEL 21/1968).*

Prominentester Redner war Heinrich Böll – neben dem Dichter Erich Fried, Karl-Dietrich Wolff vom SDS und Klara Faßbinder von der DFU (»Friedensklärchen«). Er sagte zu uns:

»Als Person auf Grund meiner Erfahrungen mit verschiedenen Notständen der deutschen Geschichte bin ich der Überzeugung, dass Notstände – was hier bedeutet Krieg oder Bürgerkrieg – durch Gesetze nicht zu regeln sind. Das Bösartige an dieser Gesetzesvorlage ist außerdem, dass ihre letzte Fassung bis vor wenigen Tagen fast geheim gehalten, dass die Öffentlichkeit fast gar nicht informiert wurde. (Beifall). Das Gesetz erscheint den meisten Bürgern dieses Staates als eine Art Verkehrsregelung bei Naturkatastrophen (Beifall), während es in Wahrheit fast alle Vollmachten für eine fast totale Mobilmachung enthält.«

Leider hatte der Deutsche Gewerkschaftsbund für denselben Tag zu einer Protest-Kundgebung in Dortmund aufgerufen, zu der 15 000 Demonstranten kamen. Der Protest gegen die Notstandsgesetze war dadurch gespalten worden und hatte damit seine Durchschlagskraft eingebüßt. Zunächst leise, dann lauter, schließlich den ganzen Bonner Hofgarten erfüllend, tönte es vielleicht eine viertel Stunde lang: »Generalstreik! … Generalstreik! … Generalstreik!« Aber es gab im DGB für so etwas nicht den Hauch einer Chance, auch wenn die »NS-Gesetze«, wie wir sie nannten, ein Frontalangriff auf die ureigenen Rechte der Gewerkschaftsbewegung waren. So war dieser Sternmarsch im Ergebnis alles andere als erfolgreich. Am 30. Mai wurden die NS-Gesetze im Bundestag mit 2/3-Mehrheit verabschiedet. Der Verfassungsrechtler Professor Helmut Ridder aus Gießen aber erkannte im Sternmarsch »… die erste demokratische Erneuerungs- und Bürgerrechtsbewegung« in Deutschland. Nicht der Erfolg war das Wichtige, sondern das gesetzte Zeichen für einen massenhaften Widerstand.

Pariser Mai und das Problem der Gewalt

Kurz vorher, am Nachmittag des 6. Mai, hatte ich – statt Griechisch und Hebräisch zu übersetzen – mit angehaltenem Atem an meinem Transistorradio die Reportagen über den Aufstand der Studenten in Paris verfolgt: Autos als Barrikaden auf den Straßen, brennende Kioske, Tränengas und Wasserwerfer. Einer der Besten seiner Zunft, Georg Stefan Troller, berichtete:

> *Man hat natürlich Angst gehabt. Und die Exzesse! Zum ersten Mal Autos verbrannt, unsere geheiligten Autos. Das hat natürlich die Leute wahnsinnig erschreckt. Nachher musste die Sorbonne, nachher musste das Odeon-Theater, musste alles neu renoviert werden, weil die natürlich alles verschmutzt hatten. Klar – die Revolutionen sind natürlich schmutzig. Aber letzten Endes war das alles nötig. Zum ersten Mal gab es eine junge Generation, die eben nicht so wollte wie die Alten. Während normaler Weise ja die Kinder in Frankreich als kleine Erwachsene erzogen werden: brav und bieder.*

Es wehte damals ein erfrischender Frühlingssturm um die Welt: In Berkeley, Prag, Berlin, Paris und natürlich auch in Heidelberg. Oft war ich zu Besuch bei Linde – um die Ecke, im Collegium Academicum. Dort sah ich auf den Fluren die ersten Wandzeitungen. Überall und zu jeder Gelegenheit wurde diskutiert, oft bis in die frühen Morgenstunden. Durch hart geführte Streitgespräche klärte und veränderte sich in den Köpfen viel. Das galt auch für meinen Kopf. So hatte ich bisher immer voll motiviert an den Demonstrationen gegen den Vietnamkrieg teilgenommen. Nun aber hatte der SDS neue Demonstrationstechniken aus Berlin mitgebracht: Wir hakten uns bei den Nebenstehenden ein und bildeten so eine Kette; jede Kette ließ einen beträchtlichen Zwischenraum zur nächsten Kette, so dass die Teilnehmerzahl insgesamt viel größer wirkte, als sie in Wirklichkeit war. Mit rhythmischen »Ho-Ho-Ho-Chi-

Minh«-Chören stürmten wir vorwärts, bis wir wieder zum Stillstand kamen. Unter den Transparenten war häufig eines zu sehen, das die Aufschrift »Es lebe der Sieg im Volkskrieg« trug. So weit war ich noch nicht. Ich verstand mich als Pazifist und konnte keinerlei Waffen den Sieg wünschen. Ich war gegen den Vietnamkrieg der Amerikaner, weil ich gegen jeglichen Krieg war. Wer Ho chi Minh war, wusste ich damals noch nicht und hatte die Biographie von Jean Lacouture noch nicht gelesen. Es bedurfte einiger Diskussionen, ehe ich begriff, dass dies ein postkolonialer Krieg war und Ho Chi Minh im Ursprung ein vietnamesischer Nationalist gewesen ist, der mit allem historischem Recht für die Unabhängigkeit seines Landes gekämpft hat. Joscha Schmierer – einer der wortgewandtesten und belesensten Aktivisten des Heidelberger SDS – hat das Problem auf den Punkt gebracht:

> »*Gewalt als konstitutives Element der Befreiung zu denken, bedeutete und setzte voraus, die Gewissensfrage aus dem Ideenhimmel, der eine zivile Gesellschaft immer schon vorspiegelt, auf den Boden der kolonialen rassistischen Unterdrückungsverhältnisse herunterzuholen ... Gegen Kolonialismus zu sein oder für den bewaffneten Befreiungskampf einzutreten, ist zweierlei, und das eine folgt keineswegs notwendig auf das andere. Es handelt sich um einen Sprung, den damals kaum jemand wagte und der 67/68 plötzlich von vielen vollzogen wurde.*« (J. Schmierer: »Der Zauber des großen Augenblicks – Der internationale Traum von '68« in: »Die Früchte der Revolte«, Wagenbach 1988).

Diesen »Sprung« machte später auch der Weltkirchenrat mit seinem von der kirchlichen Rechten und den Evangelikalen heftig bekämpften »Antirassismusprogramm«. Es unterstützte finanziell die Befreiungsbewegungen in den damals noch portugiesischen Kolonien Afrikas, die die portugiesische Kolonialmacht mit Waffengewalt bekämpften. Dies zu vermitteln, sollte mir Jahre danach als »Landpfarrer« noch schwere Kämpfe und Anfeindungen einbringen. – Ho Chi Minh aber war ein integrer und bescheidener Mann, der so gar nichts mit stalinistischen Bonzen gemeinsam hatte. Jahrelang hat sein Bild später in meinem Wohnzimmer gehangen, und ich besitze es immer noch.

Mit Linde nach Paris

An einem der Abende im Collegium Academicum tauschten Linde und ich unsere Kenntnisse in französischen Sprachwendungen aus. Es war schon nach dem Ende der Maiunruhen in Paris. Die »Angstwahlen« hatten die Linke halbiert, und die Reaktion hatte gesiegt. Der Frühsommerabend war so anregend, dass plötzlich bei uns beiden der Plan entstand, nach Paris zu fahren. Und: Warum eigentlich nicht gleich oder sofort? Dem stand entgegen: Linde hatte fast gar kein Geld mehr und ich nicht mehr besonders viel. Dafür hatte er seinen kleinen roten FIAT 500. Ich besorgte sofort Proviant, darunter auch eine Flasche Rotwein. Die war allerdings bis kurz vor Saarbrücken schon von mir geleert. Drum schlief ich gut, während Linde uns durch die Nacht gen Westen steuerte. Irgendwann aber verfuhr er sich und nun ging die Reise ostwärts zurück: Weil Linde einem Lichtschimmer folgte, den er für das Lichtermeer von Paris hielt. Es dauerte eine Weile, bis wir bemerkten, dass das Licht die aufgehende Sonne im Osten ankündigte … Im Morgengrauen erreichten wir Paris, das erst noch im Erwachen war. Wir fuhren durch noch leere Straßen, die gerade von der Straßenreinigung gewässert wurden. Am Fuße des Montmartre parkten wir und stiegen die langen Treppen zur weißen Kirche Sacré Cœur hoch, wo sich in der Morgenröte das ganze Panorama dieser einzigartigen Stadt ausbreitete. In der Nähe des Gare du Nord fanden wir dann das »Hotel de la Nouvelle France« wieder, in dem ich schon einmal genächtigt hatte (s. o.). Wir liefen durch die Stadt und kehrten ab und zu in einem Bistro für ein Gläschen Cote du Rhone ein. Wir

fanden das Quartier Latin, wo vor wenigen Wochen die Straßenkämpfe getobt hatten. Überall noch Graffiti, die darauf hinwiesen: z. B. »CRS (die besonders militante Staatspolizei) = SS«. Am Abend leisteten wir uns ein Menü in einem billigen vietnamesischen Restaurant. Der Besitzer war ein Filou: Als Entrée bot er entweder »Soupe du Vietnam du Nord« oder »Soupe du Vietnam du Sud« an. So konnte er auf einfache Weise die politische Parteinahme seiner Gäste feststellen. Klar: Wir löffelten Soupe du Vietnam du Nord…
Schon am Nachmittag des nächsten Tages fuhren wir wieder zurück. Ich hatte kaum noch Geld, und der Benzintank leerte sich zusehends. Wir tankten nach der Straßburger Europabrücke für 10 DM und sind wohl mit den letzten Benzintropfen auf dem Parkplatz des CA gelandet. Wir waren ziemlich ausgehungert und hatten nun keine Vorräte mehr. Wir gingen ins »Mainzer Rad« am Universitätsplatz und bestellten ungeachtet unserer – bis auf ein paar Groschen – leeren Kasse je ein großes Bier und ein Wiener Schnitzel. Mit den verbliebenen Groschen ging ich an den »Rotomat« und gedachte die »Kenntnisse« anzuwenden, die ich mir einst, in der »Hamburger Streunerzeit« (s. Band I, S. 123 ff.), angeeignet hatte. Und wirklich: Es gelang! Das erbeutete Geld reichte sogar noch für ein weiteres Bier … Was wäre geschehen, wenn ich verloren und in peinlicher Weise das Delikt der Zechprellerei im Raum gestanden hätte? Dann hätten wir – wir waren schließlich fast täglich kommende Kunden – um kurzzeitigen Zahlungsaufschub gebeten. Denn Linde holte am nächsten Morgen in bar seine ausstehenden Honorare beim Heidelberger Tageblatt ab, wo er als freier Mitarbeiter beschäftigt war.

Kritische Universität

Am 28. Mai wurden auf Initiative des SDS hin, aus Protest gegen die Notstandsgesetze, die Aufgänge zu den Hörsälen in der Neuen Universität durch Sitzstreiks blockiert. Dietrich Hildebrandt schrieb:

Im Treppenhaus hatten SDS'ler ein Poster mit dem Konterfei Ho Chi Minhs aufgehängt ... Die im Unihof versammelten Studenten – zu denen ich gehörte – verabschiedeten mit einer eindeutigen Mehrheit eine Resolution, die das Vorgehen des SDS billigte:
> *Die hier versammelten Studenten beschließen: Widerstand gegen die Notstandsgesetze kann nur mehr Widerstand gegen ihre mögliche Anwendung sein. Gegen diese Gesetze, die die Disziplinierung jeglicher demokratischer Oppositionsbewegung gewährleisten sollen, können wir langfristig nur so vorgehen, dass wir zusammen mit Arbeitern und Schülern den Laden, deren Hausordnung sie sind, lahmlegen.*

Hildebrandt schildert dann auch den Auftritt eines unserer Professoren, des Alttestamentlers Hans-Walter Wolff, der im Vorjahr nach Heidelberg gekommen war – einer, dessen Stern gerade voll aufgegangen war. In der Peterskirche hatte ich eine gute und engagierte Predigt von ihm gehört: Gegen die Privilegien der »Volkskirche«. Dietrich Hildebrandt schildert seinen Auftritt so:

> *Während des andauernden Teach-ins im Innenhof der Neuen Universität war auch der Theologe Professor Hans-Walter Wolff aufgetreten, der den streikenden Studenten seine Sympathie mitteilte und ihre Kritik an den Notstandsgesetzen für berechtigt erklärte, zugleich aber von jeder praktischen Aktion abriet. Ihm wurde, unter Beifall und Zustimmung, in seiner eigenen Sprache geantwortet, mit einem Zitat aus dem Jakobusbrief, das den Wert der Praxis ganz treffend schilderte...*
>   *Seid aber Täter des Worts und nicht Hörer allein, wodurch ihr euch selbst betrügt. ... Wer aber durchschaut in das vollkommene Gesetz der Freiheit und darin beharrt und ist nicht ein vergesslicher Hörer, sondern ein Täter, der wird selig sein in seiner Tat.« (Jakobus 1, 22+25)*

Ich sehe noch heute das verdutzte Gesicht des Professoren vor mir, der nicht damit gerechnet hatte, dass ihn einer dieser »Radikalinskis« mit Hilfe eines Bibelwortes widerlegen würde. Mir hat das damals mächtig imponiert. Der Bibelrezitator war übrigens niemand anderes als Dietrich Hildebrandt selbst…

Wenige Tage nach der Besetzung wurden die bereits bestehenden Arbeitskreise der »Kritischen Universität« in die Neue Universität verlegt. Es fand eine Alternativvorlesung durch einen Studenten statt, der noch von sich reden machen sollte: Hans Peter Duerr, großer Ethnologe, der mit seiner Schrift *Traumzeit – über die Grenzen zwischen Wildnis und Zivilisation* ein Kultbuch schrieb und Herausgeber der anarchistischen Kulturzeitschrift *Unter dem Pflaster liegt der Strand* war. Im voll besetzten Hörsaal 13 sprach er über wissenschaftstheoretische Probleme.

Da ich meinen pedantisch einzuhaltenden Tagesablauf nur ungern abänderte, nahm ich leider an einem abendlichen Vortrag des Sozialpsychologen Peter Brückner nicht teil, der – laut Dietrich Hildebrandt – so zustande kam:

Wie sehr alles aus dem Augenblick heraus organisiert wurde, zeigte der Vortrag von Peter Brücker. Der AStA-Vorsitzende Meinhard Schröder hatte Brückner, dessen Familie in Heidelberg wohnte, am Pfingstmontag zufällig in einer Pizzeria entdeckt, sprach ihn an, bat um seine Teilnahme an dem für den Abend geplanten Teach-in und erhielt umstandslos eine Zusage. Während des Vortrags von Brückner im Hörsaal 13 der Universität erschien Prof. Schneider von der Juristischen Fakultät im Auftrag der Rektorin und machte allen Anwesenden, insbesondere den Vortragenden, seinen Kollegen Prof. Brückner, darauf aufmerksam, dass sie Hausfriedensbruch begingen, und forderte sie auf, das Gebäude sofort zu verlassen, andernfalls die Strafverfolgung in Gang gesetzt würde. Brückners Antwort war knapp, würdevoll und eindeutig. Schneider zog unverrichteter Dinge wieder ab. Es war dies während der Proteste gegen die Notstandsgesetze

der einzige in Heidelberg zu erlebende Fall, dass ein Professor nicht unkritisch, aber solidarisch zu den rebellierenden Studenten hielt.
Mit Meinhard Schröder, damals noch Theologiestudent wie ich, nahm ich jetzt Kontakt auf – zur gemeinsamen Erinnerung an diese rebellische Zeit. Er wies mich auf einen 2015 herausgekommenen Dokumentarfilm über Peter Brückner von seinem Sohn Simon Brückner hin, der bei dessen Tod 1982 gerade einmal vier Jahre alt war. Er hat ihn »Aus dem Abseits« genannt, in Anspielung auf Peter Brückners Kindheit- und Jugendbericht *Das Abseits als sicherer Ort* – eine der erschütterndsten und feinsinnigsten autobiographischen Schriften, die ich jemals gelesen habe.

Meinhard selbst hat jetzt – rechtzeitig zum 50 Jahrestag des 2. Juni 1967 – ein Buch herausgebracht, das sehr lesenswert und mit durchaus selbstironischen Tönen jene Zeit in Heidelberg beschreibt: »Mein 2. Juni – Von der Studentenrevolte zum Kleingärtnerprotest«.

Zwei Bücher für das ganze Leben

Ich hatte mir angewöhnt, nach dem Abendessen in der Mensa, noch bis Mitternacht in einem Buch zu lesen. Eines davon war schon lange in meinem Besitz, stand aber bisher noch ungelesen im »String«-Regal: Ein Siebenstern-Taschenbuch *Widerstand und Ergebung* von Dietrich Bonhoeffer – wahrscheinlich ein Geschenk. Ohne große Erwartung begann ich mit der Lektüre.

Es packte mich von der ersten Seite an. Immer mehr bemerkte ich, was ich bisher noch in keiner theologischen Schrift erfahren hatte: »Tua res agitur« – es geht hier um dich selbst! Hier sprach ein Mensch in der Grenzsituation als Insasse eines Gestapo-Gefängnisses völlig unverstellt von dem, was im Leben wirklich wichtig ist. Es begann schon mit *Der Blick von unten:*

Es bleibt ein Erlebnis von unvergleichlichem Wert, dass wir die großen Ereignisse der Weltgeschichte einmal von unten, aus der Perspektive der Ausgeschalteten, Beargwöhnten,

Schlechtbehandelten, Machtlosen, Unterdrückten und Verhöhnten, kurz der Leidenden sehen gelernt haben. Wenn nur in dieser Zeit nicht Bitterkeit oder Neid das Herz zerfressen hat, dass wir Großes und Kleines, Glück und Unglück, Stärke und Schwäche mit neuen Augen ansehen, dass unser Blick für Größe, Menschlichkeit, Recht und Barmherzigkeit klarer, freier, unbestechlicher geworden ist, ja, dass das persönliche Leiden ein tauglicherer Schlüssel, ein fruchtbareres Prinzip zur betrachtenden und tätigen Erschließung der Welt ist als persönliches Glück.

Wie nahe war dies an dem, was ich selbst »ganz unten« im eigenen und in anderer Leben gesehen, (mit-)erlitten und beweint hatte! Ich ließ mich mittragen von dieser freien Sicht, die trotz der Kerkermauern in die Weite führte, mit all ihren neuen Perspektiven. Z. B. seine Worte über die Zivilcourage, die er – lange vor der deutschen Diskussion über den Gehorsam des KZ-Kommandanten von Auschwitz, Rudolf Höß – dem »deutschen Gehorsam« entgegenstellt:

Es ist ein Stück berechtigten Misstrauens gegen das eigene Herz, aus dem die Bereitwilligkeit entsteht, lieber dem Befehl von »oben« als dem eigenen Gutdünken zu folgen ... Seine Freiheit aber wahrte der Deutsche darin, dass er sich vom Eigenwillen zu befreien suchte im Dienst am Ganzen. Aber er hatte damit die Welt verkannt; er hatte nicht damit gerechnet, dass seine Bereitschaft zur Unterordnung, zum Lebenseinsatz für den Auftrag missbraucht werden könnte zum Bösen. Geschah dies, wurde die Ausübung des Berufes selbst fragwürdig, dann mussten alle sittlichen Grundbegriffe des Deutschen ins Wanken geraten. Es musste sich herausstellen, dass eine entscheidende Grunderkenntnis dem Deutschen noch fehlte: die von der Notwendigkeit der freien, verantwortlichen Tat auch gegen Beruf und Auftrag.

Dem stellt Bonhoeffer die Zivilcourage entgegen, die aus autonomer Verantwortung wahr genommen wird.

Zurückblickend erkenne ich, dass mir damals der Abschnitt *Von der Dummheit* besonders aus dem Herzen sprach. Es waren die Vorurteile, denen wir im Zusammenhang der Studentenbewegung allenthalben begegneten, die mir hier geradezu beleuchtet zu sein schienen. Dieser Tage – bald 50 Jahre danach – sehen wir im Fernsehen »besorgte Bürger«, die Kriegsflüchtlinge aus Syrien und anderswo bedrohen und beschimpfen, während gleichzeitig Flüchtlingsheime angezündet werden. Da gewinnen solche Sätze plötzlich ungewohnte Aktualität:

Dummheit ist ein gefährlicherer Feind des Guten als Bosheit. Gegen das Böse lässt sich protestieren, es lässt sich bloßstellen, es lässt sich notfalls mit Gewalt verhindern ... Gegen die Dummheit sind wir wehrlos. Weder mit Protesten noch durch Gewalt lässt sich hier etwas ausrichten; Gründe verfangen nicht; Tatsachen, die dem eigenen Vorurteil widersprechen, brauchen einfach nicht geglaubt zu werden, und wenn sie unausweichlich sind, können sie einfach als nichtssagende Einzelfälle beiseitegeschoben werden ... Daher ist dem Dummen gegenüber mehr Vorsicht geboten als gegenüber dem Bösen. Niemals werden wir mehr versuchen, den Dummen durch Gründe zu überzeugen; es ist sinnlos und gefährlich.

Und wie wichtig ein so einfacher Satz, der als Richtschnur für Wahlkämpfe, aber auch für jegliche Form von Herrschaft gelten kann:

Es wird wirklich darauf ankommen, ob Machthaber sich mehr von der Dummheit oder von der inneren Selbständigkeit und Klugheit der Menschen versprechen.

Aber genug des Zitierens! Den bis weit in die Zukunft reichenden Gedankenreichtum dieses Buches kann keine Tour d'Horizon vermitteln. Ich weiß nur, dass ich in den Morgenstunden des darauffolgenden Tages weinend das Buch zuklappte, nachdem an seinem Ende in dürren Worten von Bonhoeffers Hinrichtung in Flossenbürg berichtet worden war. Es war für mich das, was andere vielleicht ein »Bekehrungserlebnis« nennen: Zumindest darin, dass hier ein Wegweiser auf eine glaubwürdige christliche Existenz hin zu finden war. Das Buch hat mich mein Leben lang begleitet. An den großen Festtagen habe ich es immer wieder aufgeschlagen, weil Bonhoeffer über die Zeiten hinweg – fern von jeglicher »Erbaulichkeit« – bedeutende Gedanken zu Advent, Weihnachten, Karfreitag, Ostern, Pfingsten, Reformationstag und Totensonntag ausgesprochen hat. Viele von ihnen nahm ich in meine Predigten auf. »Widerstand und Ergebung« spricht immer noch mit mir. Ein Buch für das ganze Leben.

Auf das zweite Buch stieß ich zufällig auf dem Weg in die Mensa. Dort in der Nähe war ein linker Buchladen, der immer das Neueste der ins Kraut schießenden Literatur der Linken oder was sich dafür hielt, präsentierte. Zu meinem Entsetzen wurden sogar Schriften Stalins hier vertrieben. Dann sah ich es: Ernst Bloch »Atheismus im Christentum – Zur Religion des Exodus und des Reichs« – gerade erst in diesem Jahr erschienen. Ich nahm es in die Hand und las das literarische Motto:

Denken ist Überschreiten.

Es ist das beste an der Religion, dass sie Ketzer hervorruft.

Religion ist Re-ligio, Rückverbindung, besonders mit einem mythischen Gott des Anfangs, der Weltschöpfung; daher ist das verstandene Exodus-Bekenntnis zu »Ich werde sein, der ich sein werde«, gar zum Christentum des Menschensohns und Eschatons keine Religion mehr.

Nur ein Atheist kann ein guter Christ sein, nur ein Christ kann ein guter Atheist sein.

Entscheidend: Ein Transzendieren ohne Transzendenz.
Dies septimus nos ipsi erimus. (AUGUSTIN)

Da klangen Gedanken an, wie ich sie bei Bonhoeffer gerade gelesen hatte: Die »diesseitige« Interpretation der Bibel und das religionslose Christentum. Es kostete 25 DM, war also für mich eigentlich unerschwinglich. Ich ließ es zunächst liegen und ging zum Mittagessen. Es war noch am Anfang des Monats, noch war ich »flüssig« und das Blutspenden lag noch in weiter Ferne. So kaufte ich es doch, als ich wieder aus der Mensa herauskam.

Abends begann ich zu lesen. Zunächst tat ich mich schwer mit Blochs expressionistischer Sprache, voller Hintergedanken und Sprachwitz. Was z. B. bedeutete dies:

Allemal muss es noch die Büsche geben, in die man sich geschlagen hat, schlagen kann, keineswegs fliehend. Sonst wäre es nicht möglich, genau den Weg zu meinen, an den man sich halten kann.

Bei genauerem Hinsehen dann die befreiende Erkenntnis: Wer nicht gelegentlich untertaucht und vom richtigen Wege abweicht, wird nie erkennen können, dass es wirklich der Richtige war. Das galt auch und besonders für das Studium der Theologie ... Aber immer war auch noch mehr in diesen Sätzen, als solche banale Übersetzung.

Ich las mich hinein. Damals – ich sehe es an den Anstreichungen – faszinierte mich besonders der erste Teil des 16. Kapitels, das mit der Theologie Rudolf Bultmanns abrechnete unter der Überschrift:

UNTERSCHEIDUNGEN IM MYTHISCHEN,
CONTRA BULTMANNS BLOSSEN SEELENREST...

Gleich am Anfang der Paukenschlag gegen das Entmythologisierungsprogramm Bultmanns:

Manches erfrischt scheinbar, während es nur anders eindumpft, mit Angabe zu entrümpeln. Weg von den alten Mären, ganz recht, doch so, dass man nur deren unsinnig gewordenen, sozusagen ungebildeten Spuk von damals abzieht, nicht aber das Weisen und Künden von oben herab. Dieses spukt nach wie vor, wird nur ins innere Hören oder Vernehmen zurückgenommen und soll so gerade nicht »mythisch« sein.

Bloch möchte dagegen bei den Mythen nur näher hinsehen und wie bei den Märchen zwischen »unten« und »oben« unterscheiden:

Zwischen dem tapferen Schneiderlein, das auszieht sein Glück zu versuchen, und dem Riesen auf seinem Weg, den großen Herrn, die über ewigen Untertanen ewig donnern und blitzen, ist der einleuchtendste (Unterschied).

Daraus folgt:

Im Mythischen selber, sei es noch so vorwissenschaftlich, muss zwischen Dominierend-Riesenhaftem und dem mindestens Palastrebellischen darin unterschieden werden.

Die Kritik Blochs war, als würden einem die Augen geöffnet und man spüre endlich das Vergebliche des bisherigen Interpretierens und Forschens. Es war, als würde einem nach langer Zeit ein Schlüssel in die Hand gedrückt, der ein Tor öffnen konnte für eine wieder real bewohnte Welt und deren Gesellschaft. Unter der Überschrift *Bultmanns gute religiöse Stube*, »moderner Mensch« zieht er den Schlussstrich:

Da also reicht es nicht, wenn nur eine Art von spießigem Grübeln angeht. Nur auf das werte stille Kämmerlein bezogen und was es jetzt noch anspricht, ach so »eigentlich« ... Kurz, von Bultmann ist, schon lange, die wiederum entscheidende Rede, nachdem er 1941 Entmythologisierung, also modernes wissenschaftliches Bewusstsein, mit Heideggerschem Existen-

tialismus, also moderne Grundbefindlichkeit des Je-meinigen verbunden hat. *Es ist der private Strohhalm dieses Je-meinigen und seines biblischen Angesprochenseins, angeblich eines rein individualistischen (ohne soziales »Man«, ohne welthaft »Seiendes«), was den Restchristen dieser Art übrigbleibt.*

Es fehlt also in diesem Ansatz alles auf Weltveränderung Drängende in der Bibel, das, was der religiöse Sozialist Leonhard Ragaz lange vorher schon »biblisches Dynamit statt religiöses Opium« nannte.

Wovon das Neue Testament doch ebenfalls voll ist, kraft lauter sprengendem »neuen« Äon und gewiss nicht nur aus jemeiniger Existenz in ebensolche Existenz hineinsprechend, bloß als Seelen-, nicht als Weltkrise. Das Bultmannsche merzt freilich dies Eschatologische, ob es auch ein Mythos durchaus ist, nicht gänzlich aus, nur er holt es aus dem historisch-kosmischem Sprengraum und dem Christus, der so hochexplosiv darin eingelassen ist, gleichfalls in die einsame Seele und ihren Bürgergott zurück.

Auch hier nun: Genug des Zitierens! Am zerlesenen Zustand dieses Buches ist zu sehen, wie oft ich es in verschiedensten Zusammenhängen benutzte, für Predigten besonders. So manche Predigt konnte man von hier aus als »kleine-Bloch-Musik« bezeichnen: In der die Bibel »von unten« gelesen und der theokratische Gott auf den Boden der sozialen Tatsachen zurückgeholt wurde. Es war das Wort zur Stunde in dieser studentenbewegten Zeit. Mit der Frankfurter Schule und deren Bibel »Kritische Theorie«, mit Horkheimer, Adorno und Habermas hatte ich nicht viel am Hut und gestehe, nicht sehr viel davon gelesen zu haben. Habermas entdeckte ich erst später, als ich seine *Legitimationsprobleme im Spätkapitalismus* mit großem Gewinn las. Mir ging es wie einem der von Heinz Bude in »Das Altern einer Generation« interviewten '68er, von dem er schreibt: *»Die Vorliebe für Bloch und die Abneigung gegen Adorno passt ins Bild. Der dampfende Expressionist liegt dem politischen*

Arbeiter mehr als der artistische Hermetiker«. – Dass Ernst Bloch und Rudi Dutschke sich ganz nahe waren, war gewiss kein Zufall. Rudi Dutschke schrieb in seinem Tagebuch: »*Ich bin sicher, dass der Ernst Bloch, dessen ›Subjekt-Objekt‹-Buch und jenes über Thomas Müntzer mich so beeinflussten, mit Sicherheit in einer lateinamerikanischen Universität mehr Verständnis finden würde als in Tübingen.*« (zitiert nach: Heinz Bude »Das Altern einer Generation«). Bis heute bin ich mit dem Buch »Atheismus im Christentum« nicht fertig. Ein Buch für das ganze Leben.

Geheimnisse eines Mietshauses und die Triebstruktur

Im Mietshaus am Schlossberg ging alles weiter seinen geheimnisvollen Gang: Im Souterrain krabbelte Markus Käfer immer noch unhörbar herum; Zahnarzt Angst zog Zähne und wir wähnten nur die Schreie seiner Patienten zu hören; lautlos entledigte sich Frau Futor ihrer futuristischen Perücke; stillschweigend und mit angehaltenem Atem entleerte ich das »Wasser des Lebens« in die Toilette.

Wer aber wohnte eigentlich oben, in den höheren Etagen? Im daruntergelegenen Collegium Academicum hörte ich bald von einer weiteren fabelhaften Gestalt: »Die Legende von der Studentennutte«. Ihre Fama hatte sich im ganzen männerbewohnten CA herumgesprochen. Ein einziges Mal sah ich sie selbst: Sie lag in schwarzer Reizwäsche, die sich verlockend von ihrer blonden Haarpracht abhob, in einem Liegestuhl auf dem Balkon ihrer Wohnung – von hier aus unerreichbar in der höchsten Etage unseres Mietshauses. Welch unerfüllbare Phantasien – Henry Miller hätte gesagt: »Schwanzneckereien« – wurden so in der Wahrnehmung ganz vieler männlicher Augenpaare quälend ausgelöst! Angeblich sollte sie es auch für Geld »tun« und sich dadurch einen aufwendigen Lebensstil, inklusive »Wuschi«, leisten können. – So kam eines zum anderen: Im CA war eine entwendete echte Polizistenjacke aufgetaucht. Ich lieh sie mir aus. Mit Linde besprach ich den Plan: Ich würde die Jacke anziehen und als »Schutzmann Läppli« zusammen mit ihm als »Kommissar Maus von der Sittenpolizei« die Treppe hochgehen, um sie vorgeblich zu verhaften. Wie würde sie reagieren? Uns war etwas bange als wir tatsächlich im Flur des obersten Stockwerks ankamen und die Klingel drückten. Die Tür ging auf, und sie erschien normal gewandet und überhaupt nicht aufgetakelt. Auf der Straße wäre sie mir nicht aufgefallen. Sie blickte uns fragend an, und ich sagte auf, was ich mir vorher zurechtgelegt hatte: »Gestatten: Schutzmann Läppli. Dies hier ist mein Kollege Kommissar Maus von der Sittenpolizei. Ich verhafte Sie wegen erwiesener Unzucht!« Dabei war schon ein gewaltiger Stau von Lachen in meiner Kehle. Sie schüttelte nur verächtlich den Kopf und schlug uns die Tür vor der Nase zu. Unsere bange Anspannung löste sich auf in einem nicht enden wollenden gemeinsamen Lachanfall, der das ganze Treppenhaus erfüllte. Als wir damit fertig waren, lieferte ich die Polizistenjacke wieder getreulich im CA ab bei dem, der sie geklaut oder »erobert« hatte.

Im Zimmer nebenan wohnte der »Weltmeister«, wie ich ihn nannte. Er war es wirklich: Fast jeden Abend ging er zur Friedrich-Ebert-Anlage in die Diskothek, kam gegen Mitternacht wieder zurück und brachte ständig neue Mädchen mit ins Haus. Was er mit ihnen veranstaltete war unüberhörbar, da die Zwischenwand jeden Ton durchließ. Da ich um diese Zeit noch arbeitete, fühlte ich mich sehr gestört, habe jedoch nie gegen die Wand gebollert. Aber an Arbeit war bei diesen Tönen dann nicht mehr zu denken. Tagsüber war der Weltmeister nie zu sehen. Er war wohl Student, doch Studieren war offensichtlich nicht seine Stärke. Bei Helligkeit erholte er sich wahrscheinlich von den Strapazen der Nacht ... Eines der Mädchen kam öfter als andere zu ihm ins Zimmer. Sie war besonders laut, wenn er sie »drannahm«. Durch sie kannte ich nun auch seinen Vornamen: »Heinrich! Heinrich!« stöhnte sie immer langgezogen und in höchster Lautstärke, wenn der Orgasmus über sie kam. Sie tat mir ein wenig leid, weil der Weltmeister so untreu war. Er schien das Motto teilweise ernstzunehmen, das ein Reporter der Illustrierten »Stern« der Studentenbewegung angedichtet hat: *Wer zwei Mal mit derselben pennt, gehört schon zum Establishment.* Nein, so hat Heinrich, der Weltmeister, seinen Lebenswandel sicher nicht überhöht, wenn er sich in der Nacht wieder »dran« machte und ich jedes Mal befürchtete: »*Heinrich, der Wagen bricht.*« Entgegen manchen Legenden über die '68er waren wir in der großen Mehrheit längst nicht so freizügig und der Libertinage zugewandt wie von den Medien kolportiert. Die wollten uns verkaufsträchtig in denselben Topf wie die Berliner Kommune I stecken, in der der langhaarige Rainer Langhans und die barbusige Uschi Obermaier diese Erwartungen erfüllten. Rainer Langhans selbst hat in einem späteren Interview mit der ZEIT (3/2010) in spaßiger Weise auf den Unterschied zwischen damaligen »Normalos« und den Kommunarden hingewiesen:

ZEIT Campus: Aber das Image der Sex-Kommune haben Sie immer bewusst gefördert.

Langhans: Klar, sexuelle Freiheit war eine unserer Forderungen. Anders als Rudi Dutschke reichte es uns nicht, den Kapitalismus abzuschaffen. Wir wollten uns selbst neu erfinden. Kein Mensch darf einem anderen gehören! Wir haben damals zu Rudi gesagt: Du kannst nicht Revolutionär sein und gleichzeitig diese Spießerehe mit Gretchen führen – komm in die Kommune! Er sagte: Nein, nein, da wird Gretchen eifersüchtig, das erlaubt sie mir nicht.

Diesen Widerspruch habe ich eines Nachts im Keller des benachbarten CA aufgegriffen. Wir hatten gehört, dass ein Hausbewohner, einer der weniger bekannten Mitglieder des Heidelberger SDS, sein Nachname war *John*, am nächsten Tag heiraten wollte. Beflügelt von einigen Bierchen nahm ich ihn mir zur Brust und hielt ihm eine lange Rede, von der mir noch einige Bruchstücke in Erinnerung sind:

»*Herr John!*« – bewusst verwendete ich in ständiger Wiederholung diese »bürgerliche« Anrede – »*Herr John! Sind Sie sich eigentlich Ihrer Schizophrenie bewusst? Auf den teach-ins vertreten Sie die alte Parole von Proudhon »Eigentum ist Diebstahl«; und morgen wollen Sie sich vom Standesamt die Besitzurkunde für Ihre Geliebte ausstellen lassen. Wasser predigen und Wein saufen! Ist Roy Black auch eingeladen, Herr John, um »Ganz in Weiß« zu singen? Bei der Feier hinterher wird dann von Wolf Biermann »Chausseestraße 196« aufgelegt und der singt – ach so fortschrittlich: »Kein Liebespaar wird uns mehr geschasst/ zu lebenslänglichem Eheknast,/ die Untertanenfabrik geht ein – So soll es sein, so wird es sein.« Aber eben nicht sogleich. Oder ein anderer Vorschlag, Herr John: Sie referieren während der Hochzeitsfeier über Herbert Marcuses Schrift »Triebstruktur und Gesellschaft« und über den befreiten Eros in einer befreiten Gesellschaft, während Ihre Angetraute Lachsbrötchen und Knabbergebäck verteilt. Und wohin, Herr John, geht denn der Honeymoon, mit »Just married« hinten auf der Ente und den daran angebundenen Blechdosen, um die Dämonen zu vertreiben? Doch mindestens in die Toskana!*

Herr John hörte sich meine nicht enden wollende Strafrede amüsiert aber gleichmütig an. Er spendierte mir noch ein Bier. Seine Schizophrenie war ihm egal. Wie gut, dass er nicht wusste, dass ich selbst längst den Trauschein besaß und meine nahe Zukunft die spießige Kleinfamilie sein würde, die es doch eigentlich zu zerschlagen galt ...

Nicht lange danach kam der Vermieter in seinem schwarzen luftgefederten »Citroen ID 19« zum Mietshaus gefahren, um in allen Wohnungen bar die Miete zu kassieren. In seinem langen dunkelblauen Burberrymantel aus Kaschmirwolle klopfte er auch an meine Tür. Er eröffnete mir, dass nun endlich eine Mieterhöhung von 65 auf 80 DM fällig sei. Ich diskutierte lange mit ihm und erreichte es, dass er um 10 DM herunterging und ich künftig 70 DM zu zahlen hatte. Ein windiger Bursche, der erst nachgab, als ich ihn das »Wasser des Lebens« riechen ließ...

Das goldene Prag

Am 21. August dieses Schicksalsjahres 1968 war ich – es waren ja Semesterferien – zu Besuch bei meinen Eltern in Hamburg. In der Nacht – so hörte ich aus dem Radio – waren Truppen des Warschauer Paktes in die CSSR einmarschiert, um den »Prager Frühling« mit seinem Wunschbild eines »Sozialismus mit menschlichem Antlitz« gewaltsam zu beenden. Mit großer Anteilnahme und Sympathie hatte ich vorher die Entwicklungen in der CSSR unter Alexander Dubcek, dem großen Hoffnungsträger, zur Kenntnis genommen. Wie gut, dass der frische Frühlingssturm, der um die Welt ging, nun auch den Ostblock erreicht hatte, um das stalinistisch-autoritäre System in Frage zu stellen! Nun aber standen wir vor der bitteren Frage: Mussten denn erneut alle Blütenträume, die hier gereift waren, durch brutale Gewalt beendet werden?!

In der Nachschau erscheint die Ineinssetzung der antistalinistischen Proteste im Osten mit den antiautoritär-antikapitalistischen Protesten im Westen reichlich naiv. Ota Sik, der Wirtschaftsminister und stellvertretende Ministerpräsident des Prager Frühlings, der seine Reformen als »Dritter Weg zwischen Kapitalismus und Sozialismus« verkaufte, äußerte in einem Interview mit der tschechischen Zeitung *Mladá Fronta* im Jahre 1990 nachblickend Folgendes:

> »Sehen sie, wir konnten damals nicht alle unsere Ziele voll präsentieren (...). Also war auch der Dritte Weg ein verschleierndes Manöver. Schon damals war ich davon überzeugt, dass die einzige Lösung für uns ein vollblütiger Markt kapitalistischer Art ist.«

Man kann nicht auf der einen Seite für den Kapitalismus und auf der anderen Seite dagegen sein. Für die linke Studentenbewegung in der BRD war das ein ziemliches Dilemma. Ich war gespannt, was einer der bekanntesten Wortführer der Studenten, Daniel Cohn-Bendit dazu auf der Hamburger Moorweide sagen würde.

Wie er sich positioniert hat, weiß ich nicht mehr so genau. Ich sehe nur noch sein Gesicht vor mir: Unter der wehenden roten Mähne sein Mund wie ein Oval geöffnet und aus ihm heraus mächtige pathetische Wort strömend. Irgendwie erinnerte er mich an seinen Intimfeind General De Gaulle, wenn der das Wort »La France« mit pathetischem Tremor aus sich entließ. Cohn-Bendit fuchtelte bei seiner Rede wie wild mit Armen und Händen, um die Bedeutung seiner Worte unabweisbar zu machen. – Robert Merles Schlüsselroman für die Pariser Mairevolte *Hinter Glas*, in dem Cohn-Bendit eine maßgebliche Rolle spielt, beschreibt ihn ähnlich:

»Und seine Gesten erst! Seine Rübe, sein mächtiger Hals, sein roter krauser Schopf, seine Mimik und Gestik, seine Augen vor allem, blitzend und lachend, denn er hat Spaß an der Sache ...«

Spaß hin oder her: Mir war dieser Agitator entschieden zu theatralisch. Was er gesagt hat, wird auf der Linie gelegen haben, die Dietrich Hildebrandt für den SDS Heidelberg festgehalten hat:

Der SDS hatte in der Debatte einen schweren Stand. Er machte keinen Hehl daraus, dass er für Dubcek und seine Mannschaft nur wenig Sympathie empfand. Zudem fürchtete er im Protest gegen den sowjetischen Einmarsch mit denen in eine Frontlinie zu geraten, die er ja gerade hier bekämpfte. »Die politischen Studenten werden nicht begriffs- und theorielos auf einer Welle der verlogenen Solidarität mitschwimmen, die von dem westlichen Propagandaapparat jetzt in Gang gebracht wird, um eine neue Phase des Antikommunismus einzuleiten«, hieß es in der Presseerklärung des AStA...

Viel einfacher und stimmiger hat es damals Ernst Bloch auf den Punkt gebracht: *Es gibt Menschen, die nicht das Recht haben, Recht zu haben.*

Für uns alle aber war ganz in diesem Sinne der Sprechgesang »Zu Prag« von Franz Josef Degenhardt der Kommentar zu dieser schlimmen Stunde:

Denn hört euch diese Typen an,
die Vorsitzenden der Aufsichtsräte,
die Vorstände und Herren der Konzerne
und deren Sachwalter
auf Regierungs- und anderen Bänken.
Sie sind empört,
weil der Aufbau des Sozialismus
gehemmt worden ist
zu Prag.
(...)
Nein,
wir hören genau hin.
Die sagen »das goldene Prag«.
und wenn die Gold sagen,
meinen die Gold.
(...)
Nein, mit diesen Herren
teilen wir nicht
unsere Wut
über den Sieg der Panzer zu Prag.

»Väterchen Franz«, wie er sich selbst karikierte und wie wir ihn nannten, sollte noch oft in den darauf folgenden Jahren bärbeißig den richtigen Kommentar zur angebrochenen Stunde singen und sagen.

Der Einmarsch der Truppen des Warschauer Pakts in die Tschechoslowakei wurde von der Bevölkerung mit gewaltfreiem Widerstand beantwortet, was damals meine besondere Aufmerksamkeit fand. Die Bilder haben sich eingebrannt: Wie da Menschen mitten in Prag mit den sowjetischen Panzerbesatzungen diskutierten und den Unwissenden klarmachten, welchen Auftrag sie wirklich exekutierten. Da stand das Wort gegen die Macht und zwar so erfolgreich, dass nach drei Tagen Besatzung, die Truppen ausgewechselt werden mussten. Vorher hatten sie die Richtungs- und Straßenschilder abmontiert, was bei den Besatzungstruppen zeitweilig für große Verwirrung und Orientierungsverlusten führte. Die Untergrundsender sorgten für Koordination des Widerstands. Trauriger Tiefpunkt dieses letztlich vergeblichen Widerstands war die Selbstverbrennung des Studenten Jan Palach auf dem Prager Wenzelsplatz am 16. Januar 1969. Ein Einzelner, der für alle leiden wollte, um auf den Skandal des hier verursachten Leidens aufmerksam zu machen.

Der Politikwissenschaftler und Pazifist Theodor Ebert hat in seinem 1970 erschienenen Fischer-Taschenbuch *Gewaltfreier Aufstand – Alternative zum Bürgerkrieg* diese Geschehnisse in seine bereits 1965 herausgekommene Dissertation eingearbeitet. Ich las es – auf Grund der Vorkommnisse in der CSSR – damals taufrisch und war lange Jahre Abonnent der von ihm initiierten Zeitschrift *Gewaltfreie Aktion. Vierteljahreshefte für Frieden und Gerechtigkeit*, in der das Konzept der *Sozialen Verteidigung* propagiert wurde. Dieses Konzept war bis zum Jugoslawienkrieg auch die Strategie der Partei *Die Grünen* und Ebert war bis dahin ihr verteidigungspolitischer Berater. Als Berater für Kriegsdienstverweigerer habe ich die Antragsteller immer wieder mit dieser Konzeption – erinnernd auch an Prag 1968 – bekannt gemacht und sie lieferte in den Verhandlungen vor den »Prüfungsausschüssen« hilfreiche Argumentationen. Das Gute und Befreiende geht nicht verloren, wird es in der Erinnerung aufgehoben und – wie in der Exodus-Erinnerung des Volkes Israel – immer neu vergegenwärtigt!

Mein Bruder steigt aus

Wolfgang kam aus Tübingen nach Hamburg. Nun endlich hatte er das Hebraicum geschafft. Aber Theologie wollte er nicht weiter studieren. Schon vorher war mir an ihm eine depressive Verstimmung aufgefallen, verbunden mit viel zu viel Biergenuss. Ganz sicher hing das mit dem Entschluss zusammen, das Theologiestudium zu »schmeißen«. Wir hatten uns seit den gemeinsamen Studientagen in Erlangen ziemlich auseinandergelebt. Trotzdem traf mich seine Entscheidung tief: Waren wir doch einmal angetreten, um gemeinsam frischen Wind durch die Kirchentüren wehen zu lassen. Die Verantwortung dafür lag nun allein auf mir.

Sein »DKW Junior« hatte inzwischen auch das Zeitliche gesegnet. Wir fuhren mit dem Zug gemeinsam nach Heidelberg, und er blieb eine Nacht bei mir, um am nächsten Tag nach Tübingen weiterzufahren. Wir machten einen langen Spaziergang auf dem Philosophenweg zum Heiligenberg und zurück. Dabei erklärte er mir seine Beweggründe: In der Theologie habe die »Eschatologie«(also »die Lehre von den letzten Dingen«, wie etwa »Auferstehung von den Toten« und »Jüngstes Gericht«) völlig an Bedeutung verloren. Keiner glaube mehr wirklich daran. Eine Kirche, die solche zentralen Glaubensaussagen vernachlässige oder aufgebe, verliere ihre Identität und Legitimation. In ihr könne er guten Gewissens keinen Dienst tun. Am Anfang dürfe niemals die Lüge stehen.

Es war eine konservative Kritik, die in weiter Entfernung von der damals brandaktuellen theologischen Diskussion stand, etwa in der von Jürgen Moltmann vertretenen »Theologie der Hoffnung«, in der die Eschatologie wieder zu ihrem Recht kam. Weder die Vorlesungen Ernst Blochs noch Moltmanns – beide zu seiner Zeit in Tübingen lehrend – hat der Theologiestudent Wolfgang Wilhelm je gehört. Ihm war die ganze Richtung und ebenso die Studentenrevolte fremd, und er verstand nicht, wieso ich mich so voll und ganz da hineinwarf. Alles, was ich ihm darüber voller Enthusiasmus erzählte, löste mehr oder weniger Kopfschütteln aus. Nur ein »Erfolg« war mir beschieden: Ich las ihm bei mir in der Bude Wolf Biermanns Gedicht »Ermutigung«(aus dem Gedichtband »Mit Marx- und Engelszungen«) vor. D a s sprach ihm aus dem Herzen, und als er viel später an der japanischen Universität Sendai

Deutschkurse gab, hat er dieses Gedicht als Zeugnis eines besseren Deutschlands im Unterricht verwendet. Ob er es richtig verstanden hat? Der letzte Vers lautet:

> *Wir wolln es nicht verschweigen*
> *in dieser Schweigezeit.*
> *Das Grün bricht aus den Zweigen,*
> *wir wolln das allen zeigen,*
> *dann wissen sie Bescheid.*

Es war offenkundig nicht dasselbe, worüber wir »Bescheid« geben wollten.

So schieden wir nicht im Streit, wohl aber im Dissens, als er am nächsten Tag nach Tübingen fuhr, um dort Pädagogik zu studieren und an seiner Dissertation zu arbeiten. Jahrzehnte später erst kamen wir uns wieder ganz nahe: Als er vor seiner schweren Herzoperation im Toranomon-Krankenhaus von Tokio lag und ich ihn dort täglich besuchte.

Nachruf auf einen Philosophen

Wolfgangs Lebensfreund wurde in Tübingen, wo beide im Leibniz-Kolleg wohnten, der norwegische Student der Philosophie Øystein Sjaastad. Er wurde auch der Freund unserer ganzen Familie, und wir freuten uns, wenn er in den Semesterferien nach Aufenthalten in Frankreich, Spanien oder Italien zum Ende dieser Reisen am Königskinderweg auftauchte: Freudestrahlend und ohne einen Pfennig in der Tasche.

Vor wenigen Tagen ist er – im selben Alter wie ich – nach einem Hirnschlag im Osloer Krankenhaus gestorben. Ich könnte wie David über den gefallenen Jonathan einen Psalm über ihn dichten und singen wie im zweiten Buch Samuelis:

> *Es ist mir leid um dich, mein Bruder Øystein,*
> *du warst mir so nahe...*

Die darauffolgende Verszeile *Deine Liebe war mir köstlicher als Frauenliebe* käme für uns beide allerdings weniger in Betracht ... Denn er war ein großer Freund der Frauen, was auf Gegenseitigkeit beruhte. An einen Besuch von ihm am Königskinderweg erinnere ich mich besonders deutlich. Hannchen, die ihn in mütterlicher Weise umhegte, schenkte ihm das Geld, das er nicht mehr hatte, um mit der Fähre von Kiel nach Oslo zu fahren. Mit Wolfgang begab er sich daraufhin zum Jahrmarktsspektakel des Hamburger Sommerdoms am Heiligengeistfeld. Spät in der Nacht kehrten sie sichtlich angeheitert zurück. Triumphierend überschüttete Øystein Hannchen mit seinen Siegestrophäen: wertlose künstliche Blumen, die er an Schießständen gewonnen und wo er sämtliches Reisegeld verschossen hatte. Seine Freude war so ansteckend, dass Hannchen ihm das Geld für die Fähre noch einmal gab. – Am nächsten Tag tat er Buße: Er half mir dabei, die Jauchegrube, die schon fast am Überlaufen war, mit Hilfe eines Stieleimers auszuschöpfen. In den ersten zehn Minuten dieser Tätigkeit war man dem Erbrechen nahe, ehe sich die Geruchsnerven allmählich an die stinkende Brühe gewöhnten. So ähnlich muss dem Verlorenen Sohn zumute gewesen sein, als er die Säue zu hüten hatte...

Als er schon als Assistent an der philosophischen Fakultät der Osloer Universität angestellt war, besuchte ich ihn. Er wohnte noch bei seinen Eltern in einem recht vornehmen Viertel, mit heckenumsäumten Villen. Ich war mit der Fähre von Kiel um 9:00 h gelandet und fuhr mit dem Taxi zu seinem Elternhaus. Er begrüßte mich wie immer enthusiastisch, allerdings entging mir nicht, dass er aus irgendeinem Grunde hochgradig nervös war. Er war allein, denn seine Eltern waren wie immer im Sommer auf einer Hütte im Gudbrandsdalen. Seine Mutter hatte in der Küche eine Fülle von Zetteln auf Kühlschrank und Küchenschränke geklebt, deren Zeilen alle mit der Überschrift »Husk« überschrieben waren. Ich fragte ihn: »Was bedeutet Husk?« »Es heißt: Denk dran ...«, antwortete er zerstreut. Seine Mutter schien seinen praktischen Fähigkeiten sehr wenig zu vertrauen...

Das gemeinsam eingenommene Frühstück war recht üppig: Tee, Kaffee, Würste, Eier, Marmelade, Milch, Sommerfrüchte, Sahne im Überfluss. Aber ich sah ihm an, dass er es nur routinemäßig einnahm, ohne es zu genießen. Immer wieder wanderte sein Blick zur Uhr. Schließlich offenbarte er mir den Grund seiner Nervosität: Heute werde er seine Freundin Astrid auf dem Standesamt im Osloer Rathaus ehelichen. Er müsse sie in wenigen Minuten vom Universitätsgelände abholen. Allerdings sei ein Trauzeuge ausgefallen. Ob ich wohl diese Rolle übernehmen könnte? Ich war wie vor den Kopf geschlagen. Aber dieses Unternehmen fing an, mir Spaß zu machen. Wir holten Astrid ab, die mir noch unbekannt war, und fuhren mit dem Taxi zum monumentalen Rathaus, mit Blick auf den Oslofjord. Architektonisch ist es im wuchtigen Stil der 30er Jahre des vorigen Jahrhunderts gestaltet. Die Zeremonie dauerte drei Minuten. Ich verstand nur, dass Astrid und Øystein, die völlig alltäglich gekleidet waren, in unterschiedlicher Akzentuierung das entscheidende Wort auf die Frage des Beamten geantwortet hatten: »Joooh«. Dann mussten wir alle unterschreiben, auch ich, nachdem ich mich ausgewiesen hatte. Das war es dann. Anschließend lud Øystein zum Biertrinken in einem überfüllten Lokal ein, in dem das viel zu teure Bier in Strömen floss. – Die Ehe hatte drei Jahre Bestand. Aus ihr ging etwas ganz Wertvolles, Schönes und Liebliches hervor: Ihre gemeinsame Tochter Ylva (»Die Wölfin«), die heute als Märchenerzählerin in Oslo lebt und ihren Vater bis zu seinem Tod begleitet hat.

Dann sehe ich ihn in Wachenheim an der Deutschen Weinstraße, zusammen mit Lulle, die ihn am meisten liebende Frau, mit zwei weiteren Musikanten Lieder vom schwedischen Barden Carl Michael Bellmann vortragen, in einem weinbelaubten Garten eines Restaurants. Er spielte die Geige und sang zusammen mit Lulle die Lieder über Ulla Winblad, Bellmanns Stockholmer Hetäre, und die Freuden des Sanges und der Liebe. Lulle war die Tochter des dänisch-norwegischen Dichters Aksel Sandemose, der aus der

Spießigkeit der dänischen Kleinstadt Nyköbing ausgebrochen war, Seemann wurde, in den USA und Kanada lebte und schließlich in der Spur Jack Londons die kleinbürgerliche Welt Dänemarks kritisierte, um danach nur noch in norwegischer Sprache zu schreiben.

– Ich höre noch die wunderbaren Klänge, die Ulla Winblad unter Weinlaub huldigten und sehe die verzauberten Blicke der zufälligen Besucher, die so unverhofft an diesem Event teilnehmen durften.

Wenn ich ihn in Oslo besuchte, bat ich ihn jedes Mal, mit mir ins Munch-Museum zu gehen. Er besaß die Fähigkeit, einem die Bilder Edvard Munchs mit einer sonst nie erlebten Eindringlichkeit vorzustellen, sie dazu einwebend in die Biographie des großen Malers. Immer neu wurden einem die Augen geöffnet: Mit welcher Intensität und Tiefe hier die Grenzsituationen des menschlichen Lebens – z. B. Krankheit, Tod, Leidenschaft, Eifersucht, Traurigkeit, Ekstase, Pubertät, Alter – dargestellt wurden. So erklärte er auch das Bild »Alter Mann im Gebet«: Da hatte Munch seinen eigenen Vater abgebildet, der nach dem frühen Tod der Mutter in Verzweiflung verfiel und Halt im Glauben suchte. Es gehört zu meinen Lieblingsbildern überhaupt. Vielen Dank, Bruder Øystein, für alles, was ich erst durch dich zu sehen gelernt habe!

Er lehrte mich auch das Fliegenfischen. Seine Eltern, die von Øystein wussten, wie oft er bei Erich und Hannchen am Königskinderweg Asyl gefunden hatte, wollten sich revanchieren: Luden uns ein auf eine Almhütte hoch über dem Gudbrandsdalen. Wir lebten so, wie Knecht oder Magd früher auf dem Besitz ihres Herren gewohnt hatten: Hochbetten, ein schwarzer Eisenherd, ein großer Holztisch, Stühle – sonst nichts. Wasser musste aus einem nahe gelegenen Brunnen geholt werden. Als Toilette diente ein schmaler Holzschuppen, im Inneren ein Brett mit sechs kreisförmig herausgesägten Öffnungen. Auf ihnen thronend hat mir Øystein eine ganze Reihe von Philosophie-Vorlesungen gehalten. Es war Mittsommer, und mit Øystein wurde es zu einem der schönsten Urlaube unseres Lebens. Da es nie richtig dunkel wurde, verloren wir das

Gefühl für die Abfolge von Tag und Nacht und kamen nur noch zu wenig Schlaf. Aus Papier und Karton bastelte ich ein Schachspiel, mit dem wir uns beschäftigen konnten. Alle paar Tage fuhren wir hinunter ins Tal, um Lebensmittel und vor allem Pilsbier zu erstehen, das illegal unter dem Ladentisch verkauft wurde. Wenn es ans Fliegenfischen ging, setzte Øystein seinen großen Filzhut auf, an dem eine Fasanenfeder befestigt war. In seinen Augen war dann eine Wildheit, wie sie wohl steinzeitliche Jäger auch besessen haben. Vielleicht war es aber auch die Wildheit des Wikingers, die er von seinen Vorfahren geerbt hatte. Hier hatte er alle Sommer in Kindheit und Jugend zugebracht und er kannte jeden See, jeden Bach und jede Quelle. Manchmal legte er sich flach auf den Boden und schöpfte Wasser aus einer Quelle, an der ich achtlos vorbeigegangen wäre. Ich tat es ihm nach und habe nie wieder im Leben so köstliches Wasser getrunken.

Dann zeigte er mir die gar nicht so leicht zu erlernende Technik des Fliegenfischens. Wir begannen zunächst mit Trockenübungen auf der Wiese vor der Hütte. Es galt, eine ca. 15 Meter lange Angelleine mit mehreren peitschenartigen Bewegungen locker aus dem Unterarm heraus an eine vorbestimmte Stelle auszuwerfen. Die an ihrem Ende befestigte Kunstfliege, ein der Natur nachgeahmtes künstliches Insekt, sollte direkt und sanft dort landen, wo später vielleicht ein Fischmaul war. Ich verhedderte mich dabei immer wieder mit den Schnüren, die Øystein dann mühsam wieder entflocht. Allmählich gelang es besser, und ich empfand Freude, als mit der ersten korrekten Pendelbewegung der eigenen Rutenspitze bei gestreckter Schnur die Kunstfliege in der Nähe des Blumentopfes landete, den wir ca. 30 Meter entfernt hingestellt hatten. – Dann war es so weit, und wir liefen einen Gebirgsbach von der Quelle bis zur Mündung in einem See ab. Flugangeln setzt in ständige Bewegung und hat nichts mit langweiligem Grundangeln an nur einem Orte gemein. Schwierig dabei sind Büsche und Bäume. Wie oft musste ich Schnur und Kunstköder daraus befreien. Manchmal, bei einem Fehlwurf, musste ich den Haken sogar aus meinen Jeans, bzw. meinem Oberschenkel ziehen. Wie oft verlor ich teure Kunstfliegen, weil sie sich im Geäst eines Baumes oder an einem Felsen unwiederbringlich verhakt hatten. Øystein beherrschte die Kunst, selber Fliegen aus allen möglichen Materialien zu fertigen. – Schließlich biss bei mir – Øystein hatte schon etliche gefangen – tatsächlich eine Bachforelle an, die ich sehr unwaidmännisch einfach aus dem Wasser katapultierte und im Gebüsch wiederfand. Zum ersten Male betätigte ich den gekauften Bleitotschläger und weidete sie aus – keine sehr erquickliche Tätigkeit. Das starke Herzklopfen beim Anbiss und beim Einholen der Beute ging unter die Haut... – Danach fingen wir beide noch einige Forellen und begaben uns mit unserem Fang in die Hütte. Dort briet sie Øystein in einer Eisenpfanne mit »Römme« (Saure Sahne). Nie wieder hat mir ein Fischessen so gut geschmeckt.

Abbildung 13: Øystein Sjaastad

Dann wurden wir beinahe erschossen. Als ich schon mein Schwedenhaus besaß, fuhren wir nach Oslo und verabredeten uns mit ihm im Zentrum. Er wohnte inzwischen in einer Eigentumswohnung im Stadtteil Kampen, früher einmal ein reines Arbeiterviertel. Wir trafen ihn sehr gutgelaunt an, und er erzählte uns im Auto eine lustige Geschichte nach der anderen, immer mit philosophischen Bezügen. Ich wusste nicht genau, wo er wohnte und bat ihn, mich durch die Stadt zu dirigieren. Da er aber selbst nicht Autofahrer war und auch nur ungern seinen Erzählfluss unterbrach, musste ich immer wieder fragen: »Wohin jetzt? Rechts, links oder geradeaus?«. Wir näherten uns dem königlichen Schloss. Es liegt am Ende der Karl Johans Gate, der Haupt- und Prachtstraße Oslos und ist von einem 22 Hektar großen Schlosspark umgeben. Davor war eine Ampel und ich fragte: »Geradeaus oder rechts?« Geradeaus hatte alle Wahrscheinlichkeit hinter sich, doch er antwortete »Rechts«, um in seiner Erzählung fortfahren zu können. Ich gehorcht,e und nun fuhren wir auf einer steil hochführenden Straße direkt auf das Schloss zu. Umkehren war nicht mehr möglich. Nur oben direkt vor dem Schlosstor war ein Wendehammer. Als wir dort ankamen, sahen wir eine Reihe von Wachsoldaten in blauroten Uniformen, die uns zuerst verdutzt musterten und dann plötzlich die Gewehre senkten. Von Panik ergriffen, fuhr ich einfach auf nächstem Wege in den Schlosspark hinein. Hier gab es nur Gehwege, die allerdings asphaltiert waren, sodass ich beträchtliche Geschwindigkeit aufnehmen konnte. Ich sah eine Frau mit Kinderwagen, die uns entgeistert ansah und schnell auf den Rasen auswich. Auch andere Spaziergänger wollten ihren Augen nicht trauen. Gab es hier überhaupt eine Ausfahrt auf eine normale Stadtstraße? Ich fand tatsächlich einen Ausweg, und wir fuhren auf eine Straße zu. Es ging nur nach links oder rechts. Auf meine Frage nach dem Wohin antwortete er: »Geradeaus« … – Schweißgebadet erreichten wir dann, unbehelligt von königlichen Verfolgungsfahrzeugen, die Kampengata, wo er wohnte.

In dieser Wohnung fand oft eines dieser herrlichen Fress- und Saufgelage statt, die er so liebte. Es begann meistens mit französisch anmutenden Menüs: Langustinen als Vorspeise, Lammkeule mit mediterranem Gemüse, als Dessert eine Eisbombe. Zu allem jeweils passende Weine, die sündhaft teuer im staatlichen Monopolladen »Vinmonopolet« gekauft waren. Danach gab es exquisitesten französischen Cognac – so teuer, wie es sich ein Mitteleuropäer überhaupt nicht vorstellen kann und mag, und das in rauen Mengen. Die Folge war, dass bei ihm am späteren Abend die Stimmung umkippte und seine anfängliche redselige Heiterkeit in stumme, düstere Melancholie umschlug. Etwas Strindbergisch-Vergrübeltes kam da aus ihm heraus. Dann war er nicht mehr ansprechbar, zeigte aggressive Züge und verschwand zum Glück im grauenden Morgen in sein Bett.

Am Morgen nach einem dieser Gelage wachte ich früh auf. Ich ging in seine Küche und sah den von Essensresten verbrannten Herd, Unmengen von unordentlich aufeinander geschichtetem Geschirr, schwarz verkohlte Töpfe und Pfannen und eine Vielzahl von Wein- und Cognacgläsern. Um ihm eine Freude zu bereiten, machte ich mich sofort ans Werk. Seit meiner legendären Trampreise durch England und Schottland (s. Band I, S. 168 ff.) war Töpfe Schrubben für mich kein Problem. Zu meiner Überraschung tauchte Øystein plötzlich auf, mit dicken verschwiemelten Augen, und fragte, ob er etwas helfen könne. Ich war gerade beim Spülen der Gläser und gab ihm ein Handtuch, damit er sie abtrockne. Er nahm sich auch richtig ein Glas und wischte daran herum. Seine Lust am Erzählen war wiedererwacht. Eines unserer satirischen Projekte war ein gemeinsames Buch, das wir schreiben wollten, mit dem Titel «Wie alles zusammenhängt» – eine Verspottung der Eitelkeiten des Wissenschaftsbetriebes, mit dem Anspruch, die finale Weisheit oder auch den »Stein der Weisen« gefunden zu haben. Darüber entwickelte er jetzt ganz viele und komische Gedanken, während ich wohl in zwei Stunden alleine die Küche in Ordnung brachte. Während dieser ganzen Zeit polierte er mit dem Handtuch das anfangs ergriffene Glas, ohne ein neues in die Hand zu nehmen...

Ja, lieber Bruder Øystein: Ich denke mit Wehmut zurück an die vielen sokratischen Gespräche, die Du mit uns geführt hast. Du hast auch zusammen mit Jörgen Gaare ein Buch über Sokrates geschrieben, dessen deutsche Übersetzung ich mir jetzt gekauft habe, da ich leider mit Dir nicht mehr darüber sprechen kann. Es heißt »Pippi & Sokrates – Philosophische Wanderungen durch Astrid Lindgrens Welt«. In der Einleitung stehen die folgenden bezaubernden Sätze:

Die Autoren von Pippi & Sokrates wissen, dass wir unter Kindern die aktivsten Philosophinnen und Philosophen finden. Kinder fragen immer wieder »warum« und wollen wissen, was die Menschen mit dem meinen, was sie sagen. Ein erwachsener Philosoph muss das Kind in sich am Leben erhalten und die Welt mit Kinderaugen sehe, muss neugierig sein und immer wieder dieselben schwierigen Fragen stellen wie das sechsjährige Kind an unserer Hand: Wer bin ich? Was ist wirklich? Warum muss ich diesen scheußlichen Brei essen? Nimmt das Weltall nie ein Ende? Warum muss man sterben? Wer hat hier das Sagen? Warum haben die einen etwas zu sagen und die anderen nicht? Wer ist böse und wer ist gut? Wer hat sich alle Wörter ausgedacht? Warum heißt es Streuzucker, wenn man ihn nicht auf den Boden streuen darf?

Du hast dieses Kind in uns nie vergessen! Und darum kommt nun der alte Sokrates in Pippis Villa Kunterbunt, und sie verstehen sich prächtig. Ihre Wanderungen durch die Philosophiegeschichte sind betörend und voller Gedankenkraft. Mögen noch viele mit ihnen auf diesen Wegen wandeln. Danke für alles, lieber Bruder Øystein! Du wirst mir immer nahe sein – solange ich lebe.

Die »Revolution«

Anfangs des zehnten und letzten Semesters gewöhnte ich mir zum ersten Male das Rauchen ab. Das geschah auf dem Hintergrund meiner Anmeldung zum 1. Theologischen Examen beim Landeskirchenrat der Protestantischen Kirche der Pfalz: Ich wollte mich voll und ohne jede Ablenkung darauf konzentrieren und verbot mir selbst nun auch jeglichen Alkoholgenuss. Zeitweise tat ich mich mit einem Kommilitonen zusammen, der sich ebenfalls auf das Examen vorbereitete. Er nervte mich allerdings mit seinen ständigen Querverweisen auf irgendwelche Aufsätze oder Schriften, die man angeblich unbedingt gelesen haben musste. Ich wollte mich nur auf das Wesentliche konzentrieren, und so trennten sich unsere Wege bald wieder.

Die einzige Ablenkung, die ich zuließ, war die Revolution. Und die war so präsent wie nie. Immer wieder hörte ich vom Universitätsplatz her die Lautsprecheransage: »Achtung, Achtung! Hier spricht die Polizei …«. Sofort sprang ich auf, klappte die Bücher zu und lief die wenigen hundert Meter hinunter, um mitten im Geschehen zu sein.

Es war gar keine Störung, was da ablief. Es war vielmehr wie ein zeitgeschichtlicher Kommentar zu allem, was ich las und studierte. Die durch den SDS politisierten Studenten legten den Finger in alle Wunden jener Zeit und weit über diese hinaus: Demokratisierung der Universität und Hochschulreform; Protest gegen den Vietnamkrieg und Befreiung aller Völker vom Joch des Kolonialismus; Aufarbeitung der Nazi-Vergangenheit; Widerstand gegen die Meinungsmonopolisten in Redaktionen und Verlagen; Offenlegung der geheimen Forschung an den Universitäten für die Rüstungsindustrie; gegen Rassismus in den USA und im Apartheidsstaat Südafrika; für antiautoritäre Erziehung (in welchem studentischen Bücherregal hätte damals »Summerhill« von A. S. Neill gefehlt?!); Abkehr von alten Rollenbildern in Liebe und Ehe; Mitbestimmung in Fabriken und Betrieben und Bekämpfung von Ausbeutung des Menschen durch den Menschen. Ein weites Feld.

Wie fade, überholt und fern aller aktuellen Bedeutung schien dagegen das Lehrbuch der Ethik des Göttinger Professors Wolfgang Trillhaas – ein v. Loewenich-Freund –, die ich mir zur Examensvorbereitung ausersehen hatte und gleich wieder fortlegt habe … Aber dafür las ich Heinz Eduard Tödts schriftlich vorgelegten Vorlesungen über Ethik und nahm an einem von ihm initiierten Tutorium über Immanuel Kants »Grundlegung der Metaphysik der Sitten« teil – mit großem Gewinn.

Auch an der Kirche ging die Revolution nicht vorbei. An die Fassade der Heiliggeistkirche hatte jemand mit roter Farbe gepinselt:

Die Zeiten ändern sich, die Zeiten sind vorbei:
Wo heute noch 'ne Kirche steht, steht bald 'ne Brauerei.

Das klang wie eine Drohung oder wie eine Revolutionsparole, war aber nur ein Zitat aus dem ostpreußischen Volkslied »Ein Heller und ein Batzen«, was kaum einer damals wusste…

Die »Revolution« musste auch Kirchenpräsident Theo Schaller von der Protestantischen Landeskirche der Pfalz erleben, als er der Jahrestagung des Konvents der pfälzischen Theologiestudenten beiwohnte. Dessen Vorsitzender war F. H., ein leicht korpulenter Theologiestudent, der ganz offensichtlich unter einer Profilneurose litt. Auf die Tagesordnung setzte er vor die Neuwahlen einen eigenen Vortrag über die Bedeutung der Soziologie für die Theologie. Damit hatte er sich allerdings völlig verhoben: Er schwadronierte nicht enden wollend über soziologische Begrifflichkeiten, die er selbst ganz offensichtlich nicht verstanden hatte. Drum hob ich beide Zeigefinger und meldete mich damit »Zur Geschäftsordnung«. Das war ein Trick, den ich mir bei anderen abgeschaut hatte, die sich so auch außer der Reihe das Rederecht sicherten. Ich beantragte, diesen Vortrag sofort abzusetzen, da er von keinerlei Kompetenz getragen und auch von niemand gewünscht worden sei. Man möge sofort mit den Neuwahlen beginnen. Wer dafür sei, solle das per Handzeichen kundtun. Der Antrag wurde fast einstimmig angenommen. – Kirchenpräsident Schaller fand das überhaupt nicht lustig und intervenierte energisch, um H. seinen Vortrag zu Ende führen zu lassen. Vergeblich: Der Konvent bestimmte mich per Akklamation zum Gesprächsleiter, und ich bat um Vorschläge für die Wahl des Konventsvorsitzenden. Sofort wurde ich neben H., der sich selbst nominierte, als Kandidat vorgeschlagen. Ich musste mich dem verweigern und verwies auf meine Examensvorbereitung und die Tatsache, dass ich nur noch wenige Wochen hier studieren würde. So wurde ein Jüngerer mit breiter Mehrheit gegen H. gewählt. Die Sitzung war zu Ende und Schaller zog ganz offensichtlich verärgert ab. – So leicht war damals der Umsturz…

F. H. sah ich später noch einmal in der Nähe des Universitätsplatzes wieder. Dort hatte die Polizei Wasserwerfer in Position gebracht, um eine unangemeldete Demonstration aufzulösen. Bevor ich mich wieder mitten ins Getümmel warf, fragte ich ihn, ob er nicht mitkommen wolle, es ginge ja schließlich auch um seine Interessen. Seine Antwort ist mir unvergesslich: »Wenn der Wasserwerfer warmes Wasser hätte, wäre ich vielleicht willens«. Der sich wiederholende weiche W-Laut dabei war wohl sogar beabsichtigt und höchst originell. Aber: Eine Revolution wäre mit diesem nassen Sack nie und nimmer möglich gewesen…

Blockade der Rhein-Neckar-Zeitung

So ganz allmählich mutierte auch ich fast schon zum »Street Fighting Man«, zum Straßenkämpfer – so wie ihn die Rolling Stones in ihrem damals gerade herausgekommenen Album »Beggars« besungen haben. Förmlich hineingetrieben in diese Rolle wurden wir durch die unfaire und hetzerische Berichterstattung der »Rhein-Neckar-Zeitung« über die Studentenbewegung, vor allem durch den Chefredakteur Hermann Knorr und den Lokalredakteur Karl Stauder. Knorr etwa schrieb 1968 in der RNZ:

Wir warten gerne ab, was die … Großaktionen im Sommer bringen werden: Flugblätter, Demonstrationen mit Schlag-

abtausch, go in mit Hausfriedensbruch oder ehrlichen Dialog. Vielleicht kommt doch einmal der Tag, an dem mit den Studenten des SDS nicht mehr in ihrer Ganovensprache, sondern gut deutsch zu sprechen sein wird.

Was mit »Schlagabtausch« gemeint war, sollten wir bald schon am eigenen Leibe spüren. Ebenso was es bedeutet, wenn mit uns »gut deutsch« gesprochen wurde. In einem Beschluss des Studentenparlaments hieß es äußerst zutreffend:

> Mit der Entstehung und dem Anwachsen der antiautoritären Revolte steigerten sich die Angriffe der Lokalpresse zur kaum noch getarnten faschistischen Hetze. Es ist nicht zufällig, dass dabei ein alter Nazi, Stauder, Chef der Lokalredaktion der RNZ, sich als treibende Kraft erwies ... Die allgemeine und gefährliche Tendenz der Berichterstattung ... ist, dass man die linken Oppositionellen zu Kriminellen und Faschisten zu stilisieren versucht, damit man als der Faschist, der man immer war, sich verhalten kann – unter dem Deckmantel des Antifaschisten.

Anfang Dezember 1968 wurde in der ganzen Stadt Heidelberg ein Flugblatt verteilt – ich besitze es noch –, das durch abgedruckte Dokumentkopien bewies, dass Stauder »Gaupresseamtsleiter« von Franken und Lokalredakteur der »Fränkischen Tageszeitung« war, die von Julius Streicher gegründet wurde und im selben Haus wie das berüchtigte antisemitische Hetzblatt »Stürmer« gedruckt wurde. Da waren namentlich von Stauder verfasste Artikel zu sehen mit Schlagzeilen wie »*Alles Große wird durch Kampf! – Julius Streicher bei der Maifeier der Belegschaft des Stürmers und der Tageszeitung*«, »*Warum der Jude Deutschlands Todfeind für alle Zeiten ist*«, »*Volltreffer ins Lügenmaul*«. Garniert war das Flugblatt mit Zitaten seiner gegenwärtigen Hetze gegen Studenten in der RNZ, die bis in den Wortlaut hinein Parallelen zu seiner damaligen antisemitischen Hetze aufwiesen. Dieses Flugblatt – sonst hätte ich es nicht aufgehoben – erschien mir wie vielen anderen signifikant einen Zusammenhang aufzudecken, der für die ganze Geschichte der jungen Bundesrepublik Deutschland kennzeichnend war: Dass es keine distanzierende Aufarbeitung der Nazi-Vergangenheit gegeben hatte und es eine personelle Kontinuität an allen Schaltstellen der Gesellschaft gab – z. B. in Politik (Adenauers Staatssekretär Globke!), Verwaltung, Justiz, Schulen, Universitäten und eben auch in den Medien.

Die Reaktion der RNZ auf dieses Flugblatt beschreibt Dietrich Hildebrandt so:

> *»Es ist soweit«, antwortete der Herausgeber der RNZ Dr. Hermann Knorr »in eigener Sache«: »AStA bedroht RNZ« und »erklärt den offenen Kampf gegen die Heidelberger Tagespresse«. Die Vorwürfe gegen den Lokalredakteur Karl Stauder wurden als »Wust von Dokumentation« zurückgewiesen, Karl Stauder zu einem Gegner der Nazis erklärt und »Persilscheine«, d. h. alte Zeugenaussagen aus dem Entnazifizierungsverfahren zitiert, das Stauder als »Minderbelasteten« auswies. Im Übrigen seien, so Hermann Knorr, »Studenten, die nicht sagen können, wo sie selbst im Dritten Reich gestanden hätten, wohl nicht berufen, den Stab über alte Nazis zu brechen«. Es gab kein klärendes Wort, nicht einmal einen Ausdruck des Bedauerns zu den vielen Artikeln Stauders, die der SDS dokumentierte, darunter z. B. einen, in dem Stauder die Benennung des Pfälzer Weinjahrgangs 1935 zu Ehren der Nürnberger Rassengesetze als »Rassereiner« begrüßt hatte.*

Die Witwe Heinz-Eduard Tödts, Ilse Tödt, hat unter dem Titel *Provokation und Sanftmut – Tagebuchbriefe aus den 1968er Studentenunruhen in Heidelberg* die Geschehnisse aus einer Art »Groupie«-Perspektive für ihren Mann beschrieben, den sie »Tede«

nennt. Ob man so etwas veröffentlichen soll, ist wohl eher eine Geschmacksfrage. Dem Andenken von Heinz-Eduard Tödt setzt es jedenfalls keine Krone auf. So bezeichnet sie den Theologen und zeitweiligen AStA-Vorsitzenden Meinhard Schröder als »Chefideologen« des SDS, was er ganz gewiss nicht gewesen ist. Aus welch naivem Erleben das alles daherkommt, zeigt sich am Eintrag vom 3. November 1968:

> *Der SDS-Chefideologe von Heidelberg war schon vor zwei Semestern mit mir zusammen im Rezensionskreis gewesen; er zeigt keinerlei Neigung, gegen mich oder Tede revolutionieren zu wollen ... da hat sich Tedes Einsatz im Sommer erfreulich vermenschlichend ausgewirkt.*

Wenig später heißt es nicht weniger naiv:

> *Dieses Semester waren ... wieder viele unbekannte Studenten gekommen. Die Bärtigkeit hatte etwas abgenommen. Ich glaube, es war nur ein Bärtiger da, und der war sehr sauber gepflegt und redete erstaunlich treffende kluge Dinge.*

Es bleibt aber nicht nur bei der unfreiwilligen Komik. Im Eintrag vom 8. Dezember 1968 »reflektiert« sie den Polizeieinsatz vor der *Rhein-Neckar-Zeitung*. Auf einem teach-in von AStA und SDS wurde von etwa 1000 teilnehmenden Studenten beschlossen, noch in der folgenden Nacht, die Auslieferung dieser Zeitung zu blockieren. So sollte ein Zeichen gegen die Desinformation und die nazistische Art der Berichterstattung von Stauder & Co gesetzt werden. Es kam zu schweren Zusammenstößen mit der von außen »eingeflogenen« Bereitschaftspolizei und einem brutalen Schlagstockeinsatz vor den belagerten Verlagseingängen. Diesmal war ich auch dabei. Darüber weiß Frau Tödt vom Hörensagen zu berichten:

> *Die jungen Polizisten wandten dann auch ziemlich schnell heftig und hässlich Gewalt an ... Die verprügelten SDS-Funktionäre liefen mit geradezu glücklichen Gesichtern über*

die Plätze; die Frau von Tedes Famulus Siemers schilderte nachher, wie verzückt sie dahingetorkelt wären – nun wo sie tatsächlich »Märtyrer« geworden waren.

Das war nicht mehr komisch, sondern einfach nur bösartig und dumm. Es war eine schlimme Entstellung der tatsächlichen Geschehnisse jener Nacht, über die ich nun als Augenzeuge berichten will: Was mir noch in unmittelbarer Erinnerung geblieben ist und, was ich in einem Brief darüber geschrieben habe:

Wir zogen im Demonstrationszug durch die Hauptstraße bis vor die Geschäftsstelle der RNZ. Neben mir marschierte zu meiner Freude Peter Brückner, der mutige Sozialpsychologe – später völlig abwegig als RAF-Sympathisant verdächtigt und deswegen zeitweise suspendiert. Wir sprachen nicht viel miteinander. Denn vor uns und neben uns hatte sich eine Rockerbande eingefunden, die Fahrradketten schwang und die Demonstranten anmachte und bedrohte. Ob sie hier waren, um einfach nur Gelegenheit zu haben auf den Putz zu hauen? Viel später erst kam mir der Gedanke, dass sie wahrscheinlich von jenen Kreisen rekrutiert waren, die in der aufgehetzten Situation jener Tage in Heidelberg eine faschistisch angehauchte »Bürgerwehr« gegründet hatten. Wir werden noch von ihr hören.

Einen von ihnen sprach ich leichtsinnig an: »Komm, pack die Fahrradkette weg. Wir wollen heute Abend völlig gewaltlos vorgehen.« Als Antwort erhielt ich einen Fausthieb mitten ins Gesicht. Peter Brückner, den ich hilfesuchend ansprach, blickte nur in eine andere Richtung – und tat recht damit. Dann ging es los mit dem brutalsten Polizeieinsatz, den ich bis dato erlebt hatte. Ich schilderte ihn in einem Brief an meine Mutter, den ich in ihrem Nachlass fand:

Ich habe zum ersten Male den Terror der Polizei miterlebt: Ich werde nie das Klatschen der Schlagstöcke, die blutüberströmten Gesichter, das eigene Gefühl der Ohnmacht vergessen. Der frühere AStA-Vorsitzende Schröder lag am

Boden: *Wütend trat ihm ein Beamter in die Genitalien – zwei Stunden blieb er bewusstlos. Als ich einen knüppelnden Polizisten in ohnmächtigem Zorn »Nazi-Schwein« titulierte, hieb er mir mit dem Handrücken ins Gesicht. – Hinterher diskutierten einige von uns mit ihnen: Natürlich hatte keiner von ihnen geschlagen, nur sie waren geschlagen worden. Am Montag wird man d a s in der Zeitung lesen. Warum sie geknüppelt hatten? Weil es um die Ordnung ging. Worum es uns ging, das wussten sie nicht.*

Für mich war das ein einschneidendes Ereignis, das mich nicht wieder losgelassen hat: Zu welch brutalen und völlig unverhältnismäßigen Mitteln die Autoritäten dieses Staates griffen, um nachgewiesene Nazis aus dem Propagandabereich des Dritten Reiches zu schützen, die so weiter machen konnten wie vorher, ohne jegliche Reue und Buße. In wie vielen solcher Seilschaften ging es ähnlich zu? Vielleicht auch in der Kirche? Dietrich Hildebrandt brachte es auf den Punkt, als er sagte, ... *dass die rebellierenden Studenten gerade von denjenigen als »die neuen Nazis« bezeichnet wurden, die selbst vorher bei den wirklichen Nazis dabei gewesen waren und keine klärende Rechenschaft darüber abgelegt hatten.* Als Landpfarrer sollte ich später diese Netzwerke noch als durchaus lebendig kennenlernen...

Die Ereignisse dieser Nacht fanden ihren Widerhall sogar in einer Klausur, die ich während des schriftlichen Examens der theologischen Aufnahmeprüfung wenig später in Landau schrieb. Ich besorgte sie mir jetzt, da sie mehr als 47 Jahre zurückliegt, beim landeskirchlichen Archiv in Speyer, das mir zu meiner freudigen Überraschung Kopien meiner Niederschrift im Fache »Ethik« zur Verfügung stellte. Es ist schon eigenartig, die eigene Handschrift nach so vielen Jahren wiederzusehen – zudem versehen mit den danebenstehenden handschriftlichen Kommentaren des damaligen Korrektors Oberkirchenrat Heinz Kronauer, die ich nie gesehen hatte. – Das Thema der Klausur lautete: *»Die Bedeutung, Begrün-*

dung und Begrenzung von Autorität ist unter theologisch-ethischen Kriterien darzulegen.« Das Thema lag damals förmlich in der Luft. Ob auch die Frage dahinter gestanden hat, ob dieser Studentenjahrgang 1969 auch kirchliche Autorität in Zweifel stellen würde …? Ich kam gleich zur Sache:

> *Die Bedeutung von Autorität ist nicht abstrakt erfassbar … Man muss es einfach erfahren haben, was es heißt, wenn Autorität gleichsam sinnlich spürbar wird. Man gehe einmal zu einem Studenten, der dagegen protestiert, dass in einer einflussreichen Zeitung ein ehemaliger Gaupresseleiter und Gefolgsmann Julius Streichers Hetzartikel gegen Studenten schreibt; man gehe zu diesem Studenten, der deswegen gerade von der Autorität niedergeknüppelt worden ist und dessen Blut aus einer Platzwunde am Kopf sickert; man gehe zu ihm – und beklage die Autoritätskrise der Gegenwart. Das Lamentieren über diese Krise kann hier in der Tat nicht weiterführen.*

Daraus folgerte ich:

> *Es ist zu fragen, warum jenes so selbstverständliche Gesetz von notwendiger Über- und Unterordnung heute so unlegitimiert und brutal angewandt – und so konsequent und leidenschaftlich verachtet wird. Dieses Problem stellt sich heute in der ganzen Welt. Doch hat es in Deutschland sicher seine besonderen Wurzeln: Jene Generation, die Faschismus und Krieg erfahren hatte, erlebte nach Kriegsende einen Umlernprozess, der überraschend schnell funktionierte: Aus einem Volk von autoritätshörigen Faschisten wurde – so schien es – ein Volk von überzeugten Demokraten. Doch wo war der seelische Ballast geblieben, der sich notwendig aus der Konfliktsituation einer so verheerenden Niederlage ergeben musste? Unmerklich fast fand hier ein seltsames Übertragungsphänomen statt: Die eingetrichterte faschistische Ideologie fand einen Kanal im Antikommunismus. Das Gefühl*

der Niederlage konnte dem Gefühl der eigenen Wichtigkeit weichen: Es entstanden die antikommunistischen Sonntagsreden und der Berliner Frontstadtmythos.

Hier hatte ich mich ohne Quellenangabe auf die Thesen in Alexander und Margarete Mitscherlichs Buch *Die Unfähigkeit zu trauern* bezogen, das 1967 erschienen war, die ich hier nun in meinen Worten wiedergab. Davon ausgehend, konnte ich über die »Begründung« von Autorität ganz im Geiste jener Zeit bilanzieren:

Hieraus ist das Fazit für unsere Problemstellung zu ziehen: Demokratie, die in einem »Überzeugungsprozess« (Hartmut von Hentig) wächst, ist in Deutschland nicht gewachsen, sondern sie ist importiert worden als nur formale Legitimation der alten Strukturen. Insofern konnte auch Autorität nicht neu entstehen, sondern sie musste behauptet werden! Dass hier ein Widerspruch zwischen formalem Anspruch und überzeugender Darstellung besteht, ist der Ausgangspunkt jener tiefen Entfremdung zwischen der »Autorität« und der »antiautoritären Bewegung«.

Man spürt es aus den Randbemerkungen: Oberkirchenrat Kronauer schien nicht besonders einverstanden mit dieser Art von Gedankenführung, auch wenn ein gelegentliches an den Rand gekritzeltes »gut« darüber hinwegtäuschte. Seine Benotung mit 1,5 ließ aber darauf schließen, dass er die Zeichen der Zeit darin durchaus erkannt hatte.

In Bezug auf dieses Thema hat Peter Brückner in seinem 1976 erschienenen Aufsatz *Zur Pathologie des Gehorsams* Richtungsweisendes gesagt:

Die Mörder, deren Sprache schon wieder unter uns laut zu werden beginnt, folgten nicht einer Stimme des Blutes, sondern dem Befehl; sie rekapitulierten kein gen-gespeichertes Sozialverhalten, sondern waren gehorsam ... Das gesamte

Phänomen »Deutschland unter Hitler«, dessen Vergegenwärtigung uns nachts nicht schlafen lässt, ist überhaupt erst einer Analyse zugänglich, wenn wir einräumen, dass solche menschliche »Natur«, dieses Verhalten nicht vererbt werden, sondern dass sie konstituiert sind von der Wirksamkeit aktueller Kräfte im sozialen Feld und dann von gemeinsamen Traditionen – beginnend mit der Sprache, endend bei nichtformulierten, fast mythisch anmutenden Bereitschaften, der Macht des Stärkeren sich zu fügen, Befehlen zu folgen und einmal eingeschliffene Ausführungsgewohnheiten nie mehr in Frage zu stellen.

Das war es wohl, was die zwölfjährige Dauer des »Tausendjährigen Reiches« so lange noch nachwirken ließ.

Die Examenspredigt

Am Heiligen Abend 1967 besuchte eine Hand voll linker Studenten die Mitternachts-Christvesper in der Westberliner Kaiser-Wilhelm-Gedächtniskirche. Mit Transparenten (»Helft dem Frieden – helft Vietnam«), dem Foto eines gefolterten Vietcong und dem Bibelvers aus Matthäus 25, 40: »Was ihr getan habt einem unter diesen meinen geringsten Brüdern, das habt ihr mir getan.« Was dann geschah schildert der SPIEGEL (Kirche: Sache der Elenden, DER SPIEGEL, Nr. 1/1968) so:

... die christfestlich gestimmte Gemeinde ... zeigte kein Verständnis für den ungehobelten Appell an ihr christliches Gewissen. Erst wurden Rufe laut: »Schämt euch«, »wascht euch erst mal«, »Raus, ihr Schweine«. Sodann säuberten Kirchendiener und Kirchenbesucher das Gotteshaus. Sie entrissen den acht unerwünschten Kirchgängern die Plakate, boxten sie zum Ausgang und traten den Matthäus-Vers mit Füßen.

In der Kirche war auch Rudi Dutschke, der an der Aktion nicht beteiligt, wohl aber darüber informiert worden war. In diesem Moment erhob er sich und stieg auf die Kanzel. Der SPIEGEL berichtet weiter:

> *»Liebe Brüder und Schwestern ...« Weiter kam er nicht: Der FU-Doktorand ... wurde von vier kräftigen Christen bedrängt. Dutschke, früher einmal ... geübter Stabhochspringer, entwich mit einem Satz über die gut zwei Meter hohe Kanzelbrüstung ... Erregte Christen bedrängten den studentischen Revolutionär. Die Versehrtenkrücke des Neuköllner Diplom-Ingenieurs Friedrich Wachau, 59, traf ihn am Schädel und riss eine 3,5 Zentimeter lange Platzwunde.*

Er musste ins Krankenhaus gehen, um die Wunde nähen zu lassen. Es war ein Vorgeschmack auf das blutige Attentat des Josef Bachmann – wenige Monate später. Die Deutsche Presseagentur dpa übernahm den Polizeibericht, in dem wahrheitswidrig zu lesen war, Rudi habe unter Alkoholeinfluss gestanden, und Wachau, der Mann mit der Krücke, habe sich durch ihn bedroht gefühlt ... – War das die Wirklichkeit der Kirche, in der ich nun bald dienstverpflichtet sein würde?

Auf diesem Hintergrund, mitten im »Heidelberger Winter« (Dietrich Hildebrandt) 1968/69 musste ich jetzt meine überhaupt erst zweite Predigt schreiben, die vor der theologischen Aufnahmeprüfung bei der pfälzischen Landeskirche nebst Auslegung und Meditation vorzulegen war. Ich durfte mich als Examensanwärter nun als »cand. theol.« bezeichnen und hatte den »stud.theol.« hinter mir gelassen. Es war die Zeit des »Stadthallenprozesses«, der Auseinandersetzung der Studenten mit der Justiz, des »wilden Polizeieinsatzes im AStA« und der Gefangennahme der studentischen »Rädelsführer«. Es herrschten bürgerkriegsähnliche Zustände in Heidelberg und ich hatte klar Partei für die politisierten Studenten ergriffen. Schließlich hatte ich ja immer schon zur »Opposition« gehört (s. Band I, S. 123 ff.) ...

Überhaupt nicht unbeeindruckt davon ging ich ans Werk. Zunächst aber machte ich eine Entdeckung: Ich fand und las Teilhard de Chardins »Lob des Alls – Die Messe über die Welt – Die geistige Potenz der Materie«. Der jesuitische Naturwissenschaftler und Theologe (1881–1955) hatte – stark von Henri Bergsons *L'évolution créatrice* beeinflusst – ein neues »integrales« Weltbild entworfen, in dem Geist und Materie, Wissen und Glauben keine Gegensätze mehr waren, ausgehend vom Gedanken einer immer noch fortschreitenden Evolution, einer *creatio continua*. Faszinierend der Gedanke eines »Punktes Omega«, auf den wir durch immer größere Komplexität und andauernde Konvergenz zusteuern, uns als Menschen auf Christus zu immer weiter »humanisierend«. Das klingt wie die Bibelstelle, die Ernst Bloch die Liebste war: *... wir sind nun Gottes Kinder, und ist noch nicht erschienen, was wir sein werden. Wir wissen, dass wenn er sich offenbart, wir ihm ähnlich sein werden, weil wir ihn sehen werden, wie er ist.* (1. Johannesbrief 3, Vers 2). Teilhards Gedanken fanden Aufnahme in meine Predigt, die ich nun ungekürzt und zunächst ohne weitere Kommentierung wiedergebe.

Von den zur Auswahl stehenden Bibeltexten wählte ich Genesis, Cp. 8, V. 20–22, den ich natürlich selbst übersetzte:

<u>Übersetzung von Gen. 8, 20–22</u>

V. 20 Noah aber baute dem Herrn einen Altar;
dann nahm er von allen reinen Tieren und Vögeln
und brachte auf dem Altar Brandopfer dar.

V. 21 Als Jahwe den Geruch der Beruhigung roch, sprach er bei sich selbst: Ich will ab jetzt die Erde nicht mehr um des Menschen willen als verflucht bezeichnen, (wie ich es getan habe), weil das Machwerk der menschlichen Gedanken seit je her Böses bewirkt. Ich will ab jetzt auch nicht mehr alles Lebendige vernichten, wie ich es getan habe.

V. 22 So lange die Erde noch besteht, sollen nicht aufhören Saat und Ernte, Kälte und Hitze, Sommer und Winter, Tag und Nacht.

Die Predigt über Gen. 8, 20–22
I Predigtanfang

Liebe Gemeinde!

Erntedankfest – so scheint es – ist ein optimistisches Fest: Jubel über das Wachsen und Gedeihen der Natur, die mit Sicherheit dem goldenen Herbst der Erntezeit entgegen geht. Sollten wir nicht einstimmen in diesen Lobgesang, um Dank zu sagen für die Ordnung und Schönheit dieser Welt?

II Hauptteil
a Der Anfang

Dies hat auch Noah getan – freilich auf seine Art. Indem er Gott ein Dankopfer darbrachte. Noah dankte Gott, weil er ihn und seine Welt vor dem Untergang bewahrt hatte – nach einer Geschichte voll von Sünde und Mord, die schließlich in jenem sagenhaften Geschehen der Sintflut ihr Ende fand.

Hier spätestens begreifen wir, das der Dank des Mannes Noah doch recht wenig mit Erntedankfestjubel gemeinsam hat: Noah ist nicht satt. Er ist ein Mann, der eine Katastrophe hinter sich hat. Eine Katastrophe, die ihn an den Rand seiner Existenz geführt hat, sodass er die chaotische Ungeborgenheit dieser Welt kennenlernen musste. Noah befindet sich in der Ursituation eines Menschen, der noch einmal davongekommen ist: Die Freude, neu beginnen zu können, die Welt als vor sich liegende Aufgabe zu begreifen – all dies bewegt ihn.

Wir alle haben ja unsere kleine oder große Katastrophe hinter uns. Wir können ermessen, wie in jenem Augenblick danach die Welt sich zur Einheit verdichten und verklären kann. Eine solche Ursituation schilderte der französische Naturwissenschaftler und Jesuitenpater Teilhard de Chardin: Während einer wissenschaftlichen Expedition befand er sich in der Wüste. Es war ihm unmöglich, die Messe zu feiern. Es muss ein Moment grenzenloser Einsamkeit gewesen sein. Da kam ihm ein ungeheuerlicher Gedanke: Plötzlich sah er das ganze Universum als Christusleib. Alle Materie wurde vom Geheimnis der Eucharistie durchwaltet. Christus wurde ihm zum physischen Zentrum der Schöpfung. Er konnte sagen: »Wer leidenschaftlich Jesus verborgen in den Kräften geliebt hat, die die Erde sterben lassen, den wird die Erde in ihre Riesenarme schließen, und mit ihr wird er im Schoße Gottes aufwachen.«

Und wie Noah sein Dankopfer, so zelebrierte Pater Teilhard in der Wüste seine Messe über die Welt.

b Die Gegenwart

Doch bevor wir einstimmen in Pater Teilhards Lobgesang des Alls, müssen wir auf die Begleitmusik hören: Das Krachen der vielen Bomben seit Hiroshima, die Schreie der Verdammten dieser Erde in Harlem und Biafra, in Bolivien und Neu-Delhi.

»Ich will der Präsident sein, der mithalf, die Hungernden zu ernähren ...«, sagte Präsident Johnson 1965. »Ich will der Präsident sein, der mithalf, die Kriege zwischen den Menschen dieser Erde zu beenden.« Das Ende ist bekannt: Dem Präsidenten, der die kleinen Kinder lehren wollte, die Wunder ihrer Welt zu verstehen, ihm schleuderte man alsbald in aller Welt entgegen: ›Hey, hey, LBJ, how many kids did you kill today!?‹ (wie viele Kinder hast du heute umgebracht!?).

Ja, auf dieser Erde liegt der Fluch. Alle Selbstgerechtigkeit der Herrschenden kann uns darüber nicht täuschen.

Stets noch wird der menschliche Genius in den Dienst von Aggression und Ausbeutung gestellt. Immer wieder werden die großen Erfindungen – unser Text nennt sie »das Machwerk der menschlichen Gedanken« – zum Kriegsspielzeug der Mächtigen. *Aller technischer Fortschritt bewirkt doch nur, dass die reichen Nationen noch reicher, die armen Völker aber noch ärmer werden.*

Ein amerikanischer Naturwissenschaftler glaubte, eine wirksame Lösung des Rassenproblems in den USA gefunden zu haben. Er hatte beobachtet, dass die Rassenunruhen jeweils dann am stärksten auftraten, wenn die Sonne gar zu unerträglich auf die Neger-Slums herniederbrannte. Deshalb propagierte er den Einbau von Ventilatoren: Dann würden auch die Neger wieder zufrieden sein...

Solche Herren scheren sich nicht um die Bedrückung und Not dieser Welt: Die Ventilatoren werden zum Sinnbild jener herrschenden Anschauung, die unter Frieden nichts anderes als »Ruhe und Ordnung« verstehen kann.

Doch wenn wir hier mit dem Finger zeigen, so sollen wir doch wissen, dass die restlichen vier Finger auf uns zurück verweisen. Mit uns, die wir uns Christen nennen, hat der polnische Regisseur Roman Polanski in seinem Film »Rosemaries Baby« abgerechnet:

In der sterilen Atmosphäre einer New Yorker Etagenwohnung wird ein Kind geboren. Und was man während des Films als hirnverbrannten, abergläubischen Spuk abtun möchte, das steht am Ende fest: Das Kind ist der fleischgewordene Sohn des Satans. »*Er kam aus der Hölle und zeugte einen Sohn mit einer sterblichen Frau. Er soll die Mächtigen besiegen und ihre Tempel zerstören! Er soll die Verachteten retten und Rache üben im Namen der Verbrannten und Gefolterten!« Eine Heilsgeschichte: Einmal in Schwarz.*

Doch nicht ohne tiefere Bedeutung: Noch immer wird verbrannt, noch immer wird gefoltert. Während Papst Paul in New York für den Frieden in Vietnam betet, reist sein Kardinal Spellman nach Vietnam, um die Waffen zu segnen. Nichts ist geschehen. Die Erde hat sich noch immer nicht bewegt: Obwohl doch Gott seinen Sohn in die Welt gesandt hat, um die Verlorenen und Verachteten zu erlösen. So versuchen es die Verachteten nun einmal mit dem Widersacher – viel schlechter als in den 2000 Jahren christlicher Geschichte kann es ihnen auch nicht ergehen...

Ein trauriger, ein verzweifelter und ein resignierter Film.

Wo ist noch Raum für Gnade in dieser Welt? Sollten wir nicht angesichts des Fluches resignieren: Nach uns die Sintflut?!

c Die Zukunft

Nach der Sintflut versprach Gott, seiner Welt die Treue zu halten, sie nicht wieder ins Chaos zurückversinken zu lassen. Was er damals nur ganz verborgen in einem Selbstgespräch enthüllte, dass er den Fluch auf dieser Erde nicht wahrhaben wolle, das ist später zur Wirklichkeit geworden in Jesus Christus. Gott hat uns in dieser Welt nicht allein gelassen; er ist Mensch geworden, um mit uns den Fluch zu tragen. Und das ist ja noch längst nicht alles: Die Solidarität und die Humanität Gottes liegen als Verheißung über dieser Welt. Seitdem warten wir auf den neuen Himmel und die neue Erde, auf jenes Friedensreich Gottes, das vor uns liegt. Als Wanderer zwischen zwei Welten halten wir Ausschau nach der Zukunft, um das Vergangene hinter uns zu lassen.

Doch tun wir dies nicht, um diese fluchbeladene Welt ihrem Schicksal zu überlassen: Vielmehr kommt alles darauf an, dass wir in unserer vergehenden Zeit die Kräfte des Reiches Gottes mobilisieren; dass wir die Verheißungen wahr sein lassen, indem wir uns mit der Welt solidarisch erklären;

dass wir uns verbünden mit all jenen, die gegen eine Zementierung der bestehenden Verhältnisse kämpfen; dass wir eintreten für die Armen und die Verdammten dieser Erde; dass wir es nicht zulassen, dass die Abgestempelten in den Gaskammern der Ewiggestrigen enden.

Wenn wir ein wenig von der Humanität Gottes in dieser Welt verwirklichen, dann mag auch jene Freude wiederkehren, die der Mann Noah spürte, als die unberührte Welt wie ein beginnender Tag vor ihm lag.

Der aus Ludwigshafen stammende marxistische Philosoph Ernst Bloch hat dies mit anderen Worten gesagt: »In der Welt muss man selber nach dem Rechten sehen, als einem zu Erwartenden und Betreibbaren; dann ist Segen dabei und Optimismus mit Trauerflor, kämpfend.«

III Predigtskopus

Erntedankfest, liebe Gemeinde, ist deshalb ein optimistisches Fest: Jubel darüber, dass diese Welt eine vergehende ist, und dass es uns geschenkt ist, »unversiegbaren Sommer« im Herzen tragend – wie der französische Philosoph Albert Camus das genannt hat – dem Reiche Gottes entgegenzugehen.

Amen

Der »unversiegbare Sommer« kommt hier recht unvermittelt und ist meine späte Referenz an Albert Camus, der mich in meiner Adoleszenz so sehr bewegt hatte (s. Band I, S. 201 ff.). Überraschend vielleicht auch die Erwähnung der Gedanken des Jesuitenpaters Teihard de Chardin, der in der Eucharistie, für ihn die universelle Materialisierung des Leibes Christi, spirituelle Kraft gewinnt. Welche Aktualität diese Gedanken später noch bekommen sollten, war mir damals nicht bewusst. In einem Vortrag während des Ökumenischen Kirchentages 2010 in München mit dem Titel »Spiritualität des Kampfes für eine andere Welt – eine Kultur des Lebens für alle« (2010) scheint bei dem evangelischen Sozialethiker und Tödt-Schüler Ulrich Duchrow – ohne Teilhard zu erwähnen – solche Sicht der Dinge wieder auf:

Dies ist der Horizont für eine Spiritualität des Kampfes heute: eine Kultur des Lebens zu entwickeln, die gekennzeichnet ist durch gelingende Beziehungen. Es geht bei dieser Spiritualität nicht um Bewusstseinserweiterung oder seelische Überhöhungen von einzelnen Individuen. *Es geht um gemeinschaftliche Vollzüge – für uns ChristInnen eigentlich keine Überraschung, wenn wir denn keine modernen Heilsegoisten sind, sondern uns am Leib Christi, insbesondere in der zentralen Feier der Eucharistie, orientieren. Leib Christi ist aber als Vorgriff auf die Einheit der Menschheit in Bezug auf den ganzen Kosmos zu sehen.*

Über die Aufnahme dieser Predigt durch die Prüfungskommission wird noch zu reden sein. – Die Predigt selbst besaß ich nicht mehr und besorgte sie mir nach 47 Jahren aus dem Archiv der Protestantischen Landeskirche in Speyer. Als ich sie jetzt wieder las, war ich überrascht von der fast ungestümen Zuversicht, die hinter diesen Zeilen zu erkennen war und über die horizontale Gleichsetzung des Reiches Gottes mit dem damals (und heute?) angesagten internationalen Befreiungskampf. Dass ich mit dieser Zuversicht nicht alleine stand, mag eine kleine recht unbedeutend erscheinende Begebenheit belegen:

Wir standen auf den Stufen vor der Neuen Universität, direkt unter der Aufschrift »Dem lebendigen Geist«, der nun kein allein »deutscher Geist« mehr war. Ein kleines Häuflein waren wir nur, und worum es ging, weiß ich nicht mehr. Ein gewisser Frank von Auer sprach, später Gewerkschaftler, Jungsozialist und SPDler. Er beendete seine Rede mit Worten, die ich nie vergessen habe: »Wir haben Hoffnung für diese Welt!«

Diese Hoffnung ist es zweifellos gewesen, die dafür gesorgt hat, dass die »68er Bewegung« so viel bewirken und – trotz vieler Abtrünnigkeit – einen so langen Atem behalten konnte.

Stadthallenprozess und wilde Polizeiaktion

Der Winter 1968/69 war besonders kalt und schneereich. Ilse Tödt schrieb in ihrem Tagebuchbrief an ihre Eltern vom 6. Januar 1969: *Die Sonne kriecht gerade durch die Bäume ... drüben auf der anderen Neckarseite bescheint sie die verschneiten ehemaligen Weingärten. Die Dächer der Altstadt sind auch noch weiß. Bei uns liegt der Schnee recht hoch.* Zumindest ihre meteorologischen Beschreibungen sind exakt und unwiderlegbar ... Fest steht aber auch, dass dieses Wintersemester 1968/69 Heidelberg in das Zentrum der Studentenbewegung rückte. So konnte die Neue Zürcher Zeitung im Februar 1969 schreiben, dass die Universität Heidelberg offenbar zu einem Brennpunkt der Studentenrevolte geworden sei. Die Frankfurter Allgemeine nannte sie sogar in ihrer Ausgabe vom 10. Februar 1969 eine »Zitadelle des Aufruhrs«. Der SPIEGEL witzelte: »Heidelberg hatte seine Berlinale«.

Hauptgrund dafür waren die Geschehnisse rund um den »Stadthallenprozess«. In dem vom SDS Heidelberg herausgegebenem Flugblatt »Rote Kommentare« wurde der Anlass für den Prozess beschrieben – und ich lasse diese zweifellos parteiische Sicht über die im Januar 1968 in der Stadthalle stattgefundene Veranstaltung so stehen:

In der Veranstaltung »Studenten aus aller Welt singen und tanzen für Heidelberg« wollte der alleinherrschende Auslandsamts-Chef Zake den Heidelberger Honoratioren und diplomatischen Vertretern das Produkt seiner Arbeit vorführen: Die Neger und Gelben sollten beweisen, dass sie nach der Flöte derer tanzen, für deren Interesse sie einmal arbeiten sollen. Als einige ausländische Studenten verstanden, zu wessen Vergnügen sie auftreten sollten, und, unterstützt vom SDS auf Selbsthilfe sannen, verstanden die Herrschenden ihrerseits das völlig richtig: Als Angriff auf ihre Macht über das Bewusstsein der Unterdrückten. Die hysterische Reaktion der Presse (Fehlleistung Stauders: »Das hat Heidelberg seit 1933 nicht erlebt«), die prügelnden Honoratioren in der Stadthalle und die Antwort der Justiz bewiesen, dass Diskussion nur dann gewährt werden kann, wenn sie ungefährlich ist; dass sie als Gewalt verstanden und gewaltsam unterdrückt wird, wenn die Selbstdarstellung der Macht auch nur in Frage steht.

In der Diktion jener Zeit war hier nichts Anderes versucht worden, als die »Umfunktionierung« einer unpolitischen Veranstaltung für Honoratioren zu einer Diskussionsveranstaltung über die Ursachen der Verelendung in der Dritten Welt. Ein – wie ich noch heute finde – völlig legitimes Anliegen. Oberbürgermeister Zundel war es selbst, der – völlig überzogen – gegen die vermeintlichen »Rädelsführer« Anzeige wegen Land- und Hausfriedensbruch erhob.

Wie der »Kampf um die Erinnerung« (A. Mitscherlich) an jene Zeit noch heute die Gemüter – mehr oder weniger »wissenschaftlich« – bewegen kann, zeigt das 2009 erschienene Buch von Katja Nagel »Die Provinz in Bewegung«, das 448 Seiten umfasst. Es wurde in der freimütig erklärten Absicht geschrieben, die »Herrschenden« von damals – in erster Linie OB Zundel, Kultusminister Hahn, sowie die Heidelberger Justiz – zu rehabilitieren. Bei »amazon« schrieb ich eine Rezension, die ich hier wiedergebe:

»Dies ist keineswegs die einzige Darstellung der berühmten wilden Jahre in Heidelberg. (Das hatte ein anderer Rezensent angenommen). *Und auch nicht die beste. Geschrieben von einer 1973 Geborenen, die zum Zeitpunkt der wichtigsten Ereignisse noch nicht auf der Welt war. Ihre Absicht für die Abfassung dieses »Wälzers« gibt sie löblicherweise gleich in der Einleitung preis (S. 24): »... eine Annäherung an zeittypische Wahrnehmungs- und Verhaltensmuster auch der Protestgeschädigten auf der lokalen Ebene«. Das ist so, als schriebe jemand ein Buch über die Französische Revolution ausschließlich unter dem Bedeutungsaspekt ihrer Opfer. Für solche Apologien und Persilscheine wendet die Autorin viel*

Zeit und Mühe auf. Einer meiner Vorredner oder Vorrednerinnen meint nun daraufhin, den damaligen OB Zundel nachträglich als »liberal« und als Freund der aufmüpfigen Studenten bezeichnen zu dürfen. Ich habe ihn als Student damals ganz anders erlebt: Wie eine Personifikation des »autoritären Charakters« schlechthin ... Buselmeier machte ihn nicht zu Unrecht für den »Untergang Heidelbergs« verantwortlich ... – Frau Nagel nennt das beste und authentischste Buch über jene Jahre – Dietrich Hildebrandts »... und die Studenten freuten sich« – herabsetzend eine »lediglich apologetische Erinnerungsschrift« mit »Tendenz zur einseitigen Darstellung und zur Bagatellisierung von Rechtsbrüchen und Gewalttätigkeiten«. Den Nachweis für diese denunziatorische Behauptung bleibt sie im weiteren Verlauf völlig schuldig. Ihre Darstellung ist nichts weiter als der Versuch einer Ehrenrettung der damaligen Honoratioren der Universität, der Justiz und der Stadtverwaltung.«

Kein Wunder, dass ihr Buch deshalb von der »Buchreihe der Stadt Heidelberg« verlegt wurde.

Wie auch immer: Unter Umgehung des Amtsgerichts als »Tatsacheninstanz« kam die Sache gleich vors Landgericht. Auf diese Weise wollte die Heidelberger Justiz wohl der Stadtprominenz ein Berufungsverfahren in Heidelberg ersparen Die Justiz zeigte sich willfährig gegenüber den Honoratioren und der Landesregierung, deren vermeintlich reformfreudiger Kultusminister Hahn, von Hause aus Theologe, ein besonders uneinsichtiger Hardliner war. Zum 20. Dezember 1968 wurden die Beschuldigten vorgeladen: Volker Müller, Thomas Ripke, Jochen Noth, Günter Mangold und Burkhart von Braunbehrens (den Adelstitel hat er inzwischen abgelegt). Sie folgten der Vorladung jedoch nicht, weil sie darin eine »Terminwillkür des Gerichts« erkannten: So kurz vor Weihnachten seien nicht mehr genug Studenten da, um die Öffentlichkeit der Gerichtssitzung zu ermöglichen. Sie reisten nach Südfrankreich, wo einer von ihnen in den Cevennen, in der Nähe von Montpellier, einen verfallenen Bauernhof besaß. Gegen sie erging nun Haftbefehl.

Abbildung 14: Universitätsplatz im Winter: Vor der großen Demonstration (Foto: Stadtarchiv Heidelberg)

Anfang Januar kehrten sie zurück, als sei nichts geschehen: Sie aßen unangefochten – trotz Haftbefehl, Polizei und Interpol – in der Mensa und schliefen in den Räumen des AStA. Sie hatten vorher angekündigt, am 8. Januar um 15:00 Uhr vor dem Gericht zu erscheinen. Nach einem Teach-in in Hörsaal 13 nahmen sie am genehmigten (!) Demonstrationszug durch die Hauptstraße zu den Justizgebäuden teil, begleitet von mehr als 2000 Teilnehmern, geschützt durch Bauhelme und einen Kordon von Kommilitonen. Auch ich nahm an dieser bislang größten Demonstration in Heidelberg teil, welche die Verantwortlichen in Justiz, Polizei und Rathaus wahrscheinlich zur Weißglut gereizt hat. Es war ein kalter Wintertag, und es schneite unaufhörlich. Es war uns dabei durchaus bang zumute, da ein hartes Eingreifen der Polizei sehr zu vermuten war.

Immer wieder ertönten unsere Sprechchöre: »Die Angeklagten sind unter uns – holt sie euch«, »Steckt den Staatsanwalt in die Strafanstalt«, »Wer nicht tanzt für Heidelberg, wird am Ende eingesperrt«. Vor dem Justizgebäude wurde eine Delegation hineingeschickt, um mit Landgerichtspräsident Kohnle zu verhandeln und gegen den Haftbefehl zu protestieren. Sie kehrte ohne Gespräch und Ergebnis zurück. Ein Polizeirat hatte inzwischen die Angeklagten aufgefordert, herauszutreten, um sich dem erlassenen Haftbefehl nicht zu entziehen. Danach zog die Demonstration den gleichen Weg zurück, den sie gekommen war – unbehelligt von der Polizei, die offensichtlich auf bessere Gelegenheit zur Verhaftung wartete.

Abbildung 15: Vor dem Landgericht: Die Angeklagten Mangold, (l.) Ripke (hinten mit Helm) und Braunbehrens
(Foto: Stadtarchiv Heidelberg)

Die kam zwei Tage später. Der SPIEGEL (Nr. 4 1969) berichtete darüber so:

Am 10. Januar, morgens um 6 Uhr, rückten über hundert Polizisten und Kriminalbeamte, nebst einem Polizeihund, vor dem AStA-Quartier in Heidelbergs Grabengasse 14 an. Drinnen hockten die fünf und eine schlaftrunkene Gesellschaft von etwa 40 Sympathisanten. Außerdem hatten sich ein Fernseh-Kameramann, ein Reporter und die Redakteurin Gisela Medzeg vom örtlichen »Tageblatt« eingefunden.

Authentischer scheint mir die Schilderung zu sein, die ich in einem vergilbten Flugblatt vom selben Tage fand, das ich bis heute aufgehoben habe:

Wilde Polizeiaktion im ASTA

DIE FÜNF ANGEKLAGTEN VERHAFTET – SIEBEN WEITERE GENOSSEN FESTGENOMMEN – ALLE ZWÖLF INS LANDESGEFÄNGNIS NACH MANNHEIM VERBRACHT – HAFTBEFEHL GEGEN DIE SIEBEN BEANTRAGT – ASTA-RÄUME VON DER POLIZEI VERWÜSTET

Heute Morgen kurz vor 6:00 Uhr stürmte die Polizei (4 Mannschaftswagen, etwa 100 Uniformierte, etwa 20 zivile Bullen, 2 Hunde, 3 Feuerwehrwagen) die Räume des ASTA. Ohne jegliche Vorwarnung schlugen sie die Außentüren und eine Holzwand zum ASTA mit Äxten ein. Die Studenten hatten sich in den Gang gesetzt, um die Polizisten aufzuhalten und über den Haftbefehl zu diskutieren. Wieder ohne Vorwarnung knüppelten die Polizisten rücksichtslos auf die Sitzenden ein, die keinen Widerstand leisteten und nur versuchten, sich so gut wie möglich vor den Schlägen zu schützen. Bekannte SDSler wie Joscha Schmierer und Eberhard Becker vom Bundesvorstand wurden, nachdem ein höherer Beamter sie den prügelnden Polizisten kenntlich gemacht hatte, einer Sonderbehandlung unterworfen und geprügelt, bis sie bluteten. Anschließend wurden sie und andere, die vorne saßen, herausgezerrt und durch ein Spalier prügelnder Polizisten die Treppe heruntergestoßen und geschleift. Unten wurden sie in einen Polizeiwagen geschafft. Dem Fernsehreporter des Süddeutschen Rundfunks wurde die Kamera entrissen; der belichtete Film wurde zerstört. Mehrere Fotoapparate wurden ohne Quittung beschlagnahmt. Staatsanwalt Weidner sah dem lächelnd zu. Die Polizei hatte allen Grund, dafür zu sorgen, dass nichts an die Öffentlichkeit gelangt. Mit mutwilliger Brutalität brachen sie die Türen auf, obwohl ihnen die Schlüssel vom 2. AStA-Vorsitzenden ausgehändigt worden waren und obwohl einige Türen gar nicht verschlossen waren.

Die 5 Angeklagten, die sich im Auslandsreferat befanden … stellten sich freiwillig. Sie wurden die Treppe hinuntergeprügelt, der AStA-Vorsitzende wurde, weil er noch seinen Mantel anziehen wollte, besonders brutal geschlagen.

Ausgespart ist in dieser Darstellung, wie es der Journalistin Gisela Medzeg vom »Heidelberger Tageblatt« ergangen ist. Von meinen Freund Christoph Lindenmeyer, der dort freier Mitarbeiter war, hatte ich von ihr gehört. »Linde« hatte den Auftrag an Land gezogen, für das Tageblatt eine Interviewserie bei den politischen Studentenverbänden (»Wie sie sich sehen« – vom NHB – NPD-naher »Nationaldemokratischer Hochschulverband« – über den RCDS bis hin zum SDS) durchzuführen. Bei der Vorbereitung und bei den Interviews selbst zog er mich hinzu. Als Zeitdokumente sind die Interviews noch heute lesenswert. Linde hatte mir erzählt, dass Frau Medzeg innerhalb der Redaktion um Verständnis für die Positionen des SDS warb und immer wieder auf die Übergriffe der Polizei hinwies. Der SPIEGEL (Nr.4 1969) berichtete, wie es ihr in dieser Nacht erging:

Die Reporterin Gisela Medzeg, eine langmähnige Hosenträgerin, kam den Polizisten augenscheinlich wie eine Studen-

tin vor. Sie erinnert sich: »Als die Polizisten mich packten, rief alles: ›Presse, Presse‹.« Das galt den Beamten offenbar als List: Einer fasste die Journalistin an den Armen, einer an den Füßen, »einer riss mich an den Haaren, mit dem Kopf voran wurde ich die Treppen herabgestoßen.«

Dabei wurde sie ernsthaft verletzt und musste sich danach in klinische Behandlung begeben. Ich sprach jetzt mit ihr am Telefon. »Für mich«, sagte sie lachend, »ist diese Nacht ein Abenteuer gewesen.« Ein anderer Kollege vom »Heidelberger Tageblatt« hatte den Auftrag erhalten, über die sich abzeichnenden Geschehnisse zu berichten. Der sei aber am frühen Morgen nach der durchwachten Nacht müde geworden und habe das AStA-Gebäude verlassen. So habe sie seinen Part übernommen und entsprechend auch im Tageblatt berichtet und glossiert. Auf ihrem Rachefeldzug bedrohten die »Herrschenden« – wie wir sie damals nannten – ungeniert und ohne mit der Wimper zu zucken die Freiheit von Presse und Berichterstattung!

Gisela Medzegs Kollege Hans Peter Stockinger war gegen 5 Uhr gegangen, weil er nicht mehr glaubte, dass noch etwas geschehen würde. Frau Medzeg schrieb mir nun: »… als er danach am Polizeipräsidium vorbeikam, sah er die vielen Polizeiwagen und kehrte sofort um. Er hat den Übergriff dann von außen beobachtet.« Unmittelbar danach schrieb er einen Kommentar für das »Heidelberger Tageblatt«, der sehr denkwürdig die Reaktion der »besorgten Bürger« Heidelbergs reflektiert, noch am 11. Januar im »Heidelberger Tageblatt« erschienen:

Offenbarungseid in Sachen Scham

Ein Satz gilt den Bärtigen, den Langhaarigen, den Mädchen mit Plastikhelmen, den Demonstranten hinter den roten Fahnen: »Schämt euch!«

Zehnmal, hundertmal, tausendmal vom Straßenrand aus hingeworfen. Scham, wofür? Für die Forderung nach Freiheit für Gefangene? Für den Wunsch nach Menschlichkeit und Frieden? Für den Willen, die Welt von heute und morgen besser zu gestalten als die von gestern? Für das Verlangen nach Wahrhaftigkeit? Für den Protest gegen Willkür und Gewalt?

Kollektive Scham also: Nicht für die Generation, die über Auschwitz hinwegsieht, die mit Millionenzahlen von Menschenleben feilscht, die Minderheiten bis in den Tod verfolgt. Ohne Scham spricht man auf Heidelbergs Straßen von Vergasen. Ohne Scham beruft man die »Ordnung« einer verbrecherischen Diktatur als Vorbild. Ohne Scham sagt man Worte, die noch vor zwei Jahrzehnten für Millionen von Verfemten Schreckensformeln waren.

Ist das alles, was man noch übrig hat von den Resten spärlicher Demokratie-Lektionen der Nachkriegszeit? Gestern leisteten viele in Sachen Scham den Offenbarungseid.

Wie brutal und maßlos hier seitens der Staatsmacht die Verhältnismäßigkeit der Mittel überschritten wurde, wird deutlich, wenn auf den Ausgang der Prozesse geblickt wird: Die sieben im Laufe der wilden Polizeiaktion festgenommenen Studenten, gegen die Haftbefehl erging, wurden ein Jahr später alle freigesprochen; die Große Strafkammer des Landgerichts verurteilte die fünf Angeklagten im Stadthallenprozess am 15. Februar 1969 wegen gemeinschaftlichen Hausfriedensbruchs zu Gefängnisstrafen ohne Bewährung zwischen drei und zehn Wochen. Obwohl aus heutiger Sicht das letztere Urteil völlig überzogen erscheint, hatte doch der kreißende Berg nur eine Maus geboren…

Rechtsanwalt Horst Mahler ging im Plädoyer für die Angeklagten auch auf ihre politischen Motive ein: *Hausfriedensbruch und Landfriedensbruch seien seiner Auffassung nach lediglich »Funktionen zur Aufrechterhaltung einer vordergründigen Ordnung«, hinter der die »heillose Unordnung der Gesellschaft« sich verberge.* Solcher Argumentation sollte ich mich wenig später, in einem ganz anderen Zusammenhang, gerne erinnern…

Letzte Scharmützel

Diese Geschehnisse führten zu einer bisher nicht gesehenen Solidarisierung unter den Studierenden. Das galt auch für die, denen es etwas ausmachte, hinter einer roten Fahne her zu laufen. Bei den Wahlen zum Studentenparlament stieg die Wahlbeteiligung (54,2 %) um mehr als 11 %, und es ergab sich trotzdem eine weitere Stärkung des SDS, was niemand für möglich gehalten hatte.

Auch ich war vom Sog erfasst, der von dieser Solidarisierungswelle ausging. Als vor der Neuen Universität sich ein kleines Häuflein versammelt hatte, um etwas für die fünf im Landesgefängnis Mannheim Inhaftierten zu tun, war ich auch dabei. Volker Müller vom SDS schlug vor, die Veranstaltung »Der gefährdete Mensch« zu »besuchen«, die in einem Institut in der Friedrich-Ebert-Anlage stattfand. Wir waren zusammen nur sechs oder sieben Studenten, die sich auf den Weg machten. Als wir den vollbesetzten Saal betraten, in dem ein vorwiegend – aus unserer Sicht – älteres, bildungsbürgerliches Publikum versammelt war, erregte unser Eindringen Angst und Entsetzen. Das steigerte sich noch, als Volker Müller sich direkt an die Versammelten wandte: Die akademische, theoretische und schöngeistige Beschäftigung mit den Gefährdungen des Menschseins sei ja schön und gut; allerdings stelle sich diese Frage ganz aktuell und konkret hier in Heidelberg, wo gesellschaftspolitisch engagierte Studenten im Gefängnis landeten. Über diese Gefährdung sei nun und jetzt zu diskutieren. – Der Versammlungsleiter erklärte daraufhin kurzer Hand die Veranstaltung für beendet. Er werde Anzeige wegen Hausfriedensbruch stellen. Und dann defilierten sie wortlos an uns vorbei: In den Augen Wut, die nur durch Angst gezügelt war. Unbeeindruckt von der Drohung des Versammlungsleiters und sehr fröhlich kehrten wir zur Universität zurück. So einfach schien damals noch die »Revolution« zu sein ...

Heftiger ging es bei einer Spontandemonstration vor der Polizeidirektion in der Nacht vom 6. auf den 7. Februar 1969 zu. Den Hintergrund schildert Dietrich Hildebrandt so:

Während der ganzen folgenden Woche war Heidelberg Schauplatz heftiger Auseinandersetzungen zwischen Demonstranten und der Polizei, die offensichtlich Anweisung hatte, jede Ansammlung zu unterbinden. Taktisch war allerdings die Polizei den Demonstranten in den engen Straßen der Altstadt unterlegen. Ihre Angriffe trafen meist unbeteiligte Passanten. Greiftrupps der Polizei, Prügeleien gegenüber Einzelnen, meist Wehrlosen, willkürliche Festnahmen verstärkten eher die Empörung. Dabei kam es zu Vorfällen, die auch die linken Studenten in einem Rechtsstaat nicht für möglich gehalten hätten.

Die Nachricht traf uns am späten Abend des 6. Februar wie ein Schlag: Im Zuge solcher Auseinandersetzungen waren eine Reihe von Demonstranten festgenommen und in die Polizeidirektion unfern des Bismarckplatzes verbracht worden. Dort kam es in den »aus polizeitaktischen Gründen« abgedunkelten Räumen zu schweren, teilweise blutigen Misshandlungen. Eine Demonstrantin wurde sexuell belästigt, unter dem Vorwand eine »Waffendurchsuchung« vorzunehmen. Eine Gruppe von ca. 100 Studierenden, zu der ich auch gehörte, zog mitten in der Nacht vor die Polizeidirektion, um gegen die Festnahme zu protestieren und die sofortige Freilassung der Festgenommenen einzufordern. Ein schwerer Fehler, wie später zu erkennen war: Bei »Nacht und Nebel« prügelt es sich besonders leicht – wenn keine wachsame Öffentlichkeit zu befürchten ist.

Unvorsichtiger Weise bewegte ich mich in der ersten Reihe, an der Mauer vor dem Polizeigebäude, in dessen Räumen wir die wussten, die wir nun schon unsere »Genossinnen« und »Genossen« nannten. Als ich mit den anderen skandierte »Lasst die Gefangenen frei!« pöbelte uns ein neben mir stehender muskulöser Mann mittleren Alters an: »Ihr Ratten verschwindet am besten in eure Löcher, sonst setzt es was!« In der irrigen Annahme, mit solchem Gesindel noch diskutieren zu können, sprach ich ihn an und fragte ihn, ob er denn überhaupt wisse, worum es uns ginge. Als Antwort versetzte er mir einen Fußkick, der um Haaresbreite meinen Kopf verfehlte. Er fragte erst danach zurück: »So, Freundchen, willst du hier immer noch herumschreien?« Angsterfüllt verstummte ich lieber. Prahlerisch erzählte er dann: »Wir sind hier die neue Bürgerwehr, die euch Radaubrüdern endgültig das Handwerk legen wird.« Daraufhin sprach ich einen in der Nähe stehenden Polizisten an, ob er das gerade Geschehene gesehen habe und ob er zu unserem Schutze etwas zu tun gedenke. Er schwieg vielsagend und ward nach einer Weile nicht mehr gesehen.

Vom Bismarckplatz herkommend, hatten sich hinter uns, ehe wir es uns versahen, eine Vielzahl von Bereitschaftspolizisten aufgebaut. Und schon ertönte aus unseren Reihen der wohlbekannte Sprechchor »Wer hat dich du grüner Wald – aufgebaut und schlecht bezahlt.« Dann kam zum ersten Mal die Lautsprecherdurchsage: »Achtung! Achtung! Hier spricht die Polizei. Sie befinden sich auf einer nicht angemeldeten Versammlung. Verlassen sie unverzüglich das Gelände.« Wir blieben wo wir waren, denn erst nach der zweiten und dann nach der dritten Aufforderung durfte geknüppelt werden. Plötzlich aber kam ohne weitere Ansage der grüne Wald auf uns zu: Wer das nicht bemerkt hatte, wurde alsbald mit den Knüppeln traktiert. Ich gab reaktionsschnell Fersengeld, spürte aber in meinem Nacken, dass ich von mehreren »Grünen« verfolgt wurde. Ich sah die Öffnung des Gaisbergtunnels und wie ein Mädchen in ihrer Not hineinlief, um sofort unter den Knüppeln der Verfolger zu Boden zu sinken. Wie ein Hase schlug ich Haken und bemerkte, dass ich dadurch nur noch einen Verfolger hinter mir hatte. Den konnte ich auch noch abschütteln, als ich endlich die Gassen der Altstadt erreicht hatte. Meine Lunge brannte und ich schnaufte wie ein Walross. Aber eine große Erleichterung erfüllte mich, die euphorische Züge annahm, als ich noch viele andere Genossen traf, die der Prügelorgie entkommen waren. Wir gingen gemeinsam zum Universitätsplatz. Dort wurden Liederblätter ausgeteilt. Zum ersten

Mal in meinem Leben sang ich die »Internationale« mit. Auch diesen Vers: *Es rettet uns kein höhres Wesen, kein Gott, kein Kaiser noch Tribun. Uns aus dem Elend zu erlösen, müssen wir schon selber tun.* Dazu stehe ich noch heute: Denn das unchristliche Gefasel von einem angeblich existierenden »höheren Wesen« ist mir noch heute zuwider. Und mit Dietrich Bonhoeffer glaube ich an keinen Gott, der allmächtig das Schicksal verhängt, sondern an den, der ohnmächtig am Kreuz hing. – Voller Überzeugung sang ich auch das »Einheitsfrontlied« mit, das Bertolt Brecht getextet und dem Hanns Eisler die Melodie gegeben hat. Besonders passend erschien mir zu dieser Stunde der vierte Vers:

Und weil der Mensch ein Mensch ist,
drum hat er Stiefel im Gesicht nicht gern.
Er will unter sich keinen Sklaven sehn
und über sich keinen Herrn.

Drum links, zwei, drei!
Drum links, zwei, drei!
Wo dein Platz, Genosse, ist!
Reih dich ein in die Arbeitereinheitsfront,
Weil du auch ein Arbeiter bist.

Wenn ich nach langen Berufsjahren zurückdenke, stelle ich fest, dass ich mich an dieser Stelle kaum verändert habe. Stets habe ich mich auch in den Kirchengemeinden, erst recht später an der Berufsschule, als Arbeiter unter Arbeitern verstanden: Genauso entfremdet oft, genauso nach Änderung rufend und genauso auf Solidarität angewiesen, die ja nur ein anderes Wort für »Brüderlichkeit« ist. Mein Pfarrerstitel war und ist mir schnurz! Heute melden sich jüngere Kollegen am Telefon mit »Pfarrer Soundso«, damit man sie auch ja mit »Herr Pfarrer« anredet. Ihre Ordination feiern sie, als hätte diese angeblich »höhere Weihe« sie zu besonderen und herausgehobenen Menschen gemacht. Sie vergessen, dass Jesus einst nicht Pfarrer, sondern Arbeiter für seinen Weinberg suchte…

Abschied von Heidelberg

Über diese Phase der Studentenbewegung in Heidelberg hat Dietrich Hildebrandt Aufschlussreiches geschrieben:

Die heftigen Auseinandersetzungen in diesem Wintersemester 68/69 hatten die Konfrontation verschärft. Die Forderung nach Hochschulreform war allgemein. Keine Erklärung, von welcher Seite auch immer, verzichtete darauf, ihre Berechtigung zu unterstreichen. Die sozialistischen Studenten wollten eine andere, eine sozialistische Gesellschaft, für die eine Revolution nötig sein würde, und sie fühlten sich darin nach den Ereignissen dieses Winters bestärkt, ihre Zahl hatte erheblich zugenommen. Viele Studenten forderten mehr Demokratie, mehr Gleichberechtigung, menschlichere Verhältnisse, Reformen. Oft genug aber wurde schon in der kleinsten Veränderung eine ernste Gefahr für den Bestand der bundesrepublikanischen Gesellschaft gesehen. Solange dies nicht ausgefochten war, fand eine Entmischung der Studentenbewegung in ihre radikalen und ihre gemäßigten Teile noch nicht statt.

Fragte ich mich damals schon, ob ich zu den Radikalen oder Gemäßigten gehörte? Ich glaube nicht. Und auch später fiel mir die Antwort auf diese Frage schwer. Trotz aller Übergriffe der Staatsmacht, die hier ihre hässliche Fratze zeigte, fühlten wir uns in dieser Ungeschiedenheit leicht und unbeschwert. Diese Leichtigkeit war es, die jene Tage so unvergesslich werden ließ und die mir den Abschied ausgerechnet in diesem Augenblick so schwer machte.

Eine gewisse Schwermut begleitete mich darum bei allen Abschieden, die nun zu nehmen waren: Kein Weg würde je hierhin zurückführen. Sogar der Abschied von meinem unwirtlichen Quartier fiel mir schwer: Nie wieder »Wasser des Lebens«, keine Fußbodenlandung mehr mit dem Bett, keine Aschenkrümel mehr unter den Füßen, keine Schreie mehr im Nachbarzimmer. Selbst die Zeughaus-Mensa im Marstall würde fehlen mit ihren mehr oder weniger schmeckenden Köstlichkeiten; der immer selbe Kartenkontrolleur mit seinem subalternen Pokerface; die kreativen Abräumdamen, die aus karitativen Gründen Essensreste verwendeten, um für arme hungrige Schlucker unentgeltlich neue Menüs zusammenzustellen. Um auch künftiger Sehnsucht Nahrung zu geben, bewahrte ich bewusst eine Mensamarke auf,

Abbildung 16: Mensamarke

die ich bis heute besitze – wie der Herumtreiber Mario seine Metro-Fahrkarte aus Paris in Clouzots »Lohn der Angst«. Keine hübschen Mädchen mehr in der Hauptstraße, die ich mit Linde zusammen entdecken konnte. Überhaupt der Abschied von Linde, mit dem ich fast täglich zusammen gewesen war, lernend und spielend. Er durfte hier weiterstudieren, während ich mich einer Wirklichkeit näherte, die mir ganz und gar nicht geheuer war: Der Kirche … Würde auch sie »in der kleinsten Veränderung eine ernste Gefahr für den Bestand« sehen? Dabei war der Veränderungsbedarf doch sicher nicht hoch genug einzuschätzen!

Es kam der letzte Abend in Heidelberg. Meine wenigen Habseligkeiten hatte ich gepackt und überhaupt nicht wehmütigen Abschied von Frau Futor genommen. Ganz bewusst stieg ich die Stufen der Wendeltreppe hinab bis ins Kellergewölbe des Jazzclubs Cave 54. Ich wollte hier meine Heidelberg-Episode so beenden, wie ich sie begonnen hatte. Wenn ich bei Kasse war, hatte ich diesen ältesten Studentenjazzkeller Deutschlands öfters mal besucht. Der Jazzexperte Joachim Ernst Berendt schrieb über Cave 54: Es ist *ein Lokal, das aus der deutschen Jazzgeschichte jener Jahre nicht fortzudenken ist.* Damals waren »Free Jazz« und »Cool Jazz« en vogue, besonders auch in der kalifornischen Variante des »West Coast Jazz«. Durch die Truppenbetreuung im nahe bei Heidelberg gelegenen amerikanischen »Patrick Henry Village« kamen bekannte, vor allem afroamerikanische Künstler auf einen Abstecher hierher, um ihre Improvisationskünste zu Gehör zu bringen. Am Schönsten war es, wenn eine Jam Session zustande kam. Da konnte man bei einem Bier oder mehr sich so richtig den eigenen Träumen hingeben. – Das aber war an diesem Abend unmöglich: Der damals nur allzu bekannte Eiskunstläufer Hans-Jürgen Bäumler hatte mit seiner Entourage Einzug in den Keller gehalten. Dieser Märchenprinz, den die Eislaufprinzessin Marika Kilius gegen den Willen der Yellow Press kluger Weise nicht geheiratet hatte, zog hier eine so miese Show ab, von noch mieseren Claqueuren unterstützt, dass ich alsbald den Ort des Geschehens verließ und meinem Bett noch einmal die Chance gab nicht zusammenzubrechen.

»Schade!« dachte ich am nächsten Morgen, als ich unversehrt aufwachte. »Eigentlich schade, dass dies alles nun vorbei ist.«

Kapitel III

Examen, Ordinationsstreit und Suspendierung

Finis Terrae

Wie war die Zeit meines Studiums so schnell verflogen: »... als flögen wir davon!« In den ersten beiden Semestern in Erlangen hatte ich als Senkrechtstarter begonnen, der alle Prognosen für den »faulsten je gesehenen Schüler« (s. Band I, S. 151) widerlegt hatte. Dann aber hatte ich alles ziemlich schleifen lassen. Es folgte die viel zu frühe Studentenehe, die Trennung und die neue Rolle als Vater einer Tochter, was für das Weiterkommen im Studium nicht besonders förderlich war. Und nun hatte ich mit ausgebreiteten Flügeln und einem langen Endspurt zu einem regelrechten Höhenflug angesetzt, begleitet von den turbulenten Studentenunruhen und der antiautoritären Bewegung.

Für die Landung in der theologischen Aufnahmeprüfung in der Pfälzischen Landeskirche war ich dennoch gut gewappnet. Noch kurz vor dem 10. und letzten Semester fuhr ich zu einer Freizeit in Bad Dürkheim für Theologiestudenten, die auf der Liste der Landeskirche standen. Dort traf ich einige, die später zu meinen Kollegen zählen sollten. Unter ihnen Christian Wendt mit seiner damaligen Freundin und späteren Ehefrau Christa. Sie schienen noch ganz frisch verliebt zu sein und knutschten völlig ungeniert vor aller Augen, was nicht nur mich etwas befremdete. Mit Christian kam ich in einer Seminarpause ins Gespräch: Ja, auch er und Christa hatten sich fürs 1. Theologische Examen beim Landeskirchenrat in Speyer angemeldet. Mit seinen vollen schwarzen Locken, seinen braunen ausdrucksvollen Augen und seiner markanten Stimme entsprach er für mich dem Typus des »Latin Lover«, was er zu einem Teil vielleicht auch gewesen ist ... Er war vom dritten bis zu seinem vierzehnten Lebensjahr in Brasilien aufgewachsen, wo seine aus

Deutschland eingewanderte Familie sesshaft geworden war. Davon war er immer noch stark geprägt, und Brasilien war sein Sehnsuchtsland. Wie ich suchte er einen Partner, der mit ihm eine Art Generalprobe für das bevorstehende Examen unternahm. Er lud mich prompt zu sich nach Hause ein, ins Pfarrhaus von Niederhausen an der Appel. Hier war sein Vater zuletzt Pfarrer gewesen, ehe er vor zwei Jahren gestorben war. Die Mutter lebte immer noch hier.

Heute lachen wir darüber: Als ich im Januar 1969 in Niederhausen – eine Art Finis Terrae, am Ende der bewohnten Welt – eintraf, begegneten wir uns mit ausgesuchter Höflichkeit. Ich trug Tag für Tag immer denselben schwarzen Schlips und wir haben uns bis zum Ende dieser theologischen Trainingseinheit gesiezt. Christian war fleißiger gewesen und damit kenntnisreicher als ich, so dass die Sache wohl für mich ersprießlicher war als für ihn. Durch meine Heidelberger Politisierung hatte ich aber einen Blick auf die Theologie gewonnen, der für ihn durchaus interessant war. Nach der Arbeit wanderten wir in der hügeligen Landschaft des Appeltals und führten lange Gespräche. Christian nannte unseren Geisteszustand in der Ruhe dieser Landschaft »Ataraxie«: Die Unerschütterlichkeit und Gelassenheit der Stoiker.

Nach einer Woche trennten wir uns wieder: Gestärkt und neu motiviert. Nicht lange danach sahen wir uns im Predigerseminar Landau wieder. Es wurde eine Lebensfreundschaft.

Erstes Theologisches Examen in Landau und Speyer

Viel später – es war anlässlich einer Bewerbung für ein Auslandspfarramt – beschrieb ich nachblickend die theologischen Schwerpunkte meines Studiums und ihre Nachwirkung:

Die Zeit meines Studiums (1964–1969) war geprägt von dem Vorrang der Exegese in den alttestamentlichen und neutestamentlichen Fächern – vor allen systematischen Gesamt-

entwürfen. Die Genauigkeit in der Exegese halte ich nach wie vor für unentbehrlich. Ich denke, dass von dieser Genauigkeit viele biblische (Wieder-)Entdeckungen abhängen, die wieder zum Sprechen bringen können, was ein Zeitgeist zum Verstummen brachte: Was gibt es allein hier von der alttestamentlichen Prophetie noch zu erwarten! Wie verheißungsvoll sind auch alle Ansätze eines neuen sozialgeschichtlichen Begreifens der biblischen Botschaft (Schottroff, Stegemann, Theißen, Albertz)! Dass der systematische Ansatz einer theologischen Gesamtschau dennoch immer aufgegeben ist, habe ich aus der Gemeindepraxis her noch mehr begriffen und hier wertvolle Impulse von Helmut Gollwitzer, Dorothee Sölle und Jürgen Moltmann bekommen. Der Philosoph Ernst Bloch ist mir heute noch ein wichtiger geistiger Geburtshelfer, um das wirklich Befreiende der christlichen Traditionsgeschichte wiederzuentdecken und fruchtbar zu machen.

So ähnlich würde ich es auch heute noch benennen. Auf diesem Hintergrund fuhr ich Ende Januar 1969 in die südpfälzische Garnisonsstadt Landau, unweit der Grenze zu Frankreich, um während einer Woche mit den anderen Kandidaten die schriftlichen Klausuren für das 1. Theologische Examen abzuliefern. Während dieser Zeit wohnten wir im erst 1965 in Dienst gestellten Predigerseminar, wo auch das schriftliche Examen stattfand. – Das Gebäude atmete ganz den architektonischen (Un-)Geist, den wir später den »Beton der frühen Jahre« nennen sollten. Die Punkband »Einstürzende Neubauten« wählte ihren Namen 1980 in prophetischer Voraussicht kurz vor dem Einsturz der 1957 eröffneten Kongresshalle, von den Berlinern »Schwangere Auster« genannt. Aber eingestürzt ist das Predigerseminar seither noch nicht…

Abbildung 17: Predigerseminar Landau 1965 (Foto: ZASP)

Nach dem Wiedersehen mit Christian Wendt machte ich mich mit den anderen Kandidaten bekannt. Unter ihnen war eine Gruppe, die zuletzt in Mainz studiert hatte und nun bei der Pfälzischen Landeskirche Examen machte, weil ihr der Ruf vorausging »liberal« zu sein – was immer das bedeuten mochte. Ihr geistig-geistlicher Anführer war unzweifelhaft Helge Müller: Ein bärenhaft erscheinender, auf den ersten Eindruck hin etwas grobianisch wirkender Mensch, der seine Argumentation gelegentlich mit einem Hieb seiner muskulösen Faust auf den Tisch bekräftigte. Die Finger, mit der diese Faust geballt wurde, konnten andererseits dem Klavier ganz zarte zauberhafte Klänge entlocken. In Mainz war er der Kopf einer Tafelrunde von Theologiestudierenden gewesen, die sich allabendlich zum Umtrunk in immer derselben Kneipe traf, um über Gott und die Welt zu räsonieren. Seine Stimme war laut und bestimmt, sein Lachen war wie ein donnerndes Stakkato. Schloss die Kneipe ihre Pforten, konnte es vorkommen, dass er noch stundenlang in der Nacht über seinen Büchern saß, um weiter in seinen Erkenntnissen zu versinken ... – Ganz anders seine Freundin Heidi Schupp, später seine Ehefrau: Klein, pausbäckig und mit einer Stimme, die eher einem Wispern glich. Sie war die Schwester von Claudio Schupp, über dessen tragisches Schicksal in Erlangen (s. o.) schon berichtet wurde. Ihm schien sie aber gar nicht ähnlich zu sein: Ihre blauen Augen konnten lustig und manchmal auch listig in die Welt blicken, und von ihr strömte eine fast harmonistische Zuversicht aus, die durch nichts aus der Fassung zu bringen war. – Ein weiteres Mitglied der Tafelrunde war Wolfgang Pessenlehner: Hochgewachsen, mit vollen blonden Haaren und mit freundlichen blauen Augen, deren Lachfalten schon damals zu erahnen waren. Seine Bewegungen hingegen waren eckig und von einer gewissen nervösen Hektik bestimmt, die von der Examenssituation her noch verstärkt war. Er konnte Zugposaune spielen und war ein begeisterter Jazzer, was uns sofort zusammenführte. – Zu dieser Gruppe gehörte schließlich noch F. S. (nach einem Zerwürfnis nenne ich den vollen Namen nicht), ein hessischer Pfarrerssohn, der sein Leben lang mit dieser Sohnschaft rang und haderte, ohne je völlig darüber hinwegzukommen. Auch er hochgewachsen, von einer gewissen Schlaksigkeit und mit einer blechern scheppernden Stimme, die in ihre Sprache jeden Jugendjargon aufnahm, der gerade auf dem Markt war. Diese Adaptionsfähigkeit zeigte sich auch in der Leichtigkeit, mit der er fremde Umgangssprache erlernte, z.B. schwedisch und serbokroatisch. Stundenlang konnte er im Gespräch mit »Gastarbeitern« am Mainzer Hauptbahnhof parlieren. Auch er war schon verheiratet.

Am Vorabend der ersten Klausur wuchs bei uns allen die Nervosität. Vielen von uns wurde plötzlich klar, wie viele Wissenslücken trotz aller Vorbereitung immer noch vorhanden waren und auf was für ein Lotteriespiel wir uns da eingelassen hatten. Verstärkt wurden die Befürchtungen, wenn wir über unsere Vorbereitung sprachen und der eine dies und der andere das gelesen hatte, was wiederum wir anderen nun nicht mehr lesen konnten ... Es wurde eine unruhige Nacht.

Der Morgen kam und mit ihm Kirchenpräsident Schaller, der uns mit Worten der Andacht begrüßte, wohl auch mit dem Zweck, beruhigend auf uns einzuwirken. Während dieser Begrüßung beobachtete ich F. S., der immer unruhiger wurde und plötzlich, kaum dass Schaller geendet hatte, sich mit bebender Stimme das Wort nahm und ihn frontal angriff: Es sei doch ziemlich unerträglich, hier heuchlerisch mit solch frommen Worten traktiert zu werden, obwohl wir an diesem Ort uns gnadenlos einer Prüfung zu unterziehen hätten, die unbarmherzig nach dem Leistungsprinzip durchgeführt würde ... Schaller antwortete nicht darauf. In seinem Gesicht aber war eine gewisse Ratlosigkeit zu lesen, sowie ein offensichtliches Entsetzen darüber, was von diesem Theologenjahrgang wohl noch zu erwarten war ... Befürchtungen in dieser Hinsicht musste er aber nicht hegen, weil wir mit dem rüde vorgetragenen Einwurf von F.S. überhaupt nicht einverstanden waren und in ihm auch keine sinnvolle Unbotmäßigkeit erkennen konnten. Der weitere Verlauf des schriftlichen, wie auch des mündlichen Examens war deshalb friedlich, und es gab keine weiteren Vorfälle dieser Art.

Während der Klausuren fühlten sich viele von mir gestört: Meine steile Handschrift verursachte mittels des Füllfederhalters kratzende Geräusche, deren unaufhörliche Penetranz diejenigen besonders störte, die gerade eine schöpferische Pause einlegen wollten. Im »Lehrbuch der wissenschaftlichen Graphologie« von Aloys Runge (S. 24f.) ist in diesem Zusammenhang von »Zwangssteilschriften« die Rede, von denen es heißt: *... (sie) bedeuten eine Unterdrückung der Gefühlsäußerungen bis zu einem gewissen Grad. Daraus ist zu schließen, dass alle Zwangssteilschreiber explosive Naturen sind, wenn sie auch äußerlich ruhig erscheinen.* Vielleicht hatte Herr Runge ja recht. Eine russische Psychologin, die einst meiner Steilschrift ansichtig wurde, fragte mich allen Ernstes: »Ist das Alt-Kyrillisch?« Ich machte mir aber nichts daraus...

Die Themengebung der Klausuren hatte ich mir schwieriger vorgestellt. In den exegetischen Fächer (Altes und Neues Testament) kamen mir nun die täglichen Übersetzungsstunden mit Linde während der Vorbereitung zugute: Übersetzung und Formbestimmung der Verben waren mir ein Leichtes, so dass Zeit genug blieb, sich ausreichend mit dem aufgegebenen Thema zu beschäftigen. Ich schrieb … und schrieb … und schrieb … – ungeachtet der genervten Blicke meiner Mitkandidaten. – An einem Abend der Klausurwoche gingen wir gemeinsam ins Kino und sahen uns den Film »Bullitt« an, in dem Steve Mc Queen als cooler Cop eine seiner besten Darbietungen gegeben hat. Unvergesslich die rasante Autoverfolgungsjagd durch die Straßen von San Francisco, der korrupte Gegenspieler aus der Politik (Robert Vaughn) und das müde in den Spiegel schauende Gesicht Mc Queens, als er zum Schluss seine Freundin schlafend in seinem Bett vorfindet. Warum und wofür tat er eigentlich dies alles? Irgendwie war das auch unsere Frage.

Am Vorabend der letzten Klausur in Kirchengeschichte luden uns Christa und Christian in ein in der Nähe liegendes Weingut in Böchingen ein, das der Verwandtschaft gehörte. Ein halbes Jahr hatte ich seither im Hinblick auf das Examen nichts mehr getrunken. Ich brach meine Selbstverpflichtung und sprach dem Wein so nachhaltig zu, dass ich am nächsten Morgen noch immer betrunken war. Es war das Stadium, in dem man alles lustig findet – und sei es noch so ernst. Kirchengeschichte war eigentlich das Fach, in dem ich glaubte, auf der sicheren Seite zu sein. Das Thema war »Die konstantinische Wende und ihr Bedeutung für die Kirchengeschichte«. Ein sehr ergiebiges Thema: Denn das war ja der »Sündenfall« der noch jungen christlichen Kirche gewesen, die im Jahr 380 n. Chr. unter dem römischen Kaiser Konstantin aus Staatsräson zur Staatskirche erhoben wurde: Die Verfolgten wurden zu Verfolgern. Ein Thema, über das es gerade jetzt viel zu sagen gab, nach der geschichtlichen Aufdeckung der fatalen Staatstreue der Kirchen auch in der Zeit des Nationalsozialismus. Aber ich ließ diese Steilvorlage aus, kritzelte irgendetwas zusammen, hob mein imaginäres Glas und flüsterte immer wieder albern zur Erheiterung der um mich Sitzenden: »Prost Böchingen«. Zu Recht gab mir Schaller für mein Skript nur ein »befriedigend«, meine schlechteste Note während des Examens überhaupt…

Wochen später folgte das mündliche Examen. Es fand in Speyer statt, im wuchtigen Gebäude des Protestantischen Konsistoriums, das 1892–1894 in bayerischer Zeit im Stil der Neurenaissance errichtet worden war – gleich neben dem großartigen romanischem Kaiserdom, dessen Türme weithin in der Rheinebene zu sehen sind.

Abbildung 18: Die Neurenaissance-Fassade des Landeskirchenrats

Im gleichen Stil wie das Konsistorium ist auch das ungefähr zur gleichen Zeit erbaute Rathaus von Hamburg gestaltet worden. Imponierend am LKR-Gebäude und bemerkenswert allein schon das repräsentative Treppenhaus mit seinen Marmorsäulen und seinem schmiedeeisernen Geländer. Im Obergeschoss der Prüfungssaal mit der Decke aus zwei ineinander übergehenden Sechseckfeldern; an den Wänden die Abbildungen der seitherigen Kirchenpräsidenten. Hierhin wurden wir nacheinander in Zweiergruppen gelotst. Dem Alphabet entsprechend trat ich zusammen mit Christian Wendt zur mündlichen Prüfung an.

Doch zuvor mussten wir in der nahe gelegenen Dreifaltigkeitskirche unsere Prüfungspredigt vortragen. Ein würdiger Rahmen: Denn diese Kirche gehört zu den seltenen protestantischen Gotteshäusern des Spätbarock, mit viel Gold, Pracht und Glimmer. Ein Erlebnis allein schon der Aufgang zur prächtig gekrönten Kanzel, als dem Ort der Wortverkündigung.

Abbildung 19: Dreifaltigkeitskirche Speyer mit Kanzel

Als wir uns dort versammelten, mussten wir feststellen – und mit uns die Prüfungskommission –, dass Helge Müller, auch nach längerem Warten, nicht eingetroffen war. Heidi Schupp, seine Freundin, berichtete, dass er zutiefst davon überzeugt war, im schriftlichen Examen »versagt« zu haben und keinen Sinn mehr darin sah, sich – wie er meinte – »aussichtslos« der mündlichen Prüfung zu unterziehen. Das war schon deshalb absurd, weil er von uns allen ganz offensichtlich der Kenntnisreichste und Belesenste war, was die theologische Literatur anging. Kirchenpräsident Schaller bestätigte dies und verriet, dass Helge in seinen schriftlichen Leistungen ganz und gar nicht »versagt« habe. Für ihn traf aber möglicher Weise der Satz von Stefan Andres zu, den ich am Beginn meiner ersten Predigt in Heidelberg zitiert hatte: »Man kann in der Wahrheit tatsächlich ersaufen, ohne sie zu erkennen« ... – Die Prüfungskommission zeigte sich gnädig und gestattete, dass Christian sich mit Heidi sofort mit dem Auto auf den Weg nach Mainz machte, um Helge mit Hilfe des Schaller-Votums umzustimmen und sogleich wieder nach Speyer mitzunehmen. Und richtig trafen sie – mit dem bärbeißigen Helge im Schlepptau – nach überraschend kurzer Zeit hier ein, wo das Abhören der Predigten schon begonnen hatte.

Es blieb nicht der einzige »Zwischenfall«. Auf die Kanzel durften wir kein Manuskript, noch nicht einmal einen Stichwortzettel mitnehmen. Das hieß: Wir mussten die Predigt auswendiggelernt haben. Unvergesslich ist es mir, wie der lange und schlaksige F. S. die Kanzeltreppe hochstieg, zwei oder drei Sätze seines Predigtbeginns vortrug, um dann plötzlich aufzuhören und zu sagen: »Es geht nicht mehr!« Beim Herabsteigen hat er sicher gedacht, nun sein ganzes Examen »geschmissen« zu haben. Aber es trat fast das Gegenteil ein: Schaller, den F. zu Beginn des schriftlichen Examens so geschmäht hatte, wandte sich ihm tröstlich zu und versicherte ihm, es sei noch ganz und gar nichts verloren.

Als ich an der Reihe war, fiel sogleich alle Nervosität von mir ab. Für das Auswendiglernen kam mir mein fast eidetisches Gedächtnis zugute. Laut deklamierte ich Lyndon B. Johnsons Satz: »Ich will der Präsident sein ...«, was bei den Prüflingen zu mir unverständlicher Heiterkeit führte. Sie erklärte sich aus der Tatsache, dass zu jenem Zeitpunkt gerade die Neuwahl des Kirchenpräsidenten bevorstand, nachdem Schaller zur Wiederwahl nicht angetreten war ... Wollte ich denn so früh schon so hoch hinaus?

Im Nachlass meiner Mutter fand ich einen Brief Schallers an meine Mutter, die damals bei Max Picard im Tessin weilte. Er schrieb ihr dorthin am 2. April 1969:

Liebe Frau Wilhelm!
Nun ist das Examen zu Ende. Ihr Sohn hat seine Sache gut gemacht und es bestanden und uns durch seine Art und sein Können eine große Freude bereitet. Vor allem seine Predigt war das Zeugnis eines so ernsten und reifen Menschen, dass wir ihm dafür nur eine besondere Anerkennung aussprechen konnten.

Diese Worte – da bin ich mir sicher – sind Hannchen durch und durch gegangen: Ein später Triumph für den faulsten Schüler, den sie je erlebt hat. Auch das Weitere dieses Briefes ist interessant: Über Hannchens Brief schrieb er: *Er hat viele Erinnerungen an die schwere und in manchem doch so lebendige Zeit nach dem Kriegsende in mir hervorgerufen. Ich freue mich, dass ich Ihnen und ihren Kindern damals ein wenig helfen konnte.* Das reflektiert seinen Einsatz für unser kurzes familiäres Intermezzo in der Nordpfalz (s. Band I, S. 28 ff.). Weiter schreibt er: *Dass Sie an meinen Abschied aus dem Amte denken, ist rührend. Es ist aber aus mancherlei Gründen Zeit geworden, und ich glaube nicht, dass ein Verschieben gut wäre. Es wird schon alles recht werden.* Diese Sätze, zu Beginn des April 1969 geschrieben, beweisen, dass Ulrich A. Wien in seiner *biographischen Skizze* des Lebens Schallers (Theo Schaller – Erinnerungen, herausgegeben von Klaus Bümlein und Ulrich Andreas Wien, VVPfKG Band 32, S. 24f.) Unrecht zu geben ist, wenn er Schallers Rücktritt mit dem bald danach einsetzenden Ordinationsstreit in Verbindung bringt, an dem unser Jahrgang maßgeblich beteiligt war. Der Entschluss zum Rücktritt stand schon vorher fest und hatte mit dem »heftigen Schlagabtausch« nichts zu tun, über den noch zu berichten ist. Auch dass Schallers »Vermittlungsgeschick« hier »erschöpft« gewesen sei, hat rein gar nichts zu dieser Entscheidung beigetragen. Allenfalls kann er sich durch die damit einhergehenden Ereignisse in seiner vorherigen Einsicht bestätigt gefühlt haben, die er in seinen eigenen Erinnerungen so formulierte:

Ich merkte an den jungen Jahrgängen, dass es eine andere Zeit wurde, in der ich vieles nicht mehr verstand oder anders sehen und denken musste: Voraussetzungen – Erwartungen – Dienstverständnis – Theologie usw. – Also: Es war Zeit für mich.

Nein, als »Königsmörder« Theo Schallers soll unser Jahrgang nicht in die Kirchengeschichte eingehen! Von allen pfälzischen Kirchenpräsidenten, die ich erlebt habe, war er der Glaubwürdigste und der mit dem größten theologischen Format.

Abbildung 20: Kirchenpräsident Theo Schaller (Foto: ZASP)

Von der mündlichen Prüfung im Konsistorialgebäude gibt es nicht viel zu berichten. In Erinnerung ist mir besonders die Prüfung im Fach Altes Testament. Hier hatte ich schriftlich sehr gut abgeschnitten und man meinte wohl, mir nun eine äußerst anspruchsvolle Frage stellen zu können. Es ging um das Buch Daniel, das zu einem großen Teil in aramäischer Sprache abgefasst ist. Darauf war ich überhaupt nicht vorbereitet und gab dies gleich zur Kenntnis. So blieb es bei der Note »Gut«, die mir auch als Gesamtnote des 1. Theologischen Examens zuteil wurde.

Ein Abend in Speyer

Wir alle zehn hatten das Examen bestanden. Wir wurden zu »Pfarramtskandidaten« (kirchenamtliche Abkürzung: »Pfaks«) ernannt und erhielten Anspruch auf eine – allerdings lächerlich geringe – Aufwandsentschädigung. Unsere erste Feier fand schon nach der »Urteilsverkündung« zusammen mit Mitgliedern der Prüfungskommission in einem schönen Lokal in der Nähe des Speyerer Altpörtels statt. Dabei fiel mir einer der Teilnehmer besonders auf, der als Mitglied des Landeskirchenrats zum Mitfeiern gekommen war: Ein vierschrötiger Mann mit imposantem Riechkolben, rotblondem, gescheiteltem Haar und etwas grobschlächtigem Auftreten. Das war der Personaldezernent der pfälzischen Landeskirche Eugen Mayer II. Die römischen Ziffern hatten ihren Grund in der Tatsache, dass bereits sein Vater Oberkirchenrat gewesen war und den Namen »Eugen« mit ihm teilte.

Nachforschungen über ihn und seine Familie sind recht aufschlussreich: Der Vater, Eugen Mayer I., hatte ein Buch über die pfälzische Kirchengeschichte geschrieben, das 1939 (!) herauskam. Sein älterer Bruder Kurt Mayer war nach eigenem Bekunden schon seit 1923 Mitglied der NSDAP und seit 1935 Amtschef der »Reichsstelle für Sippenforschung«, ab 1940 »Reichssippenamt« genannt, zuständig oft für die (lebens-)wichtigen »Ariernachweise«. In diesem Zusammenhang äußerte der bekannte und renommierte Historiker Roland Paul 2011 in einem Werkstattbericht zum Verhältnis von Landeskirche und Judentum zwischen 1933 und 1945:

> *Eine spannende Frage ist auch, inwieweit es eine Zusammenarbeit des aus einem pfälzischen Pfarrhaus stammenden Chef des Reichssippenamtes Kurt Mayer, Sohn des Oberkirchenrats Eugen Mayer I. und Bruder des Oberkirchenrats Eugen Mayer II., und dem Landeskirchenrat in Sachen »Ariernachweis« gab.*

Im der 2016 erschienenen Aufarbeitung »Protestanten ohne Protest – die evangelische Kirche der Pfalz im Nationalsozialismus« schreibt derselbe Autor:

> *Der ältere Eugen Mayer war nicht frei von antisemitischer Einstellung. So schrieb er 1938, dass unter den »Hintermännern« des Hambacher Festes (1832) neben »Elemente(n) aus dem kirchlichen Leben« auch »jüdische Treiber« standen.*

Roland Paul zitiert hier aus der schon erwähnten »Pfälzischen Kirchengeschichte«, in der Eugen Mayer I. außerdem auf Seite 289 den demokratischen Kirchenparteien und ihrer politischen Ausrichtung die »nationalsozialistische Regierungsform« – also die Diktatur! – als Ordnungsprinzip entgegenstellt:

> *Überhaupt drehte sich der Kampf um die Vormacht in der Kirche weniger mehr um die theologischen Richtungen als um die Befolgung politischer Gesichtspunkte, bis die nationalsozialistische Regierungsform auch hier dem Treiben politischer Agitation ein Ziel setzte und nur danach fragte, ob die Presbyterien oder Synoden dem Staatswohle dienten oder nicht.*

War das nicht nur eine etwas gewähltere Form, dem Nazi-Slogan »Recht ist, was dem Volke nützt« Ausdruck zu geben? Was für eine Perversion: Kirche, die mit ihren demokratisch gewählten Gremien dem nationalsozialistischen »Staatswohl« zu dienen und seine »politischen Gesichtspunkte« zu »befolgen« hatte!

Der Bruder von Eugen Mayer II, Kurt Mayer, beging nach dem Vorbild von Joseph Goebbels am 3. Juni 1945 Suizid und riss dabei seine Familie, inklusive seiner vier Kinder im Alter von 3 bis zwölf Jahren, mit in den Tod. Nur seine Frau überlebte und starb ein Jahr später. – In seinem Aufsatz über diesen »Sippen-Mayer« (so wurde er in Berlin genannt) resümiert Manfred Gailus in seiner »biographischen Skizze«: *Es fällt schwer, eine solche fatale Biographie zu deuten.* Und er fragt, schon fast hilflos: *Wo lagen die entscheidenden Weichenstellungen für eine derartige biographische Katastrophe?* Die »Verstrickung« protestantischer Milieus in den nationalsozialistischen Unrechtsstaat wird in Konturen an dieser Familie sichtbar – auch wenn Eugen Mayer II. sicher nichts für diesen Bruder kann und wahrscheinlich ein ganz anderes Leben geführt hat. Eine Predigt von ihm, die er am 23. April 1939 – vier Monate vor dem Überfall auf Polen – in Germersheim gehalten hat, zeigt aber, von welchem Ungeist auch er getrieben war. Ich mochte es nicht für wahr halten, als ich es dieser Tage im Zentralarchiv der Pfälzischen Landeskirche, in feiner Sütterlinschrift geschrieben, entdeckte:

Predigt über Johannes 10, 22–30 am Sonntag Misericordias Domini (23. April 1939)

Liebe Gemeinde!

Das deutsche Volk feierte am vergangenen Donnerstag den 50. Geburtstag seines Führers Adolf Hitler. Es war keine private Feier. Das ganze Volk nahm geschlossen daran teil. Partei, Wehrmacht, die verschiedenen Organisationen, alle marschierten sie, beseelt von dem einen Gedanken, ihre enge Verbundenheit mit dem Führer an seinem Ehrentag der ganzen Welt zu beweisen. Dieser Mann hat in knapp 20 Jahren durch Wort und Tat den Aufstieg eines gänzlich vernichteten Staates fertig gebracht. Die Zeitschriften der ganzen Welt haben davon berichtet. Sie alle bringen Ausschnitte aus den Reden und Erlebnisberichte und Bilder von den großen Ereignissen der jüngsten deutschen Geschichte. Einsam im Kreise Weniger stand einst dieser Mann. In rastloser Tätigkeit als Redner und Politiker erwarb er sich nach und nach eine Gefolgschaft von Millionen, die auf sein Wort hören. »Führer befiehl, wir gehorchen dir!« Ein tiefes Vertrauen verbindet Führer und Gefolgschaft. Gemeinsam arbeiten sie an dem großen Ziel, die Sicherheit des Volkslebens für alle Zeiten festzulegen. (Darüber geschrieben: »Kampf gegen die Gegner«). Allen Volksgenossen wird Arbeit und Brot und damit Lebensmöglichkeit geschaffen. Die innere Zerrissenheit und militärische Schwäche des Reiches (wurde) beseitigt. In raschen Schlägen hat er alle Gefahren für die Grenzen des Staates beseitigt. Unzählige Male hat es der Führer ausgesprochen, dass er sich seiner Berufung zu seiner Aufgabe vor seinem Volke und seiner Geschichte bewusst ist. In Dankbarkeit erkennt das Volk die großen Zusammenhänge, die zum Erfolg geführt haben: Führer, Gefolgschaft, Ziel und Berufung. Nur die innere Einheit dieser lebendig gewordenen Begriffe hat das große Werk gelingen lassen und uns diese 50. Geburtstagsfeier geschenkt. Diese vier Begriffe: Führer, Gefolgschaft, Ziel und Berufung – spielen aber nicht nur im politischen Leben eine Rolle. Sie bilden die Grundlagen des Lebens überhaupt.

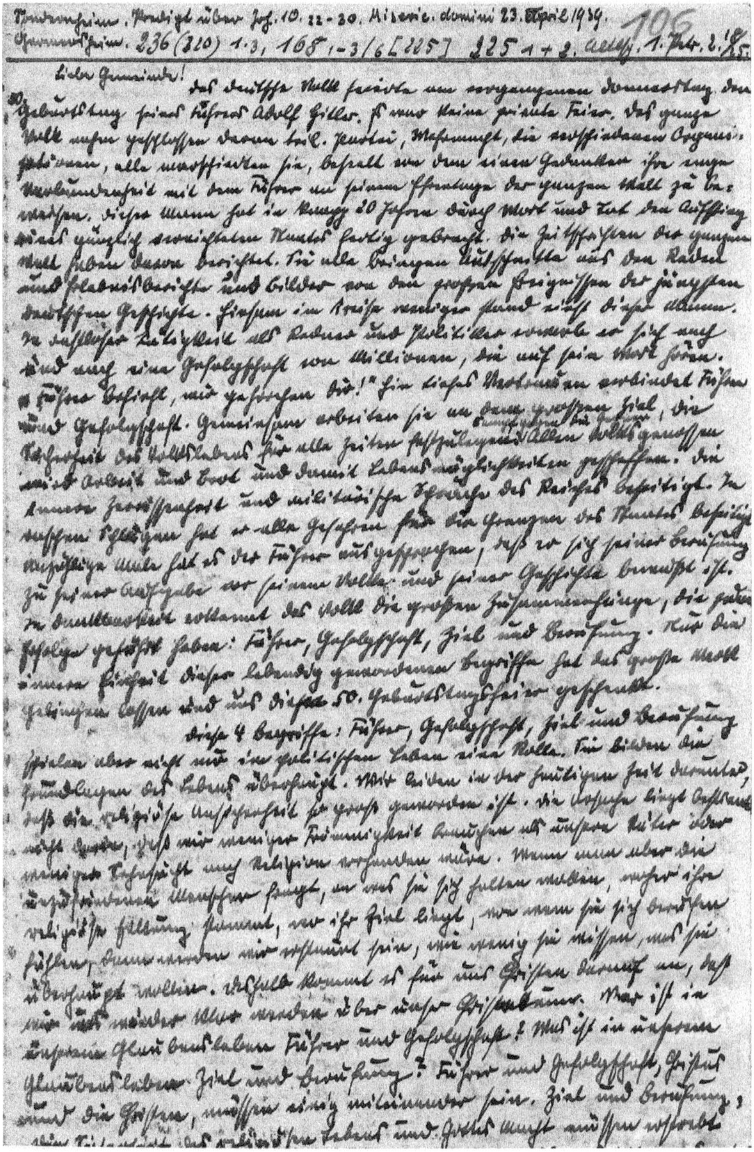

Abbildung 21: »Führer«-Huldigung in Sütterlin
(Ablichtung aus »Nachlass Mayer« im ZASP)

Die pfälzische Landeskirche und ihr Personal waren ganz und gar nicht so »liberal«, wie ihr Ruf und wie sie vorgaben zu sein, wie wir schon bald erleben sollten…

Abbildung 22: Eugen Mayer II. (Foto: ZASP)

Von allen »Pfaks« zuerst erlebte das an diesem Abend R. B., eine vielleicht etwas zu wohlbehütete Pfarrerstochter. Recht rüde muss ihr Eugen II. eröffnet haben, dass ein von ihr erhoffter beruflicher Sonderweg nicht möglich sei und sie wie alle anderen ein »Vikariat« zu absolvieren habe. Ihre Tränen flossen daraufhin reichlich, und ihr Schluchzen war noch lange zu hören. So rechte Feierfreude konnte so zunächst nicht aufkommen.

Wenig erfreut war auch Christian Wendt über die ihm vorenthaltene Note 1 im Fach Dogmatik durch Pfarrer und Studienrat i. R. Karl Esselborn, damals Vorstandsmitglied der evangelikalen »Vereinigung um Bibel und Bekenntnis«. Es ging wohl um Rudolf Bultmann und die historisch-kritische Erforschung der Bibel, die Esselborn, wie die vom Erlanger Walter Künneth angeführte »Bekenntnisbewegung: Kein anderes Evangelium«, zutiefst ablehnte. Zweifellos hatte Christian, der auf diesem Gebiet intensiv gearbeitet hatte, das Recht auf seiner Seite. Aber die Kirche, so sollten wir es später im Fach Kirchenrecht lernen, war eben ein »Tendenzbetrieb«...

Völlig abgeschlossen mit der Kirche hatte Wolfgang Pessenlehner. Er eröffnete dies dem neben ihm sitzenden späteren Oberkirchenrat Heinz Kronauer, dem wohl profiliertesten Mitglied der Prüfungskommission. Wolfgang (oder vielmehr »Pessi«, wie ich ihn von nun an nur noch nenne) erlebte gerade das, was Wolfgang Herrmann 1973 (in »Die Angst der Theologen vor der Kirche« S. 22) so beschrieb:

... sowie der Schritt in die kirchliche Berufspraxis ernstlich ansteht, bricht oft regelrechter Horror vor eben dieser Praxis aus. So sehr der reale Bezug aller Wissenschaft zu den gesellschaftlichen Lebensbezügen gefordert wird, so sehr treiben schließlich Berufsangst und damit verbundene Illusionsbildungen die Logik dieser wissenschaftstheoretischen Einsichten und Forderungen wieder auseinander. In der biographischen Krise der Theologiestudenten spiegelt sich die gesellschaftliche Entfremdung ihres Studiums und ihrer Wissenschaft.

Man kann es auch einfacher und eindimensionaler auf Hamburgisch so benennen: Er hatte »Schiet in der Büx«! Wie gut, dass Heinz Kronauer neben ihm saß, der ihn mit vielen guten Worten beschwichtigte und ihm zuredete, er solle es doch einfach einmal versuchen! Sonst wäre der Landeskirche ein guter Gemeindepfarrer und Friedenskämpfer entgangen, der viele Jahrzehnte die Jugend in seinen Bann zu ziehen vermochte, jedoch genügend oft auch an Krankenbetten und Altengeburtstagen zu sehen war. Ich aber hätte auf jenen Freund und Kollegen verzichten müssen, mit dem ich die meisten kirchlichen und politischen Sträuße und Kämpfe gemeinsam ausgefochten habe.

An einem Tisch herrschte große Lautstärke: Helge dozierte unüberhörbar, seine zu vermutenden Argumente gelegentlich mit einem Fausthieb auf den Tisch unterstreichend. Vergeblich versuchte Heidi ihn mit ihrer viel zu leisen Stimme zu mäßigen. Sie gab es schließlich auf und zeigte nur noch ein hilfloses Lächeln. Verständlicherweise verlieh er wohl so seiner Erleichterung Ausdruck, nach seinem unnötigen Fluchtversuch, nun doch noch so gut ans Ziel gelangt zu sein.

Auch an anderer Stelle wurde es laut: Eugen II. demonstrierte seine Leutseligkeit: Er habe unsere kirchlichen Einsatzorte für den Vorbereitungsdienst schon in der Tasche. Außerdem werde er mit uns wie mit allen Jahrgängen zuvor verfahren: Er werde uns demnächst im Landauer Predigerseminar besuchen und uns alle unter den Tisch saufen, wie er es bislang mit allen Kandidatenjahrgängen gehalten habe. Zugute halten muss man ihm, dass er dies zu einer Zeit sagte, als das Trinken von Alkohol noch »in« war und der Rausch ein »männliches« Attribut. Später, in Göllheim, hat eine Presbyterin mir gegenüber einmal das folgende Sprichwort zustimmend zitiert: »Wer niemals einen Rausch gehabt, der ist kein rechter Mann ...«

Ich entfloh diesem Abend vorzeitig und ließ mich in meiner kleinen Familie feiern, die ich bislang doch sehr vernachlässigt hatte.

Lebach und die Folgen

Bald darauf, am 16. April 1969, trafen wir uns alle wieder im Predigerseminar Landau und nahmen an einem Vorbereitungskurs teil. Wir wurden von den leitenden Pfarrern Walter Müller und Hermann Schneider begrüßt. Wir bezogen die im oberen Stockwerk liegenden Zimmer und machten uns mit der Örtlichkeit dieser Institution vertraut, in der wir dann länger kaserniert wurden, als wir es uns vorstellen wollten. Noch am selben Abend kamen wir im unteren Gemeinschaftsraum zusammen und feierten mit Bier und Wein, deren Lagerstätte im Keller wir bald entdeckt hatten, unseren Einstand. Nein, wir waren nicht »die Kinder von Marx und Coca Cola«, wie der Filmregisseur Jean Luc Godard die Studentengeneration des Mai

1968 getauft hatte. Wir tranken lieber »Bellheimer Silber-Pils« und »Birkweiler Kastanienbusch« als das süße Ami-Getränk – und Karl Marx im Originaltext hatten weder ich noch die meisten anderen Kandidaten gelesen. Höchstens die Kurzfassung von Iring Fetscher. So verschieden wir auch daher kamen: Uns allen gemeinsam war der kritische Abstand zur Institution Kirche. Mit ihrer empirischen Wirklichkeit hatten wir uns im Studium so gut wie gar nicht auseinandergesetzt, und wir traten ihr mit einer Mischung aus Neugier, Furcht und satirischer Überheblichkeit entgegen. – Nur Wenigen von uns war die gesellschaftspolitische Kritik der »Celler Konferenz« bekannt, die im Oktober 1968 die »Rolle der Kirche im Spätkapitalismus« so definiert hatte: *Wir gehen ... von der These aus, dass die wichtigste Funktion der Kirche im Spätkapitalismus darin besteht, Leid und Frustration therapeutisch zu behandeln, ohne die Ursachen zu bekämpfen ... In ihren Amtshandlungen soll die Kirche an neuralgischen Stellen unserer Gesellschaft therapeutische Arbeit leisten, um die Krisen des Spätkapitalismus zu verdecken ...* Was wir alle nicht wussten, war aber der Kirchenleitung durchaus bekannt. Das war der Passus der Celler Konferenz, mit dem wir – ob wir es wollten oder nicht – identifiziert wurden: *Wir kämpfen darum, mit Hilfe des kirchlichen Machtapparats mitwirken zu können an allen emanzipatorischen Bestrebungen ... Wir werden jeder für sich versuchen, in die Kirche einzusickern. Wir werden daher die Kirchenleitungen belügen ... In Zukunft wird man nie wissen, ob nicht im schwarzen Rock ein Roter steckt...*

Inzwischen stelle ich mir die Frage, ob dieses Zitat wirklich authentisch ist. Zitiert wird es immer mit der Angabe »KJ 95 (1968)«. Dahinter verbirgt sich »Kirchliches Jahrbuch für die evangelische Kirche in Deutschland«, 1968, Jahrgang 95, herausgegeben vom damaligen Präses der Rheinischen Kirche und Vorsitzenden der EKD Joachim Beckmann. Von ihm werden wir noch unrühmlich hören im Zusammenhang mit dem Kölner »Politischen Nachtgebet« (s. u.) ...

Dieses Zitat rumorte zweifellos auch in den Köpfen des Landeskirchenrats und erklärt das tiefsitzende Misstrauen, mit dem man uns von der Universität Gekommenen im Weiteren begegnete. Die Nacht auf den 17. April 1969 wurde lang. Zum Schluss saßen vor ihren Gläsern – nachdem sich alle Übrigen nach und nach in ihre Zimmer verfügt hatten – nur noch Christian und ich. Es war gegen 5 Uhr morgens hell geworden, und draußen kündigte sich ein strahlender Frühlingstag an. Wir beschlossen aufzubrechen und einen Morgenspaziergang zum Landauer Bahnhof zu unternehmen, wo vielleicht die Bahnhofsgaststätte schon geöffnet hatte … Wir waren bester Stimmung und sangen Lieder aus »Spiel nicht mit den Schmuddelkindern« von Franz Josef Degenhardt. Wir brachen Kirschblüten ab und steckten sie ins Revers unserer Jacken – so abgehoben, »… als flögen wir davon«.

Plötzlich sahen wir vor uns, auf dem Gelände einer Fabrik, einen Menschenauflauf. Statt einfach weiterzugehen gebot uns unser »Seid-umschlungen-Millionen«-Gefühl hinzugehen und nach dem Grund für die Aufregung zu fragen. Ein Zigarettenautomat sei aufgebrochen worden, bedeutete man uns, nicht ohne uns in unserem exaltierten Zustand kritisch zu mustern. Wir fielen auf, weil wir offensichtlich »nicht dazugehörten«. Zwei Männer mittleren Alters – tatsächlich im Trenchcoat auftretende Kripo-Beamte – knöpften sich uns vor. Sie fragten nach Woher und Wohin und verlangten schließlich, unsere Personalausweise zu sehen. Hatten sie uns in irgendwelchem Verdacht? Wendt konnte sich nicht ausweisen, weil er sein brasilianisches Dokument im Zimmer liegengelassen hatte. Während er darüber noch mit dem einen Beamten verhandelte, beschäftigte sich der andere mit mir und stellte mir Fragen, die eindeutig auf ein Verhör hinliefen. Mit Verve verbat ich mir das. Ob ich wirklich von »Gestapo-Methoden« sprach, vermag ich heute nicht mehr zu sagen. Zu meiner völligen Überraschung versetzte er mir aus buchstäblich heiterem Himmel einen Kinnhaken. Als ich wieder zu mir kam, sagte ich zu den Umstehenden: »Haben Sie das gesehen und sind Sie bereit das zu bezeugen?« Die Angesprochenen schüttelten alle verneinend den Kopf. »Ich werde mich über Sie beklagen«, sagte ich zum Kripomann. »Wie ist ihr Name?« Er gab mir keine Antwort. Christian war immer noch im Gespräch über seinen Ausweis und hatte nichts mitbekommen, fiel also auch als Zeuge aus. – Wir machten, dass wir fortkamen, erreichten schließlich die Bahnhofsgaststätte und tranken einen Kaffee.

Der Vorbereitungskurs im Predigerseminar hatte schon um 10 Uhr begonnen, als wir mit halbstündiger Verspätung eintrafen. Ich entschuldigte uns bei Pfarrer Müller, den ich – wohl um ihn zu begütigen – mit »Herr Direktor« ansprach. »Sie riechen ja nach Alkohol!« klagte er uns mit traurigen Augen an. Um die Scharte dieses peinlichen Anfangs auszuwetzen, beteiligten wir uns, trotz unserer Übernächtigung, eifrig und führend an der Diskussion über irgendein belangloses Thema. Im Gesicht von Seminardirektor Walter Müller (den wir später unter uns nur noch den »Semi-Müller« nannten) blitzte deshalb nun wieder die Sonne auf.

Nach dem Mittagessen rief ich bei der Polizei an und versuchte, die Namen der zu jener Tageszeit ermittelnden Kripo-Beamten zu erfahren. Man verweigerte mir dies, und auch spätere Nachfrage – mit Schilderung des Sachverhalts – führte zu keinerlei Reaktion. Ich ließ es dabei bewenden und erstattete keine Anzeige, was die »normale« Reaktion gewesen wäre. Noch später erfuhren wir, dass der Hausmeister des Predigerseminars mit diesen Kripo-Beamten telefonisch ins Gespräch gekommen war und uns als mögliche Täter für die Morde von Lebach denunziert hatte. Wahrscheinlich spekulierte er auf die ausgesetzte Belohnung in Höhe von 68 000 DM. Über solche »Informanten« schrieb Jürgen Neven-du Mont in seinem akribisch recherchierten Report »Kleinstadtmörder – Spur 1081 – Hintergründe zum Fall Lebach« (Hamburg 1971):

Viele der sogenannten »Mitteiler« haben nicht mehr aufzuweisen als irgendeinen gefühlsmäßig begründeten, auf eine bestimmte Person hingerichteten Argwohn. Sie halten ihren

Verdächtigen für fähig oder geeignet, einen Überfall à la Lebach ausführen zu können. Natürlich wissen diese Mitteiler und Amateurdetektive genau, dass ein derartiger Hinweis allein noch keine besonderen Maßnahmen der Soko auszulösen vermögen. Sie schüren und verbrämen deshalb ihre Mitteilungen mit erfundenen Fakten...

So ähnlich war es wohl hier gelaufen: Wir kamen frisch von der Uni, sprühten vor Lebensmut und »gehörten nicht dazu«. Das reichte für eine hinterhältige Denunziation in dieser aufgewühlten Zeit.

Zu Lebach: Am 20. Januar 1969 wurde im saarländischen Lebach ein Munitionsdepot überfallen. Dabei wurden vier Soldaten im Schlaf erschossen, ein weiterer schwer verletzt. Schon bald wurde überall die Vermutung angestellt – so z. B der südpfälzische CDU-Bundestagsabgeordnete Werner Marx –, die rebellische Jugend habe zugeschlagen. Das war auch noch Mitte April so, als der zuständige Staatsanwalt Siegfried Buback – später Generalbundesanwalt, 1977 ermordet von der RAF – noch keinen Fahndungserfolg vorweisen konnte. Es war aber bereits das Gerücht durchgedrungen, dass die Täter eventuell im Umkreis von Landau zu suchen seien. Vielleicht – so vermute ich – stand der kurzzeitige Verdacht gegen uns in diesem Zusammenhang. Ende April, neun Tage nach unserem Einzug ins Predigerseminar, wurden die drei Täter festgenommen: Sie waren ungefähr so alt wie wir. Alle drei wohnhaft in Landau und z. T. aus gutsituierten Familien stammend. Die homosexuelle Connection wollte mit den erbeuteten Waffen anschließend reiche Bürger erpressen – was sie dann auch wenig erfolgreich versuchte –, um dann später ein gemeinsames Leben auf einer Hochseeyacht führen zu können. Über den Prozess in der Saarbrücker Kongresshalle – von kritischen Beobachtern auch »Schauprozess« genannt – schrieb der legendäre Gerichtsreporter Gerhard Mauz im SPIEGEL (28/1970), die damalige gesellschaftliche Atmosphäre vorzüglich erspürend: *Gegen Fuchs, 27, Ditz, 27, und Wenzel, 25, ist in der* ersten Prozesswoche insgeheim gegen eine Jugend verhandelt worden, die man der Jugend, wie man sie sich wünscht, als Menetekel vorhalten möchte. Vielleicht stimmte ja auch, was seinerzeit der Journalist Hans Fleig in einer Reportage für das Schweizer »Sonntagsjournal« schrieb über die Region der Tat und der Täter (zitiert nach Neven-Du Mont s. o.):

> Kaum ein Hauch modernen Lebens belebt jene an Lothringen grenzenden kleinen »vergessenen Gebiete«, denen die Täter von Lebach entsprangen. Der Provinzialismus dieser Gegend ist niederschmetternd. Das »Establishment« von Landau bis Kaiserslautern und Saarbrücken ist so festgefügt, wie wenn es nie einen Zweiten Weltkrieg gegeben hätte. Für Außenseiter und Nonkonformisten irgendwelcher Art ist da kein Platz...

Dass Landau neuerdings an Lothringen grenzt, ist mir allerdings noch nicht aufgefallen ... Aber so ähnlich fühlte ich mich in Landau, als ich es mit den anderen Kandidaten lernen sollte, mich mit den Gesetzen und Verordnungen dieser Provinzkirche im »Land der Reben, Rüben und Raketen« – wie der SPIEGEL das Land Rheinland-Pfalz alliterierte – vertraut zu machen.

Die Entdeckung der unordentlichen Ordnung

Endlich wurde uns mitgeteilt, in welche Orte wir uns ab 1. Mai zu »verfügen« hatten, um z. T. offene Pfarrstellen zu »verwesen« – wie es im bürokratischen Jargon der Amtssprache unfreiwillig komisch hieß. Mein Einsatzort hieß Ludwigshafen-Oggersheim. Hier hatte ich nichts zu »verwesen«, wohl aber ein »Vikariat« mit eigenem Seelsorgebezirk zu betreuen.

Ludwigshafen also! Von Heidelberg aus hatte ich mit meiner »Isetta« hierhin einmal einen Ausflug gemacht und war entsetzt wieder geflohen, als ich der hässlichen Gesichtslosigkeit dieser Stadt ansichtig wurde, die ja eigentlich ein Haufendorf ist, um eine gigantische Industrieanlage herum. Niemand hat das frühkapitalistische Konzept, das dahinter stand, besser charakterisiert als Ernst Bloch, der Ehrenbürger Ludwigshafens:

> *Städte dieser Art sollte man … besonders wiegen … Ludwigshafen (hat) gegen den Typ Mannheim das ehrlichere Gesicht; seine Industrie zerstört nicht erst natürliche, kulturelle Zusammenhänge, sondern steht ab ovo fremd zu ihnen. Da ist aufrichtigster Hohlraum des Kapitalismus: dieser Schmutz, dieses rohe und todmüde Proletariat, ausgetüftelt bezahlt, ausgetüftelt ans laufende Band gestellt, dies Projektemachen eiskalter Herren, dieser Profitbetrieb ohne Legendenreste und Phrase, dieser schundig-kühne Kinoglanz in den traurigen Straßen.*

(Ernst Bloch: Verfremdungen I, 1928)

Der im Nordwesten gelegene Stadtteil Oggersheim ist der bevölkerungsreichste von Ludwigshafen, besaß seit 1289 Stadtrechte mit Mauer und Toren, ehe er 1938 der Stadt Ludwigshafen einverleibt wurde. Friedrich Schiller fand hier nach seiner revolutionären Mannheimer »Räuber«-Aufführung zeitweilig Zuflucht. In der an ihn erinnernden Schillerstraße Nr. 57 lag das Haus mit der Dienstwohnung des Vikars im I. Stock (mit Erker), wo unsere kleine Familie fast drei Jahre wohnen sollte.

Abbildung 23: Ludwigshafen-Oggersheim: Vikarswohnung im 1. Stock

Doch zuvor galt es noch, binnen 14 Tagen im Schnellverfahren uns die wichtigsten Rechtsbestimmungen für den kirchlichen Dienst einzuverleiben – alle versammelt in einem mehrbändigen Werk namens »GOV« (»Gesetze und Verordnungen der Protestantischen Landeskirche«. Alter Kalauer vorangegangener Kandidatenjahrgänge: »GOV ist doof«...). Schon ab 1. Mai des Jahres bis zum 30. September sollten wir »im vollen Gemeindedienst« »verwendet« werden. Voraussetzung dafür war unsere alsbaldige Ordination.

Ordination? War das nicht ein Sakrament der katholischen Kirche, auch »Priesterweihe« genannt? Ich erinnerte mich an die Lektüre des von Hans Küng 1967 erschienenen Buches »Die Kirche«, in dem er auf verschlungene Weise das »Amt« in der Kirche für die ökumenische Diskussion öffnen wollte. Darin war immer wieder von der ununterbrochenen »Kette der Handauflegungen« die Rede gewesen – von Petrus, dem angeblich ersten Bischof in Rom, bis heute – in deren Zusammenhang allein das Amt zum Amt werden könne. Ich hatte es bei der Lektüre schon ziemlich merkwürdig gefunden, dass eine so banale Handlung wie die Handauflegung einen Amtsträger legitimieren und für die Ausübung seines Amtes geeignet machen sollte. Sollten wir uns denn auch einem so magischen Ritus unterwerfen? Das passte doch überhaupt nicht in diese Zeit! Während der Pariser Revolte im Mai 1968 hatte an der Tafel eines Vorlesungssaales in der Sorbonne gestanden: »In der Bemühung um die Form geht der Inhalt verloren«. Die Ablehnung aller bisherigen Förmlichkeit gehörte von Beginn an zu den Essentials der Studentenbewegung, schon als spöttisch unter den Talaren der Professoren der Muff von tausend Jahren vermutet wurde.

Was aber sagte nun die GOV zur Ordination in dieser protestantischen Landeskirche? Zusammen mit Semi-Müller lasen wir die entscheidenden Passagen der Ordinationsordnung:

Unter Ordination versteht man den k i r c h e n o r dn u n g s m ä ß i g e n (Hervorhebung durch den Verfasser) *Akt der feierlichen Einsegnung zum Dienste im kirchlichen Amte als Lebensberuf unter Übertragung der Vollmacht zur Ausübung voller kirchlicher Amtstätigkeit durch Verwaltung von Wort und Sakrament.*

Was bedeutete das für uns, in unserer jetzigen Situation? Man schmiss uns Nichtschwimmer zum »vollen Dienst« in das Schwimmbecken irgendeiner Kirchengemeinde, in der Erwartung, wir würden so das Schwimmen schon irgendwie lernen. Die Ordination mit dem Schwimmanzug des Talars und der begütigenden Handauflegung durch irgendeinen Schwimmlehrer sollte dann auf magische Weise die »Vollmacht« für alle weiteren Übungen verleihen. Was aber, wenn wir ohne solche Zeremonie ins Schwimmbecken gingen? Die GOV antwortete:

Ein im kirchlichen Dienst als Vikar verwendeter, aber noch nicht ordinierter Kandidat kann die Predigt, die Christenlehre und die Beerdigungen übernehmen und über letztere den bezüglichen Eintrag in die kirchlichen Register machen, aber soll nicht die hl. Sakramente spenden und nicht jene kirchlichen Amtshandlungen vornehmen, bei welchen der Geistliche ausdrücklich kraft seines Amtes und als berufener Diener der Kirche fungiert, – also nicht Trauung, Konfirmation und Vorbereitung zum hl. Abendmahle.

Wir rieben uns die Augen. Hatten wir richtig gelesen? Hatte nicht die Reformation von dem alleinigen Vorrang der Schriftauslegung vor allen anderen kirchlichen Handlungen gesprochen: »Sola scriptura« = Allein die Schrift? Und nun sollten wir ohne Ordination die Schrift auslegen, aber keine Sakramente wie Taufe und Abendmahl spenden und keine Segenshandlungen wie Trauung und Konfirmation vornehmen dürfen. Bekam die Ordination dadurch nicht selbst sakramentalen Charakter wie die katholische Priesterweihe und wurde dadurch viel mehr als ein »kirchenordnungsmäßiger« (s. o.) Akt?

Auf unsere Einwendungen reagierte Semi-Müller zunächst defensiv, gab uns aber am Ende recht. So stand es nun für uns fest: Diese Ordnung war nicht in Ordnung! Wir würden uns auf Grund einer solchen Ordnung nicht ordinieren lassen und teilten dies Ende April dem Personaldezernenten Eugen Mayer II. mit: Im Hinblick auf die gültige Ordinationsordnung sei es mit unserem theologischen Gewissen nicht vereinbar, uns in solchem Kontext ordinieren zu lassen. Im Hinblick auf die Personalnot der Landeskirche würden wir den »vollen Dienst« aber auch ohne Ordination tun. Daraufhin beschloss der Landeskirchenrat, vorläufig von einer Verwendung im Gemeindedienst abzusehen und uns zunächst weiterhin zur Ausbildung im Predigerseminar zu belassen.

Vikare contra Oberkirchenräte

Jetzt machte der Personaldezernent Eugen Mayer II. seine Drohung wahr: Er besuchte uns im Predigerseminar. Trotz eines langen Gespräches kam es zu keiner Annäherung. Eugen II. beharrte auf der Anwendung der bestehenden Ordnung – wir weigerten uns, diese Ordnung anzuerkennen und lehnten eine Ordination in diesem Kontext ab. Immerhin verwies er uns auf die vom 4.–9. Mai stattfindende Landessynode in Speyer, wo wir ja unser Anliegen auf Änderung der Ordinationsordnung einbringen könnten.

Er übernachtete – wie angedroht – im Predigerseminar, obwohl das nur eine sehr kurze Nacht gewesen ist. Bei Bier, Wein und Cognac gaben am Abend bis weit in die Nacht hinein Eugen II und Seminarleiter Hermann Schneider die Alleinunterhalter: Sie erzählten Witze aus dem schier unerschöpflichen Vorrat, den sie unnützer Weise in ihren Hirnen gespeichert hatten. Das war ja anfangs noch ganz amüsant; mit der Zeit aber waren wir Pfaks nur noch genervt: Einer nach dem anderen verschwand im Zimmer, und am Ende waren nur noch Eugen II., Christian und ich noch auf den Beinen. Wir verabschiedeten uns höflich. Seine Mission, einen ganzen Kandidatenjahrgang unter den Tisch zu trinken, war offensichtlich gescheitert. So sah es jedenfalls in diesem Moment aus. – Wohl um die Niederlage doch noch abzuwenden, weckte er uns am frühen Morgen. Ich meine mich zu erinnern, dass er laut an meine Zimmertür klopfte, an mein Bett trat, mit einem halbgefüllten Cognacschwenker in der Hand, und triumphierend schrie: »Aufstehen! Hab ich euch doch noch geschafft, ihr Schlafmützen!«

Gut vorbereitet fuhren wir zur Synodaltagung im Speyerer Diakonissenhaus. Es gelang uns, mit einem Grundsatzpapier (»Not der Kirche«), Flugblättern und vielen Einzelgesprächen unser Anliegen deutlich zu machen. Die Synode beschloss einstimmig:

Die Kirchenregierung wird beauftragt, unter der Beachtung der Gleichwertigkeit von Wort und Sakrament, § 1 Absatz 1 der Kandidatenordnung zu überprüfen.

»Noch während der Synodaltagung gaben die Kandidaten zu erkennen, dass sie nunmehr bereit wären, die Ordination zu beantragen.« So heißt es im vom Landeskirchenrat herausgegebenen »B e r i c h t über die Vorgänge im Zusammenhang mit der <u>Ordination</u> des Kandidatenjahrganges 1969/I«. Das stimmt nur teilweise: Eine bloße »Überprüfung« der Kandidatenordnung gab ja keine Gewähr für eine nun wirklich kommende »ordentliche Ordnung«. Da wir aber seit 16. Mai in unseren Einsatzorten vollen Dienst machten, schoben wir unsere immer noch bestehenden Bedenken beiseite, um endlich unsere dringend benötigte Arbeit zu tun. Mit Semi-Müller vereinbarten wir, dass er uns ohne großes Aufsehen in der Landauer Matthäuskirche ordinieren würde. Wir bestanden darauf, dass wir stillschweigend dabei keinen Talar tragen und nicht niederknien würden – damit auch nicht der Anschein eines »sakramentalen Charakters« der Ordination aufkommen konnte. Da wir uns in der Frage der Ordination gemeinsam engagiert hatten, erschien es uns sinnvoll, uns auch gemeinsam ordinieren zu lassen. Entsprechend lautete unser Antrag.

Es wäre kein Gesichtsverlust für den Landeskirchenrat gewesen, wenn er diesem Antrag stattgegeben hätte. Er hätte sich viel Ärger und Ansehensverlust auch in der Öffentlichkeit ersparen können, wie bald zu sehen war. Doch die »Falken« dieses Gremiums setzten sich durch: Der Antrag wurde abgelehnt. Nur ein Dekan dürfe Ordinationen durchführen. Der Landauer Dekan Heinrich Kron wurde mit der Ordination beauftragt, und wir sollten uns bei ihm zu einem Ordinationsgespräch einfinden. Heinrich Kron, der spätere Kirchenpräsident, war uns und unserem Anliegen durchaus gewogen. Dennoch kamen wir über die Durchführung zu keinem gemeinsamen Nenner. Wir schrieben deshalb am 22. Mai an den Landeskirchenrat:

Ihre Anweisung, uns am Pfingstmontag durch Herrn Dekan Kron ordinieren zu lassen, haben wir zur Kenntnis genommen. Unseres Wissens haben aber die Ordinanden das Recht, ihren Ordinator selbst zu bestimmen. Erst dann kann der Ordinator vom LKR mit der Durchführung der Ordination beauftragt werden. Somit ist durch Ihre Verfügung unserer Entscheidung vorgegriffen worden. Wir bedauern, dass Sie sich nicht dazu entschließen konnten, Herrn Seminardirektor Müller mit der Durchführung der Ordination zu beauftragen. Denn in unserem Antrag hatten wir die stillschweigende Voraussetzung gemacht, ohne Talar und ohne Niederknien vor dem Altar ordiniert zu werden. Auf diese Weise wäre unser Ordinationsverständnis ohne großes Aufsehen weitgehend berücksichtigt worden. ... Wir sind grundsätzlich bereit, uns ordinieren zu lassen. Dies jedoch nur, wenn beim Vollzug der Ordination jeglicher weihevolle Anstrich ausgeschlossen ist.

Aufgrund dieses Schreibens wurden wir erneut zu einem Gespräch nach Speyer zitiert: Es war Freitag, der 30. Mai 1969. Unsere hier neu vorgetragene Argumentation beruhte auf einem sehr einleuchtenden juristischen Grundsatz: Wenn ein Gesetz oder eine Ordnung ganz offensichtlich demnächst einer Änderung unterzogen wird, deren Konturen schon klar sichtbar sind, kann die Exekutive vorgreifend bereits im Sinne dieser kommenden geänderten Fassung entscheiden. Den Ermessensspielraum dafür besitzt sie in jedem Fall. Darauf aber wollten sich die Hardliner beim LKR nicht einlassen, und wir standen vor der Entscheidung: Dienstentlassung oder Ordination nach der alten Ordnung. Nach für alle Teilnehmer frustrierendem Gespräch und mit dieser Alternative konfrontiert, verließen wir das Konsistorialgebäude, um in der Speyerer Weinstube »Zur Schwarzamsel« zu Mittag zu essen und uns über die Situation zu beraten.

Einige von uns hatten inzwischen die Motivation verloren, in diesem »Tendenzbetrieb« Wurzeln zu schlagen. Sie dachten offen über Alternativen nach: Ein Zweitstudium aufnehmen, zur Presse gehen, den Lehrerberuf ergreifen oder in eine andere Landeskirche wechseln, denn Pfarrer waren damals Mangelware. Als Vater einer

Tochter kam das für mich überhaupt nicht in Frage: Ich musste und wollte schnell Geld verdienen. Aus anderen Gründen dachte Christian Wendt ebenso. Und so waren wir es hauptsächlich, die den neuen Ordinationsantrag formulierten und auf den Weg brachten. Dabei wollten wir das Kunststück vollbringen, in der Sache dem Ansinnen des LKR völlig nachzugeben, andererseits »einen Fettfleck zu hinterlassen«, um unseren Widerspruch und unseren nach wie vor bestehenden Kampfgeist zu dokumentieren. Während die anderen Pfaks noch räsonierten und disputierten, kam mir plötzlich die Erleuchtung, als ich mich an Rechtsanwalt Horst Mahlers Standpunkt im Heidelberger Stadthallenprozess erinnerte: Dass sich hinter »einer vordergründigen Ordnung« eine »heillose Unordnung« verbergen kann. Und so floss es mir einfach aus der Feder:

Da eine ordentliche Ordination wegen einer unordentlichen Ordnung ordnungsgemäß nicht möglich ist, beantragen wir eine ordnungsgemäß unordentliche Ordination, die ohne gegen die Ordnung zu verstoßen, ohne den nach Gewohnheitsordnung verabreichten Talar erfolgen möge. Damit wird eine Unordnung in der Stellenbesetzung auf außerordentlich unordentliche Weise vermieden.

Als ich fertig war, wandte ich mich an die anderen Pfaks und fragte: »Wäre das vielleicht die Lösung unseres Problems?« Mit einem Schlag war die Diskussion beendet, und wir formulierten das Anschreiben, das diesem Antrag voranging, in der Hauptsache von Christian formuliert:

<u>Betreff:</u> *2. Antrag auf Ordination*
<u>Bezug:</u> *Gespräche mit dem LKR am 30.5.1969, 10h30–12h30*
<u>Motto:</u> *»Der Sabbat ist um des Menschen willen geschaffen, und*
 nicht der Mensch um des Sabbats willen« (Markus 2, 27).
<u>Situation:</u> *Nach dem langwierigen und nervenaufreibenden Hin*
 und Her in der Frage der Ordination sind wir zu der Über-

zeugung gelangt, dass uns in der inhaltlichen Beanstandung des Ordinationsproblems weitgehend recht gegeben wurde. Durch Synodalbeschluss schien die Aufwertung der Sakramente gegenüber der Predigt hinfällig geworden zu sein. Dies war jedoch nicht der Fall. Deshalb erscheint uns ein Kampf gegen die Windmühlenflügel des kirchlichen Apparates nicht mehr sinnvoll. Wir haben den Eindruck, dass die Ordnung um der Ordnung willen in der Kirche einen unverantwortlich hohen Stellenwert besitzt. Kirchliche Ordnungsfragen sollten aber flexibel und in Hinsicht auf die gegenwärtige Situation anpassungsfähig gehandhabt werden. Eine Ordnung muss sinnvoll, durchschaubar sein und den Erfordernissen, die die Gegenwart an unseren Beruf stellt, gerecht werden.

In dieser Situation stellen wir den folgenden <u>Antrag</u> als stellten wir ihn nicht (vgl. 1. Korinther 7, 29–31 !): …

Darauf folgte ohne Abstriche mein Antrag. Der Schlusssatz lautete: *Unsere Ordination wolle in Frankenthal vollzogen werden* – ironisch die kirchenherrschaftliche Amtssprache imitierend. Der Ort Frankenthal wurde genannt, weil kurz vorher der dortige Dekan uns angeboten hatte, die Ordination ohne Talar und Niederknien zu vollziehen.

Es war schon Freitagnachmittag, und wir wollten den Antrag an Ort und Stelle abliefern. Wir zogen gemeinsam zum Konsistorialgebäude und nahmen ungefragt und ungehindert im Prüfungssaal Platz. Christian und ich wurden beauftragt, unseren Antrag persönlich abzugeben. Wir suchten irgendwo eine Schreibmaschine und fanden eine in einem schon leeren Sekretärinnenzimmer. Nachdem wir ihn eingetippt hatten, suchten wir einen Umschlag. Nirgendwo war einer auffindbar, ehe ich in einem benachbarten Zimmer eine Schublade öffnete und einen Stapel mit Trauerumschlägen fand. Die Symbolik, die mit solchem Umschlag einherging, fanden wir gar nicht so schlecht: Schließlich waren wir ja wirklich traurig über unsere erzwungene Ordination…

Wir klopften an die Tür, wo Oberkirchenrat Walter Ebrecht uns öffnete – wenig später Nachfolger Theo Schallers als Kirchenpräsident. Ich überreichte ihm den Trauerumschlag. Er begriff sofort die Symbolik und zog scherzhaft an meiner schwarzen Krawatte. »Alles gut!« dachten wir, berichteten den anderen noch wartenden Pfaks und fuhren ohne weitere Diskussion zu unseren Einsatzorten.

Als ich in Oggersheim in der Schillerstraße eintraf – es war etwa eine halbe Stunde danach –, erwartete mich schon meine Ehefrau und eröffnete mir: »Eben hat der LKR angerufen: Ihr seid alle suspendiert!« Anrufe bei den anderen Pfaks zeigten: Tatsächlich! Christian hatte in Neustadt für den morgigen Samstag eine Beerdigung mit einem sehr gravierenden Fall übernommen – seine erste Beerdigung überhaupt. Nun musste er alles an einen anderen Kollegen übergeben. Als er Eugen II. anrief, den er familiär kannte, um den Grund der Suspendierung in Erfahrung zu bringen, beschied der ihn mit den Worten »Pfarramtskandidaten bekommen keine Begründung!« und legte den Hörer auf. – Der LKR hatte »ohne Rücksicht auf Verluste« gehandelt. Was ich fühlte damals, kann ich noch genau benennen: »Wieder rausgeschmissen! Nimmt denn das Verhängnis nie ein Ende?«

Kampf um die Aufhebung der Suspendierung

Unser größtes Pfund in diesem Kampf war unsere Einigkeit. Das Vikariat in der Schillerstraße 57 von Ludwigshafen-Oggersheim wurde zeitweilig zum Widerstandszentrum, in dem wir alle kampierten, diskutierten und für unser Anliegen agitierten. Der Glücksfall dieser Einigkeit hat in Teilen bis heute überlebt, da wir auf unsere kirchliche »Karriere« zurückblicken.

Die Zeit war gekommen, endlich Öffentlichkeit herzustellen! Bis heute gilt es in kirchlichen Kreisen als unanständig, Konflikte innerhalb der Kirche publik zu machen. So wird Unstimmiges immer wieder unter den Teppich gekehrt, statt es der freien Diskussion auszusetzen. Desungeachtet erinnerte ich mich an meinen Studienfreund Christoph Lindenmeyer, der noch in Heidelberg studierte und später ein prominenter Redakteur des Bayerischen Rundfunks werden sollte. Ich schilderte ihm unsere Lage und was am 30. Mai geschehen war. Er nahm dies zum Anlass für einen Artikel im renommierten »Mannheimer Morgen«, der auf Seite 2 erschien und bundesweit für einiges Aufsehen sorgte. Er erschien am 12. Juni unter der Schlagzeile »Jede Firma muss ihre Ordnung haben«. Darin hatte er ein Telefoninterview mit OKR Ebrecht verarbeitet. Zum von uns übergebenen Ordinationsantrag im Trauerumschlag äußerte Ebrecht: *Über den Trauerrand haben wir gegrinst, über den Inhalt des Schreibens aber waren wir bestürzt!* Christoph Lindenmeyer schrieb zum Ende dieses Artikels:

Die Suspendierung als eine Maßnahme der unmittelbaren Disziplinargewalt wird heute von Speyer so begründet: »*Alle Möglichkeiten sich zu arrangieren, waren ausgeschöpft.*« *Die Entscheidung von Speyer stellt in ihrem Ausmaß einen bisher einmaligen Schritt innerhalb der Evangelischen Kirche in Deutschland dar. Obwohl die Kandidaten in einem weiteren Schreiben die* »*Missverständnisse*« *bedauerten, ohne allerdings den inhaltlichen Standpunkt zu verlassen, bestätigte der Landeskirchenrat schriftlich die Suspendierung; eine Aufhebung seiner Entscheidung sei nur möglich, wenn die Vikare sich vom Inhalt ihres Antrags distanzierten und seine Form bedauerten. Mit* »*gebrochenem Rückgrat*« *aber wollen die Kandidaten den Dienst in ihrer Kirche nicht aufnehmen. Nicht nur sie sprechen von einer Unverhältnismäßigkeit der Mittel.*

Diese Einschätzung fand in der Öffentlichkeit und in der Landeskirche immer breitere Zustimmung. Die Kritik an der Kirchenleitung fand Resonanz auch in einem Kommentar des »Mannheimer Morgen«, der einen Tag nach dem Lindenmeyer-Artikel erschien, in der auf S. 2 veröffentlichten Rubrik »Die kritische Betrachtung«:

»Lässt die Kirche alle Felle davonschwimmen« von Stephan Martin. Darin hieß es u.a.:

> Die »Vertreibung« der sieben wackeren Vikare aus künftigen Pfälzer Pfarrämtern ist mehr als nur eine etwas munter aufpolierte Variante leidigen Theologengezänks. Der erstaunliche Aufruhr in der Pfälzischen Landeskirche markiert einen Höhepunkt der Ortsverschiebung im innerprotestantischen Meinungsstreit: Weg vom Inhalt – hin zur Methode. Oder: Nicht mehr allein die Sache entzweit, sondern auch die Form der Auseinandersetzung. Oder in einer weiteren Version: In der Kirche ist die Kommunikation in Misskredit geraten.

Etwas konkreter heißt es weiter:

> Auf beiden Seiten sind … die Sicherungen durchgebrannt. Allerdings sitzt die sogenannte verfasste Kirche … am längeren Hebel. Sie kann immerhin den Geldhahn zudrehen. Die jungen Vikare, die vielleicht übers Ziel hinausgeschossen sind, jetzt auf den Knien kriechen und ganz kleine Brötchen backen zu lassen, dürfte allerdings nicht gerade zu einer Behebung der Spannungen beitragen. Die Kirchenleitung mag zwar einen vordergründigen Sieg davontragen, auf die Dauer wird es nur ein fragwürdiger Erfolg sein. Ausradierte Konflikte schaffen noch lange keine Kontakte.

Diese für uns günstige Stimmung in der Öffentlichkeit nutzten wir gerne und brachten Streitschriften (z. B. »Die exekutive Gewalt des LKR und der Protest von sieben Pfarramtskandidaten«) und Flugblätter unters Kirchenvolk. Ich selbst hing sie im Schaukasten des Vikariats aus, zusammen mit Ablichtungen der Schreiben des LKR. Es sollte dabei deutlich werden: Nicht wir waren es, sondern der LKR, der unsere notwendige Arbeit in der Gemeinde verhinderte!

Die Wellen dieser Nachricht erreichten auch das Fernsehen des Südwestfunks. Ein Redakteur namens Volker Privonitz – 1977 Träger des Bremer Fernsehpreises – rief mich an, um einen Termin mit uns zu vereinbaren. Gedreht wurde zunächst im Vikariat Oggersheim, wo meine inzwischen 1 ½ Jahre alte Tochter Ulrike auf dem Schreibtisch im Amtszimmer abgelichtet wurde.

Abbildung 24: Aus dem Fernsehfilm »Vikare contra Kirchenräte«: Ulrike mit mir im Amtszimmer des Vikariats

Auch der Schaukasten mit den Exponaten des landeskirchlichen Schriftverkehrs wurde gefilmt. Gedreht wurden wir dann alle bei der wiederum stattfindenden Landessynode in Speyer, ständig Zigaretten rauchend und ziemlich erbost darüber, dass der Landeskirchenrat keine Rüge bekam. Der Fernsehfilm wurde dann zeitnah unter dem Titel »Vikare contra Kirchenräte« gesendet.

Ich sagte zornig vor laufender Kamera: »Die schmutzige Wäsche ist nicht gewaschen worden!« was mir später von meinem mir vorgesetzten Oggersheimer Pfarrer, den wir unter uns nur »Heintje« nannten, noch zum Vorwurf gemacht wurde: So rede man nicht öffentlich über seine Kirche ... Latent kam dieser Vorwurf auch im »Bericht über die Vorgänge ...« des LKR zur Sprache:

Abbildung 25: »Vikare contra Kirchenräte« (v.l.n.r.): F. S., von seiner Zigarette fast verdeckt: Heidi, Christa, Helge und Pessi in Speyer

In der Zwischenzeit hatte sich die Presse mit der Angelegenheit befasst, es wurden Memoranden der Kandidaten verbreitet, persönliche und offene Briefe an den Landeskirchenrat geschrieben und Besuche beim Ausbildungsdezernenten gemacht...

Richtig ist: Der Druck auf den LKR, diese unbefriedigende Situation zu bereinigen, wurde immer stärker. In einem Gespräch erreichten wir, dass der LKR nun einverstanden war, den Frankenthaler Dekan Hussong zu beauftragen, uns alle ohne Talar und ohne Niederknien in der Zwölf-Apostel-Kirche zu ordinieren. Deshalb stellten wir am 21. Juni den nun schon dritten Ordinationsantrag. Ihm folgte mit Schreiben vom 23. Juni zunächst die Aufhebung der Suspendierung »mit sofortiger Wirkung«. Am Tag darauf erfolgte bereits die Mitteilung, dass wir am Sonntag, dem 29. Juni von Dekan Hussong ordiniert werden sollten. Das sehr angenehme Vorgespräch mit diesem freundlichen und »liberalen« Dekan fand zwei Tage vorher statt. Auf Druck der Synode hin wurde uns versichert, dass der Vorgang um die Suspendierung aus der Personalakte zu streichen war. – Zwei Jahrzehnte später tauchte ich unangemeldet Im Landeskirchenrat auf und verlangte Einsicht in meine Personalakte. Der Passus über die »Vorgänge« war tatsächlich gestrichen. Allerdings machte mich jetzt Christian darauf aufmerksam, dass er bei seiner Akteneinsicht einen Brief von Eugen II. vorgefunden habe, in dem u. a. stand: »Nach Aufhebung Ihrer Suspendierung …« Wahrscheinlich hatte ich den übersehen. »Vestigia terrent«, heißt es in der Fabel Äsops: »Die Spuren schrecken ab«…

Der 29. Juni 1969 wurde ein sonniger und im Tagesverlauf fast schon heißer Tag. Außer F.S., der bei seiner Frau in Rheingönnheim war, hatten wir alle im Vikariat Oggersheim übernachtet. Aus dem Badezimmer ertönte laut die Stimme von Christian Wendt, der im Songstil Kurt Weills uns an unsere revolutionären Ursprünge erinnerte: »Wir lassen uns nicht, wir lassen uns nicht, wir lassen uns n i c h t ordinieren, denn so eine Ordination ist ordinär …« Aber wir ließen uns dann doch, und das könnte der Schlusspunkt dieses Kapitels gewesen sein: Wenn nicht F.S. an diesem schönen Morgen verschlafen hätte und wir ihn nicht erst nach dem Gottesdienst um die Kirche herumtrippelnd angetroffen hätten. Dekan Hussong ordinierte ihn dann am Nachmittag desselben Tages in einem Zelt in Großkarlbach, wo der Gottesdienst zum Gustav-Adolf-Fest stattfand. Da er unsere ganze Innung blamiert hatte, gönnten wir es ihm, dass er im Gegensatz zu uns niederknien und seinen Kopf für die Handauflegung des Dekans tief hinunterbeugen musste…

Kapitel IV

Vikar in Ludwigshafen-Oggersheim

Oggersheimer Schwimmübungen

Trotz aller Bemühungen meiner Mutter (s. Band I, S. 84) konnte ich immer noch nicht richtig schwimmen. Wenige Tage nach meiner Eheschließung wäre ich sogar fast im Freibad am Friesenheimer »Willersinn-Weiher« ertrunken: Aus Scham hatte ich der mir gerade erst Vermählten verheimlicht, dass ich trotz einiger Schwimmkurse immer noch Nichtschwimmer war. Mit flauem Magengefühl begleitete ich sie an einem schönen Frühsommertag zu diesem Freibad, in dem – wie ich in der Zeitung gelesen hatte – einige Tage zuvor ein italienischer »Gast«-Arbeiter ertrunken war. Der Nichtschwimmerteil war abgegrenzt, so dass ich mich hier auf der sicheren Seite fühlen konnte, zumal es ganz flach in den Weiher hineinging. Eigentlich beherrschte ich die Technik des Schwimmens. Aber sobald ich nach unten hin keine Fußberührung mehr fühlte, überfiel mich die Panik. In einem Hallenbad im Schwarzwald hatte mich der Bademeister deswegen einmal retten müssen. Um keine Schwäche zu zeigen, schwamm ich dennoch ein wenig über die Abgrenzung hinaus, in der sicheren Annahme, noch immer Bodenberührung zu haben. Als ich das sicherheitshalber ausprobierte, tauchte ich hinunter ins scheinbar Bodenlose. Die Panik überfiel mich sofort und ich paddelte und zappelte wie ein Wahnsinniger. Trotzdem wurde ich wieder an die Wasseroberfläche hochgehoben. Ich überlegte zu lange, ob ich um Hilfe schreien sollte und sank wieder hinunter. Als ich dachte »So: Jetzt ertrinkst du« wurde ich noch einmal an die Oberfläche gehoben. Mir gelang nur noch ein krächzender, fast flüsternder Hilferuf. Meine Frischvermählte erzählte später, sie habe meinen Hilferuf zunächst für einen schlechten Scherz von mir gehalten. Mit wenigen Schwimmzügen war sie dann, als ich verschwunden blieb, an meiner Auftauchstelle, packte mich nach unten fassend mit einer Hand und zog mich die wenigen Meter in den Nichtschwimmerteil hinein. An »Land« übergab ich mich und spuckte mehrere Liter Wasser aus. Als ich wieder einigermaßen bei Sinnen war, dachte ich an meine Lieblingsnovelle von Theodor Storm: »Aquis submersus« (Frei übersetzt: »Von den Fluten verschlungen«) und freute mich meines wiedergewonnenen Lebens…

Etwas noch nicht richtig zu können, obwohl es von dir erwartet wird: Das war die Situation, in der ich mich befand, als ich jetzt den vollen Dienst zu tun hatte. Zum Vikariat gehörte ein Seelsorgebezirk, in dem mehr als 4000 »Seelen« wohnten – so nannte die Kirchenordnungssprache die Menschen, die eingeschriebene Mitglieder der Landeskirche waren. Wie ich schon bald bemerken sollte, bedeutete dies zunächst ganz einfach, dass pro Woche mehrere Beerdigungen durchzuführen war. Was war zu tun? Ich kannte ja niemand hier. An eine meiner ersten Beerdigungen kann ich mich lebhaft erinnern: Der Ehemann einer Presbyterin war gestorben, und ihr machte ich nun meine Aufwartung, bewaffnet mit Stift und Schreibblock. Nach Niederschrift seiner Lebensdaten fragte ich nach seiner Lebensgeschichte und seinem Charakter. Arbeiter sei er gewesen, antwortete sie. Plötzlich sei er gestorben und völlig unerwartet. Aber mehr war nicht zu erfahren. Immer wieder fragte ich nach und stieß genauso oft auf eine Mauer des Schweigens. Verzweifelt startete ich einen letzten Versuch: »Können Sie mir denn wenigstens einen hervorstechenden Charakterzug nennen, der ihn von anderen unterschieden hat?« Langes Schweigen. Dann kam es zögernd aus ihr heraus: »Er ist ziemlich großzügig gewesen.« Erleichtert schrieb ich es auf meinen Zettel und dachte: Daraus kann ich vielleicht etwas machen…

Die Beerdigung fand nicht im Ludwigshafener Hauptfriedhof, sondern im kleineren Friedhof in Oggersheim statt. Die Friedhofshalle war gerammelt voll. Er musste viele Freunde gehabt haben.

Meine Beerdigungsansprache hatte ich voll und ganz auf das Wort »großzügig« gegründet: hatte diese Eigenschaft theologisch überhöht und mit biblischen Beispielen als vorbildliches Verhalten in den Raum gestellt. Während meines Vortrags bemerkte ich, wie die bislang starren und verschlossenen Gesichter sich zunehmend erhellten. Davon beflügelt, sang ich immer eindringlicher das Loblied der Großzügigkeit. Dann allerdings sah ich mit Entsetzen, wie sich allenthalben ein Lächeln, ja vereinzelt sogar ein Lachen in dieser düsteren Halle breit machte. Das Gesicht der Presbyterin dagegen war wie versteinert. Hatte ich denn etwas Falsches gesagt? – Wenig später wurde ich aufgeklärt: Der Verstorbene sei ein stadtbekannter Säufer gewesen, der täglich, von Kneipe zu Kneipe, seinen Rundgang gemacht habe. Da sei es dann auch gelegentlich, wenn er bei Geld war, vorgekommen, dass er eine Lokalrunde spendiert habe. Zu Hause habe er dann keinen Heller mehr gehabt … – Künftig musste ich mit meinen theologischen Überhöhungen zweifellos sparsamer und vorsichtiger umgehen!

Zu dieser Beerdigung war ich mit meinem Fahrrad gefahren, mit dem zusammengelegten Talar auf dem Gepäckträger – schließlich besaß ich ja noch kein Auto. Das Angebot, mit dem Taxi befördert zu werden, wie das ansonsten üblich war, hatte ich strikt abgelehnt: Ich hielt das für eine unnötige Abzocke an den Menschen, die doch mit ihrer Trauer schon belastet genug waren. Deswegen erhielt ich vom Ludwigshafener Stadtdekan Seifert eine Rüge: Es gebe hier eine Absprache zwischen den Taxiunternehmen und den Bestattungsinstituten, an die ich mich auch zu halten habe. Außerdem sei das ein Privileg, das von der Pfarrerschaft gerne in Anspruch genommen werde. Noch nie habe es seitens der Trauernden dagegen je einen Einspruch gegeben. Wieder etwas gelernt: Du sollst deine Privilegien nicht verachten…

Mit dem Fahrrad fuhr ich bei Wind und Wetter zur Zwergschule in das etwa 3 km entfernte Studernheim, wo ich wöchentlich zwei Religionsstunden abzuhalten hatte. Ich ließ die Grundschulkinder gerne die biblischen Geschichten malen, die ich ihnen erzählte. So ging die Zeit schneller vorüber, und allen machte es Vergnügen. – Mehr Schwierigkeiten hatte ich in der Adolf-Diesterweg-Schule Oggersheim-West, wo ich in den 9. Klassen sechs Stunden wöchentlich unterrichten musste. Es gab zwar einen Lehrplan, an den ich mich aber überhaupt nicht hielt: Stattdessen suchte ich »emanzipatorische« Themen aus, mit politischem Hintergrund. Angetan hatte es mir Günter Amendts »Sexfront«, wo es schon in der Einleitung hieß:

Während Väter und Mütter in der seligen Unschuld der Kindheit schwelgen und voller Rührung die kleinen Wuschelköpfe ihrer Kinder streicheln, haben die kleinen unschuldigen Lieben ihr kleines Sexualleben, suckeln sie wonnevoll an den Warzen der Mutterbrust, kraulen sich ihren Pimmel und tun überhaupt so manches, was ihnen helle Entzückensschreie und wollüstiges Grunzen entlockt. Von all dem nehmen die Erwachsenen bestenfalls nichts wahr. Schlimmstenfalls und in der Regel versuchen sie die Lust der Kinder zu unterdrücken. Denn der Erwachsene missgönnt dem Kind und heranwachsenden Jugendlichen seine Sexualität. Sexuelle Lust bleibt dem Erwachsenen vorbehalten, sie ist sein Privileg.

Sehr zum Missfallen der Schulleitung und einiger Lehrer entwickelte ich aus »Sexfront« eine Art Sexualkundeunterricht, in den ich auch Elemente der Freudschen Psychoanalyse (orale, anale und genitale Phase; »Es«, »Ich«, »Über-Ich«) einfließen ließ. Die Schulleitung gingen nach Rechtslage die I n h a l t e des Religionsunterrichtes überhaupt nichts an. Das war ihr aber erst noch klar zu machen, was auch nicht gerade zur gegenseitigen Freundschaft beitrug…

Einmal kam es während einer Schulfeier, deren Anlass mir entfallen ist, zum Eklat: Vor Eltern und Lehrern hielt der Schulrektor Karl Ritter eine Ansprache, in der er auf die gerade erst vergangenen Studentenunruhen in Heidelberg einging. Er beschimpfte die Akteure in fast schon unflätiger Weise und baute vor der Audienz einen Popanz auf, der alles »Linke« und auf Veränderung Drängende in den Senkel der staatsbürgerlichen Unzuverlässigkeit stellte. Voller Erbitterung über diese Hetze stand ich auf, unterbrach seine Rede und verbat mir und uns allen diese Indoktrination mit Hilfe von kriegsbemalten Feindbildern. Ich erhielt dafür von einer Minderheit der Teilnehmenden sehr starken und demonstrativen Beifall. Ritter brach daraufhin seine Rede ab. – Er vergaß mir das nie. Über die Schiene seines SPD-Parteibuches wurde er schon 1971 Landrat des Donnersbergkreises, wohin ja auch ich 1972 verschlagen wurde, um zum »Landpfarrer« zu werden. Über die Folgen dieses erneuten Zusammentreffens wird noch zu reden sein...

Auch sonst trug ich wenig zu meiner allgemeinen Beliebtheit bei. Dekan Seifert rügte mich vor der versammelten Pfarrerkonferenz wegen einer Kolumne im Lokalteil der »RHEINPFALZ«: »Morgen auf der Kanzel«. Darin hatte ich ziemlich drastisch die »Prüfungsgottesdienste« zur Konfirmation aufs Korn genommen:

MORGEN AUF DER KANZEL
Vikar Jörn Wilhelm, Markuskirche

In Neu-Guinea gibt es einen Kannibalenstamm, der auf recht eigenartige Weise seine Jugendlichen in die Welt der Erwachsenen einführt: in feierlicher Prozession werden die Jugendlichen zunächst in eine dunkle Hütte geführt. Dort werden ihnen eine Reihe von heiligen Gegenständen gezeigt, man unterweist sie in den wichtigsten religiösen Tabus. Auf die Jungen wartet noch eine weitere, sadistisch anmutende Zeremonie: unter Beschimpfungen und Schlägen werden sie zusammengetrieben und mit Krokodilschädeln erschreckt...

Als Angehörige eines sich für zivilisiert haltenden Kulturkreises mögen wir über solche fremdartigen Bräuche mitleidig lächeln. Aber täuschen wir uns nicht: auch in unserer Gesellschaft gibt es Einführungszeremonien, die den Heranwachsenden in ähnlicher Weise auf die Welt der Erwach-

senen vorbereiten. Gemeint ist jenes Erschrecken und jener Zwang, der z. T. auch heute noch durch Konfirmandenprüfungen bewirkt wird: das Bewusstsein vor der versammelten Gemeinde zu stehen, dass eigenes Versagen sich hier zu einer Blamage auswachsen kann, die durch ihre Öffentlichkeit die eigene Selbstachtung ernstlich gefährden kann. Sind Krokodilschädel da nicht beinahe humaner?

Mir ist bewusst, dass die Türen, die hier eingerannt werden sollen, sich längst ein gutes Stück geöffnet haben: In vielen Gemeinden sind die Prüfungsbedigungen gemildert worden, oder gar die ganze Prüfung wurde abgeschafft. Nur: Was nützen die schönsten Reformen, wenn weiterhin Jugendliche in den Konfirmandenunterricht geschickt werden in dem Bewusstsein, sie hier auf die gängigen Moralvorstellungen trimmen zu lassen. Es hieße, falsche Erwartungen zu haben, würde man meinen, der Konfirmandenunterricht sei ein Disziplinierungsmittel. Im Gegenteil: wir sollten die Verbindlichkeit unserer Antworten immer neu überprüfen, aufmerksamer werden für die Fragen der Jugendlichen. Statt gebrochenem Rückgrat: aufrechter Gang! Statt »Triumph der Erwachsenen«: die kritikfähige Freiheit eines Christenmenschen. Hören wir uns ihre Fragen doch einmal an.

Dieser Artikel fiel auf mich selbst zurück: Nun stellte mich Dekan Seifert öffentlich an den Pranger der Pfarrerkonferenz. Meine Selbstachtung aber hat das nicht ernstlich gefährdet…

Notizen aus der Familie

Nun wohnten wir endlich als kleine Familie zusammen im I. Stock des Vikariatsgebäudes. Unter uns wohnte ein älteres Ehepaar, das den Kirchendienst versah. Die übrigen Räume waren das »Jugendheim«, das für die Jugendarbeit vorgesehen war, die zu meinem Arbeitsgebiet gehörte.

Mit dem Ehepaar Krug verstanden wir uns gut. Für ihren Kirchendienst wurden sie jämmerlich entlohnt. Als Herr Krug einmal beim geschäftsführenden Pfarrer um Lohnerhöhung bat, erhielt er zur Antwort:»Dienen, Herr Krug! Nicht V e r dienen!« Die Kirche war nicht gut zu ihren Lohnabhängigen. Das galt damals auch für die Pfarramtskandidaten: Weil ich verheiratet mit Kind war, bekam ich – viel mehr als die nicht verheirateten Pfaks – monatlich 600 DM. Das war die Entlohnung für den »vollen Dienst«, bei allerdings freier Miete. Entsprechend frugal war unser Speisezettel: So gab es nicht nur einmal in der Woche Ravioli aus der Dose, vielleicht noch mit Salat dazu.

Mehr als 1 ½ Jahre war die kleine Ulrike bei ihren Großeltern mütterlicherseits aufgewachsen. Ich hatte sie in dieser Zeit nur selten gesehen. Für sie und die Großeltern war die jetzt erfolgende Trennung schmerzhaft, obwohl sie in der Nähe wohnten. Endlich wollte ich nun als Vater in Erscheinung treten: Ich wickelte sie und merkte dabei, wie wichtig dieser Vorgang war, in dem ich mit ihr buchstäblich auf Augenhöhe war und die prägende Gesichtserfahrung stattfinden konnte. Ich erinnerte mich an das Kasperspielen in meiner Kindheit (s. Band I, S. 55), packte die schönen Hohensteiner Puppen aus, kaufte ein herrliches rotes Kaspertheater und dachte mir ständig neue kleine Stücke aus. Als Ulrike zu Gast in Hamburg war, durfte sie den Hohensteiner Kasper mitnehmen, dessen freundliches und lachendes Gesicht seinesgleichen sucht. Mein Vater, mit dem ich mich nach all den Jahren versöhnt hatte, kam auf die großartige Idee, ihn in einer kleinen Zeremonie mit Ulrike zu verheiraten. Daran erinnert sie sich gerne noch heute. – Jeden Abend erzählte ich ihr eine »Mäuschen«-Geschichte, mit dem immer gleichen Thema: Wie ein armes kleines Mäuschen dennoch große Dinge erleben und vollbringen kann. Ulrike ist später erfolgreiche Journalistin und Schriftstellerin geworden. Ich bilde mir ein, dass das Mäuschen von Oggersheim daran nicht völlig unschuldig gewesen ist…

Eigentlich sollte Ulrike ja zeitgemäß »antiautoritär« erzogen werden. Das erwies sich aber als schwierig, da dann auch alle anderen »Erziehungsmächte« am gleichen Strang ziehen müssen. Es fehlte mir – so muss ich darüber hinaus zugeben – auch die Geduld und die nötige Gelassenheit dafür. Es kam hinzu, dass Uli – wie sie ihr Lebtag gerufen wurde – ein sehr kräftiges Stimmorgan besaß, das sie zur Durchsetzung ihrer Interessen auch über längere Zeit hinweg einsetzen konnte: Es konnte geschehen, dass sie heulend einschlief, um nach zwei bis drei Stunden danach mit dem Heulkonzert in gleicher Lautstärke fortzufahren, dasselbe unterdrückte Verlangen einfordernd. Bei keinem anderen Kind konnte ich solche Eigenschaft je feststellen. Um wieder meine Ruhe zu haben, gewöhnte ich mir an, in ähnlicher Lautstärke zu rufen: »Stell die Sirene ab!« Manchmal half das sogar. Doch »antiautoritär« ist das ganz gewiss nicht gewesen…

Eine alptraumhafte Sequenz steht mir noch vor Augen: Ich ging mit Uli zur Oggersheimer Kirmes. Sie durfte »Reitschule« fahren. Dann aber stand ihr der Sinn nach Höherem: Sie wollte sich auf einer von fünf beweglichen Gondeln, die an einem oktopusartigen Arm befestigt waren, in die Luft schwingen. In der Gondel waren zwei hintereinander angeordnete Sitze und ich setzte mich ausgerechnet in den vorderen Sitz. Ich hatte nicht damit gerechnet, dass sich der ausladende Arm heben und senken und dazu auch noch im Kreise drehen würde – und das bei einem hohen Flugtempo. Kaum waren wir in der Luft hörte ich schon ihren verzweifelten Schrei: »Papa, ich kann mich nicht mehr halten! Jetzt fall ich runter!« Ich konnte mich wegen der Fliehkraft nicht umdrehen und schloss sie nach hinten greifend in die Arme. Das war aber für den Körper eine so unnatürliche Bewegung, dass mir sofort alles weh tat. Zudem ließ sie sich nun mit ihrem ganzen Körpergewicht auch noch hängen, völlig blind auf meine Hilfe vertrauend. Ich schrie laut, man möchte das Fahrgeschäft anhalten. Unten sah ich Menschen, die einfach nur lachten. In mir begann eine Stimme die Oberhand zu bekommen, die sagte: »Lass doch einfach los! Du kannst doch gar nicht mehr!« Ich weinte vor Qual und Zorn, dass diese Luftfahrt gar kein Ende nehmen wollte. Zum Schluss drehte der Betreiber noch einmal auf und erhöhte die Geschwindigkeit so, dass ich tatsächlich nicht mehr daran glaubte, Uli noch weiter halten zu können. Doch dann war die Fahrt zu Ende. Niemand hatte den stattgefundenen Kampf gegen die Fliehkraft bemerkt, mit seinem möglicher Weise katastrophalen Ergebnis. Ich war total fertig! Uli aber wandte sich schon den nächsten möglichen Vergnügungen zu...

Mein Bruder Wolfgang machte es mir nun nach: Er heiratete. Die kirchliche Trauung fand in der Stadtkirche von Balingen statt, einer Kreisstadt am Rande der Schwäbischen Alb. Mich hatte er mit der Durchführung betraut. Balingen wurde ausgewählt, weil hier die Familie eines Studienfreundes von Wolfgang wohnte und die Organisation übernahm. Da seine Braut eine Japanerin war, fand die Hochzeit öffentliche Aufmerksamkeit: Lustigerweise berichteten zwei Lokalzeitungen darüber. Eine davon schrieb:

Japanische Braut tritt vor den Traualtar
Deutscher Bräutigam wohnt in Heselwangen / Seltenes Ereignis in der Stadtkirche

Balingen. Eine nicht alltägliche Trauung findet ... in der Balinger Stadtkirche statt, wo ein deutsch-japanisches Brautpaar den Ehebund beschließt. Der Bräutigam ist der ... Doktorand Wolfgang Wilhelm aus Hamburg, der bei Professor O. F. Bollnow, Tübingen, promoviert. Er wird im Anschluss an sein Doktorexamen ... eine Lektorenstelle an der Universität in Toyama/Japan antreten und die Beziehungen vertiefen, die sein »Doktorvater« ... bereits mit japanischen Universitäten auf philosophisch-pädagogischem Gebiet geknüpft hat.

Wesentlich lebendiger ist der Bericht der anderen Zeitung, die endlich auch Wolfgangs Braut benennt:

Ein vielbestauntes Brautpaar waren gestern ... der Hamburger Wolfgang Wilhelm ... und seine japanische Braut Kikue Akiyama aus Tokio ... wann sieht man in schwäbischen Landen schon einmal eine Braut im Kimono? Die Tochter Nippons war in ein wunderschönes gelbgrundiges, mit Blüten übersätes Nationalgewand gekleidet. Zur kirchlichen Trauung ... zog die Dolmetscherin aus dem Land der aufgehenden Sonne dann ein Brautkleid nach westlicher Mode, weiß und bodenlang mit kurzem Schleier, vor. Die Trauung nahm der Bruder des Bräutigams, Vikar Jörn Wilhelm, vor.

Kikue, die ich zuvor schon kennengelernt hatte, war die Tochter eines japanischen Professors der Germanistik, der im Jahr zuvor verstorben war. Selten danach war ich so aufgeregt wie bei dieser Trauung: Musste ich doch meinem älteren Bruder, der mir immer als Vorbild vorgehalten worden war, den christlichen Sinn der Ehe erklären ... Er war aber völlig zufrieden damit.

Danach, noch vor Weihnachten 1969, wollte ich meine Eltern in Hamburg besuchen. Es sollte die erste längere Fahrt mit unserem nagelneuen »VW-Käfer« werden, den wir auf Pump gekauft hatten. Der Wetterbericht hatte heftige Schneefälle für die deutschen Mittelgebirge vorausgesagt. Als meine Frau mich eindringlich vor den Gefahren dieser Fahrt warnte und mich bat, doch lieber zu Hause zu bleiben, lachte ich sie einfach nur aus und fuhr los. Dabei hatte ich noch gar nicht die Folgen einer schweren Grippeerkrankung überstanden und musste immer noch Antibiotika schlucken.

Als ich das hessische Bergland erreichte, setzte der Schneefall ein. Als ungeübter Fahrer und noch immer von der Krankheit geschwächt, wurde ich schnell müde und machte eine Rast am Kirchheimer Dreieck. Da ritt mich der Teufel und flüsterte mir ein: »Ein Rumgrog wäre jetzt gut!« Ich trank ihn mit Genuss und fuhr beschwingt weiter. Vor Göttingen hatte ich dann das hessische Bergland hinter mir gelassen. Aber es schneite noch immer heftig. So sehr, dass auf der linken Fahrspur der Schnee liegenblieb. Auf der rechten Fahrspur traf ich, mit 120 km/h fast Höchstgeschwindigkeit fahrend, auf einen »Schleicher«, einen langsam dahinfahrenden Mercedes. Als ich ihn auf der schneebedeckten linken Fahrspur überholen wollte, fuhr auch er schneller, so dass ich weiter beschleunigte, um den Überholvorgang abzuschließen. Dazu aber kam es nicht: Der Käfer kam ins Schleudern, und das Lenkrad gehorchte nicht mehr. Ich merkte, wie der Wagen sich drehte und schließlich von der Fahrbahn abkam. Merkwürdigerweise weiß ich noch ganz genau, was ich dabei gedacht habe: »So, jetzt wirst du sterben. Schade eigentlich: Denn das Leben war insgesamt gesehen doch ganz schön. Hoffentlich wird der tödliche Aufprall nicht zu weh tun …« Das Auto raste dann durch einen Haselnussbusch, wurde dadurch abgebremst, überschlug sich dreimal und landete mit allen vier Reifen auf einem Ackerfeld. Ich konnte es fast nicht glauben: Mir war überhaupt nichts passiert. Aussteigend bemerkte ich am Rand der Autobahn eine Menge von Menschen. Ich ging auf sie zu und beruhigte sie, die mich fortwährend ungläubig anstarrten, als sei ich ein Gespenst. Neben einigen Blechschäden war am Auto die Achse gebrochen. Ein Abschleppunternehmen transportierte es mit mir nach Göttingen. So kam ich dort zu einem dreitägigen Zwangsaufenthalt, den ich zum guten Kennenlernen dieser schönen Universitätsstadt nutzte. – Zwei Mal in meinem weiteren Leben hatte ich noch ein Déjà vu mit ähnlichem Unfall und ebenso gnädigem Ausgang.

Fremde als Freunde

Die Desertionskampagne des SDS Heidelberg hatte ich mit Unterschrift und Angabe meiner Adresse unterstützt: GIs der US Army zu helfen, wenn sie durch Flucht sich dem Einsatz im Vietnamkrieg entziehen wollten. Eines Morgens klingelte es, und zwei GIs standen vor der Tür. Beide waren von weißer Hautfarbe. Ihr Auto stand auf der gegenüberliegenden Straßenseite. Ich nahm sie begeistert auf, bereitete ihnen Frühstück und sprach mit ihnen über ihren Fluchtplan. Sie wollten über die Grenze nach Frankreich fahren, wo ihnen weitere Unterstützer Hilfe gewähren würden. Ob ich ihnen Geld für die Weiterfahrt geben könnte? Für mich war das damals eine gewaltige Summe: Ich gab ihnen 50 DM. Dann dazu eine Straßenkarte, die zeigte, wo man am besten über die »grüne Grenze« nach Frankreich kam: Nicht weit vom offiziellen Übergang Hirschthal, wo es über Lembach nach Haguenau ging. Ich hatte mich selbst vorher davon überzeugt, dass hier fast nie Grenzbeamte Dienst taten. Meinen Vorschlag, ihnen voranzufahren, lehnten sie ab. Die US-Boys schienen äußerst nervös zu sein und drängten zum Aufbruch. Ich bat sie um eine Postkarte, wenn sie in Sicherheit wären. Die ist nie gekommen. – Ob es Männer vom CIA waren? So fragte ich mich schon bald und frage ich mich auch noch heute. Aber vielleicht habe ich ja wirklich Deserteuren vor dem Vietnamkrieg ein wenig helfen können, sich dem »Tod im Reisfeld« zu entziehen.

Meinen Auftrag, die Jugendarbeit in der Kirchengemeinde zu inspirieren und zu organisieren, nahm ich gerne wahr. Im Gegensatz zu Pfarrer Heintje bevorzugte ich offene Jugendarbeit statt feste Jugendgruppen: Zu bestimmten Zeiten war das Jugendheim in Selbstverwaltung geöffnet – mit allerdings sehr wechselhaftem Erfolg. Da ich kaum älter war als die daran Interessierten, fand ich unmittelbare Ansprache und konnte auch Aktionen initiieren. Unter Anleitung der schon erwähnten Zeitschrift »gewaltfreie aktion« (Hrsg. Theodor Ebert, s.o. S. 115) gingen einige Wenige der Jugendlichen, die ich beeinflussen konnte, mit mir und selbstgemalten Transparenten ins Ludwigshafener Zentrum in der Bismarckstraße und verteilten Flugblätter: »Konsumverzicht zu Weihnachten« – in der irrigen Meinung, durch Aufklärung den Kapitalismus insgesamt, mit seiner verschwenderischen Produktion von Konsumgütern, in Frage stellen zu können.

Nur wenige Jahre vorher (1966) hatte Franz Josef Degenhardt seinen Song »Tonio Schiavo« geschrieben: Über den italienischen »Gast«-Arbeiter aus dem Mezzogiorno, der in Herne sein Glück suchte und stattdessen den Tod fand. Seit 1968 setzte verstärkt die Einwanderung türkischer Arbeiter ein: Von 1968 bis 1971 verdreifachte sich die Zahl der türkischen Arbeitnehmer (von 152.900 auf 453.100). Anfang 1972 lösten die türkischen »Gast«-Arbeiter die Italiener als stärkste Gruppe ab. Dies war auch in Oggersheim zu bemerken: In den Straßen und Geschäften sah man zunehmend dunkelhaarige Männer in schäbigen Anzügen mit Schiebermützen, meist in Kleingruppen auftretend. Einem von ihnen, ein für meinen Begriff schon älterer Mann mit graumelierten Haaren, half ich beim Einkaufen. Ich fragte ihn: »Wo wohnen Sie?« Es dauerte eine Weile bis er es nach pantomimischer Erklärung verstand. Dann ergriff er meinen Arm und ich ging mit ihm zu einem alten, etwas verkommen wirkenden zweistöckigen Haus. Er zeigte mir das Zimmer, in dem er mit sieben anderen türkischen Männern wohnte und schlief: In vier Etagenbetten in einem 12 Quadratmeter großen Raum, in dem es nur einen Kleiderschrank gab. In beiden Stockwerken gab es insgesamt acht solcher Zimmer. Es gab für 64 Männer nur zwei Toiletten und nur einen kleinen Waschraum. Manche wuschen sich deshalb an einem Wasserhahn im Innenhof. Jeder dieser Männer zahlte 80 DM im Monat für dieses Elendsquartier an den Vermieter. Dieser Vermieter war die Firma Grünzweig & Hartmann, die diese Arbeiter auch angeworben und eingestellt hatte. Für die Bruchbude von Mietshaus erhielt sie also monatlich 5120 DM und bereicherte sich außerdem an dem nicht zu unterschätzenden Mehrwert den diese Arbeiter schufen. Ein offensichtlicher Skandal! »Ausbeutung« nur ein schwaches Wort dafür! Es ist das System der Mehrfachausbeutung wie im Bergarbeitersong »Sixteen tons« beschrieben, mit dem Refrain: »I owe my soul to the company store«.

Ich brachte diesen Skandal in meine Jugendarbeit ein und fand einen Jugendlichen, der gut fotografieren konnte und mit mir auf die Fotopirsch ging. Er fotografierte dieses Haus und weitere Elendsquartiere dieser Art in Ludwigshafen. Wir machten daraus eine Dia-Serie, die ich mit Text versah. Dieses Unternehmen mündete in einen Jugendgottesdienst in der Comeniuskirche in Oggersheim-West, der in der Kirchengemeinde große Betroffenheit auslöste. Der »Mannheimer Morgen« schickte einen Journalisten, während die ebenfalls angesprochene »Rheinpfalz« aus Ludwigshafen das Ereignis ignorierte – man wollte es sich wohl nicht mit einem so solventen Unternehmen in dieser Industriestadt verderben.

DWIGSHAFEN UND DIE PFALZ — MANNHEIMER MORGEN · Seite 7

Demokratie in der Kirche:

Oggersheimer Jugend gestaltet Gottesdienste

Konfirmanden greifen soziale Probleme auf

Von unserem Redaktionsmitglied Rainer Klein

„Zu Millionen sind wir schon herumgestoßen worden; und wir sollten nicht wissen, was Fremde ist, nicht wissen, wie wohltuend ein Blick, ein Wink, eine Zigarette, ein Essen, eine warme Stube, ein Sitzplatz im Bus ist?" Eindringlich spricht ein junger Vikar im Oggersheimer Gemeindezentrum diese Worte. Ein Mädchen beschwört die oftmals katastrophalen Lebensbedingungen der Ausländer in unserem Land und bittet die Besucher des modernen Gottesdienstes, den Fremden die Hilfe nicht zu versagen. Vikar Jörn Wilhelm ist seit Mai in Oggersheim. Der 25jährige hat sich vorgenommen, neue Wege zu gehen, die Jugend der Gemeinde einzuspannen, sie aktiv mitarbeiten zu lassen. Die jungen Leute griffen die Möglichkeit, die ihnen hier geboten wurde, begeistert auf und gestalteten sich eine Andachtsstunde nach eigenem Geschmack, mit ansprechenden Texten und Melodien, diskutierten mit den älteren Jahrgängen, denen es offensichtlich auch gefiel. Bilanz: Man einigte sich darauf, einen Raum des Gemeindezentrums für einen Kindergarten zur Verfügung zu stellen, in dem Kinder von Ausländern eine Tagesstätte finden sollen.

Wir besuchten Vikar Wilhelm in seinem Oggersheimer Heim. Uns gegenüber sitzt ein junger Seelsorger, ein fast asketischer Typ, der in Erlangen und Heidelberg das Rüstzeug für seinen Beruf erhielt. Worum geht es ihm? Zunächst ein Blick auf evangelische Kirchen. Man weiß, für viele junge Protestanten erlischt mit der Konfirmation jeder Kontakt zur Kirche. Gewiß, man tritt in der Regel nicht aus, bezahlt die Kirchensteuer weiter, man möchte schließlich irgendwann kirchlich getraut sein (und gibt vielleicht offen zu, daß dies als romantischer Hintergrund wie die Reise nach Venedig verstanden wird, als nichts sonst), und schließlich möchte man ein Begräbnis haben, bei dem ein Geistlicher einige besinnliche Worte spricht. Pfarrer erleben es nicht selten, daß sie den Lebenslauf eines Verstorbenen vor der Beerdigung von den Angehörigen hören, daß sie den Toten kaum gekannt haben, obwohl er viele Jahre in ihrer Gemeinde gelebt hat. Der Kontakt war zerrissen …

Spricht man mit der Jugend über ihr Verhältnis zur Kirche, so hört man immer wiederkehrende Klagen. Oft wird der Gottesdienst als schlichtweg langweilig bezeichnet, man bedauert, daß sich die Kirche nicht mit massiverer Sozialkritik dem Unrecht in unserer Welt entgegenstemmt und empfindet manche (aus der Überlieferung verständliche oder unverständliche) Gepflogenheit als undemokratisch.

Als Wilhelm nach Oggersheim kam, spürte er das Interesse an moderneren Gottesdiensten, er gründete eine entsprechende Arbeitsgruppe. Auch die Konfirmanden fanden die herkömmlichen Andachtsstunden als unbefriedigend und wollten mitarbeiten. Vikar Wilhelm sagte nicht nein. Dazu kam der Wunsch, sozialkritisch zu wirken. So beschloß man, ein brennendes Thema aufzugreifen, die Lage der Gastarbeiter in Oggersheim zu prüfen und zu erwägen, wie man helfen kann. Wilhelm erarbeitete die Andachtsstunde mit „seiner" Jugend. Sie gestalteten und entwarfen ihren Gottesdienst. So viel zur Vorgeschichte.

Vikar Wilhelm möchte solche Veranstaltungen in regelmäßiger Folge wiederholen. Alle vier Wochen sollte die Jugend zu Wort kommen, so schwebt ihm vor. Selbstverständlich sind auch Konfirmanden gleichberechtigte Gesprächspartner in der Diskussion. Bleiben soll das sozialkritische Engagement. Wilhelm will bereits in nächster Zeit Andachtsstunden in den Gefängnissen von Frankenthal und Mannheim organisieren, die Probleme der Lehrlinge sollen besprochen werden, die Ghetto-Bildung in den Altersheimen wird diskutiert werden.

Ganz zufrieden ist Vikar Wilhelm mit dem Erreichten indessen nicht. Besonders bedauert er, daß zu dem ersten Gottesdienst der Jugend nur zwei Mitglieder des Presbyteriums vom Pfarramt I gekommen waren, dem er unterstellt ist. Er hätte sich mehr Interesse gewünscht. Natürlich möchte auch er den herkömmlichen Gottesdienst weiterpflegen, doch soll der Jugend und allen, die es wünschen, ein Alternativangebot offenstehen.

Wilhelm hätte nichts dagegen, Beat in eine Andachtsstunde zu nehmen, doch fordert er, daß mit den Klängen unserer Zeit ein neuer Geist und nicht nur eine neue Lithurgie eingeführt wird. Es scheint, daß Wilhelm eine Chance hat, der Jugend das zu bieten, was sie wünscht. Dies wäre eine große Chance auch für die Kirche. Denn, dies ist klar, nur wenn sie die Jugend in ihren Reihen hat, hat sie eine Zukunft. Wie Wilhelm sagte, wird ein zweiter Vikar in Ludwigshafen-Friesenheim bald seinen Weg gehen.

Abbildung 26: Der Artikel im »Mannheimer Morgen« (Quelle: Stadtarchiv Mannheim)

Der Zeitungsbericht im »Mannheimer Morgen« erregte den Unmut von Dekan Seifert, der mich dafür vor versammelter Pfarrerkonferenz rüffelte und mir auch im persönlichen Gespräch die Befriedigung meiner Eitelkeit vorhielt. Geschrieben hatte ich den Artikel aber nun wirklich nicht, der mir in seiner teils lächerlichen Personalisierung überhaupt nicht gefiel und der das Wichtigste unterschlagen hatte: Dass hier eine große Ludwigshafener Firma Mehrfachausbeutung an türkischen Arbeitern betrieb. Vielleicht hätte sich der Dekan eher darüber echauffieren sollen…

Mit dem älteren Türken, der mir das Elendsquartier in der Wormser Straße gezeigt hatte, entwickelte sich eine langanhaltende Freundschaft, die erst endete, als ich Oggersheim verließ. Wir luden ihn sogar an Weihnachten zu unserem Festessen ein. Extra für ihn gab es Kalbsschnitzel, die er aber nicht anrührte, weil er in buchstäblichem Sinne dem Braten nicht traute: Es hätte ja doch Schweinefleisch sein können. Wie wenig wussten wir damals von Kultur, Religion, Sitten und Gebräuchen dieser Menschen, die meist aus dem fernen Anatolien hierhergekommen waren!

Politische Predigt

Nun stand ich oft auf der Kanzel. Die beiden Pfarrer von Oggersheim hatten sich für dieses Kirchenjahr, in dem freie Predigttextwahl bestand, darauf geeinigt, Texte aus dem Buch Genesis (1.Buch Mose) auszuwählen und fortlaufend darüber zu predigen. Das kam mir sehr entgegen, der ich im Studium meinen Schwerpunkt in der alttestamentlichen Wissenschaft gefunden hatte.

Trotzdem tat ich mich schwer mit der Erarbeitung von Predigten. Von der Übersetzung, über die Exegese und Meditation war es ein weiter Weg bis hin zum schließlichen Abfassen der Predigt. Ich brauchte dafür oft mehr als 20 Stunden und war auch danach mit meinem »Produkt« meist nicht völlig zufrieden. Eine Schreibmaschine gab es nicht, so dass die noch greifbaren Predigten von damals nur handschriftlich überliefert sind.

Es waren fast immer »politische« Predigten. Jedoch nicht – wie bei Eugen II. – affirmative Texte, die das bestehende Machtgefüge bestätigten. Teilweise waren sie umstürzlerisch, was den jungen Organisten der Oggersheimer Markuskirche zu der Bemerkung veranlasste: »Wenn Wilhelm predigt, herrscht immer Revolution« … Mir gefiel diese Bemerkung sehr. Andere waren mit diesem revolutionären Impetus weniger einverstanden. Einige Presbyter (»Kirchenälteste«) kritisierten meine Auftritte auch in den Sitzungen, und ich musste mich schwer meiner Haut wehren. Zu sehr kontroversen Diskussionen führte eine Predigt am »Israel-Sonntag« (10. Sonntag nach Trinitatis). Im Text ging es um die Erwählung Israels. Sie begann so:

Liebe Gemeinde!

»Welch ein Volk!« Das war der Kommentar der »Bild«-Zeitung nach jenem Sechstagekrieg, der im Juni 1967 vom Volk Israel gewonnen wurde. Wenn bisher dumpfe Schuldgefühle wegen Dachau, Auschwitz oder Bergen-Belsen das deutsche Volk bedrückt hatten, so brach nun im begeisterten Siegestaumel der Deutschen über den Blitzkrieg Israels ein Gefühl der Gleichartigkeit hervor, das die blutige Vergangenheit scheinbar vergessen ließ. Man durfte sich – dieses Mal ohne schlechtes Gewissen – in diesem Volke wiedererkennen. Während Familienväter auf Landkarten mit Stecknadeln den Vormarsch der israelischen Truppen registrierten, wurde in der deutschen Presse Moshe Dayan mit dem Wüstenfuchs Rommel verglichen – jenem Symbol deutschen Selbstbewusstseins trotz der gerechten Demütigung eines verlorenen Krieges. Und im Gefühl dieser enthusiastischen Verbrüderung glaubte man nun mit gutem Recht, einen Schlussstrich unter die eigene Schuld ziehen zu können, um den Juden zu sagen: »Seht doch, wie wir euch jetzt bewundern und lieben – wie könnt ihr uns jetzt noch hassen?!« Erst wenn Panzer

rollen, erst wenn Kriegsparolen ausgegeben werden, erst wenn unter blutigen Opfern Eroberungen gemacht werden – erst dann können wir das so lange geschmähte und diskriminierte Volk Israel bewundern. Und begleitet wird solche zynische Bewunderung der stärkeren Bataillone von dem Hohngelächter über die so großsprecherisch unterlegenen Araber: »Barfuß«, – geiferte die »Bild«-Zeitung – »barfuß flohen sie durch die Wüste.« – Wenig nur, viel zu wenig, las man von den zerbombten Städten, vom Grauen des Krieges, von all den heimatlos gewordenen Menschen, die nie begreifen konnten, warum das Elend der Entwurzelung ausgerechnet ihnen widerfuhr ... Und wenn wir auf das Blut und die vielen Tränen sehen, können wir es dann eigentlich noch: Dieses Israel lieben?

Erst nach dieser langen Einleitung, aus den Nachrichten jener Zeit geschöpft, kam ich dann zum Thema »Die Erwählung Israels«: konnte nun zeigen, wie im Alten Testament dieses Thema zwischen Großmachtdenken einerseits und harscher prophetischer Kritik andererseits behandelt wurde. Und dieser Streifzug durch das Denken des Judentums gipfelte dann in dem Satz, der keiner Verklärung von Krieg und Macht mehr Vorschub leisten konnte:

Durch seine Erwählung wollte Gott nicht die Herrschaft Israels aufrichten, sondern durch Israel sollte die Herrschaft Gottes in der Welt zum Zuge kommen.

Wer wollte dem noch widersprechen? Da aber die Kritik an meiner Predigttätigkeit nicht aufhörte, forderten mich die beiden Oggersheimer Pfarrer auf, mich in der nächsten Presbytersitzung durch eine Stellungnahme zu meiner Predigtpraxis zu verantworten. In einer weiteren Predigt hatte ich einen CDU-Abgeordneten zustimmend zitiert, der Franz Joseph Strauß als »bayerischen Faschisten« tituliert hatte. Daraufhin hatten zwei Männer unter lautem Protest den Gottesdienst verlassen ... – Schon immer sind auf der politischen Anklagebank die besten Reden gehalten worden. Und das versuchte ich nun auch. Ich nannte das sehr anspruchsvoll: »Aufgaben von Gottesdienst und Predigt«. Ich begann mit einem Zitat von Georges Bernanos aus dem »Tagebuch eines Landpfarrers«:

»*Gott hat nicht geschrieben, wir seien der Honig, sondern das Salz der Erde. Und unsere trübselige Welt gleicht dem alten Vater Job auf seinem Misthaufen, voll von Wunden und Schwären. Salz auf die nackte, lebendige Haut, das brennt. Aber es verhindert auch die Verwesung.*«

Um bei diesem Bild zu bleiben: Es gilt also die Wunden der Welt zu zeigen. Nur dann erkennen wir unser Angewiesensein auf Gnade und Frieden. Doch kann es nicht dabei bleiben: Wem die Augen geöffnet werden, der bedarf doch auch der Hoffnung, dass eine menschlichere Welt möglich ist. Genau diese Hoffnung wird dieser Welt vom Evangelium gemacht. Das ist kein billiger Optimismus, sondern ein Optimismus mit Trauerflor, der die bittere, unvollendete Realität der Welt nicht vergisst.

Nun aber zur »politischen Predigt«. Oft hört man die Meinung, eine solche Predigt könne Gottes Wort nicht sein. Wer aber hier einen Gegensatz konstruiert, muss sich fragen lassen, ob dieses chemisch reine Wort Gottes, das gleichsam ohne die Schlacken dieser Welt ist, denn nicht auch politisch ist. Wer in der Predigt unverbindliche Trostworte, situationslose Ermahnungen und erbauliche Rhetorik bringt, der verrät nach meiner Meinung das Evangelium u n d den Menschen. Das ist politisch, denn es bedeutet die Stabilisierung der bestehenden Verhältnisse, die Befestigung von alledem, was so quälend unvollendet ist. Dann wird Predigt zur Augenwischerei, statt dass sie Augen öffnet.

Jedes Wort der Bibel wurde in eine ganz bestimmte Situation hinein gesprochen. Es war heilsames Salz, das die Pro-

bleme des Menschseins brennender erkennen ließ, zugleich aber die Heilung einleitete. Dies auch für unsere heutige Situation wahr zu machen ist die Aufgabe der Predigt. Sie kann es nur, wenn sie nachdenkt über die Machtverhältnisse und die Mächte, denen der Mensch ausgeliefert ist. Und deshalb ist sie in gutem Sinn politisch: Indem sie die Mächte mit dem Anspruch auf Menschlichkeit konfrontiert, den Jesus mit seinem Reich Gottes angebrochen sah. Politische Predigt macht deshalb das Wort Gottes nicht stumpf, sondern gibt ihm seine brennende Schärfe und verhindert die Verwesung der Kirche.

Nach dieser Rede wurde ich in Oggersheim von Presbytern nie wieder wegen meiner Predigttätigkeit behelligt. Sogar den »bayerischen Faschisten« verziehen sie mir. Es gab nur noch feine Nadelstiche. An einen von ihnen erinnere ich mich besonders gern: Es war mir eine Predigt völlig verunglückt, was später auch hin und wieder geschehen sollte, als ich als Landpfarrer jeden Sonntag zu predigen hatte. Unter uns nannten wir das Endprodukt solcher Bemühung einen »zähen Hund«, dessen Substanz unverdaulich war. »Nein«, sagte ich zu mir, »diese Predigt kannst du auf keinen Fall halten«. In meiner Zeitnot blätterte ich in einem Band mit Predigten von Martin Luther King. Ich fand eine, die gut aber scheinbar völlig unpolitisch war. Der Band war erst neu herausgekommen und wahrscheinlich hatte kein Zuhörer zuvor je darin gelesen. Frech trug ich einfach Kings Predigt vor. Nach dem Gottesdienst kam einer meiner größten Kritiker zu mir, strahlte vor Freude und sagte: »Herr Wilhelm, endlich haben Sie den richtigen Ton getroffen! Vielen Dank dafür. D a s wollen wir hören!« D a s hatte ich nun davon, mich mit den fremden Federn einer nur scheinbar unpolitischen Predigt geschmückt zu haben ...

Scheinbar unpolitische Weihnachtspredigt

Am 1. Weihnachtstag 1969 hielt ich eine Predigt über 1. Johannesbrief 1, 1–4 in der Siedlung Notwende. Und wieder lief einer unter wütendem Protest hinaus. Er hatte sie begriffen. Sie fußte im Wesentlichen auf Ernst Blochs Buch über Thomas Müntzer und dem schon erwähnten Aufsatz »Ketzer und Zeuge« von Ernst Käsemann über den Verfasser des Johannesevangeliums. So würde und könnte ich heute eine Predigt nicht mehr schreiben. Mit ihrem Grundtenor bin ich aber immer noch einverstanden – mit dieser »kleinen Bloch-Musik«. Der Anfang entstammte einem gerade erst erschienenen Buch: »Theologiestudenten 1969 – Dokumente einer revolutionären Generation«.

Textübersetzung von 1. Johannes 1, 1–4

Was von Anfang an war, was wir gehört, was wir mit unsern Augen gesehen, was wir geschaut und was unsre Hände betastet haben in Bezug auf das Wort des Lebens – und das Leben ist erschienen, und wir haben es gesehen und bezeugen und verkündigen euch das ewige Leben, das beim Vater war und uns erschienen ist –: was wir gesehen und gehört haben, verkündigen wir auch euch, damit auch Ihr Gemeinschaft mit uns habt; unsre Gemeinschaft besteht aber auch mit dem Vater und mit seinem Sohne Jesus Christus. Und dies schreiben wir, damit unsre Freude vollkommen sei.

Liebe Gemeinde!

»Während der Predigt entschlief ich. Ich träumte von Christus. Der ging vor zur Kanzel und zog eine Säge unter dem Mantel hervor, prüfte die Schärfe und sägte, wie Tischler sägen, die hölzerne Säule durch, die den Prediger stützte.«

Dieses Zitat aus dem Munde einer aufbegehrenden Generation von Theologiestudenten soll und wird jeden verunsichern, der an dieser Stelle steht. *Jener Christus, von dem an Weihnachten besonders zu sprechen ist, was hatte er eigentlich auf unseren Kanzeln gemeinsam mit jenem Menschensohn, der nicht wusste, wo er nachts sein Haupt hinlegen sollte, der ein Feuer anzünden wollte, das in den sich leerenden Kirchen heute einer Sparflamme gleicht? Wie ist er gerade zu Weihnachten verniedlicht worden zum »süßen Jesulein«, zum »Jesulein zart« – ein Blick auf unser Gesangbuch beweist das hinreichend. Wie ist seine Botschaft, die die jüdische Obrigkeit und das geistliche Establishment verstört und schockiert hat, wie ist seine Botschaft verfälscht worden, wenn dickbäuchige Hirten, die man vor Zeiten »Herrenpfaffen« nannte, ihren Schafen mit Römer 13 den gehörigen Kadavergehorsam einbläuten. Wie haben sie sich gedrückt und gewunden, wenn sie im Konfirmandenunterricht gefragt wurden, warum ein Reicher erst durch ein Nadelöhr hindurch müsse, um in das Reich Gottes zu gelangen. Und das Idol dieser Hirten, Martin Luther, hetzt gar die Obrigkeit auf zum Schlachten gegen die unterdrückten Bauern, um dem kleinen Mann seine Sündhaftigkeit einzutrichtern, die er so großmütig den Landesfürsten verzeiht. Christus, der doch ganz unten war bei uns, wurde von der Höhe der Kanzeln so hoch hinaufgejubelt, dass er zum Gewährsmann der unseligen Kumpanei von Thron, Altar und Mammon wurde. Als dann der feudalistische Unsinn »von Gottes Gnaden« endlich gestürzt war, hat man den Menschensohn gehorsam weiter verraten. Plötzlich gab es keine Christen mehr, sondern – man studiere die pfälzische Kirchengeschichte – fast nur noch d e u t s c h e Christen – man schämte sich, dass der Nazarener ein Jude war. In neuester Zeit hat man Christus schließlich vor den demokratischen Karren einer Partei gespannt, die sich »christlich« nennt, damit jeder auch weiß, was er zu wählen hat.*

Und deshalb, liebe Gemeinde, weil Gottes Wort anscheinend immer nur von oben kommt, sollte ich hinuntersteigen von der Kanzel, ehe sie von Christus abgesägt wird, um dort unten mit Ihnen darüber zu sprechen, dass Gottes Sohn ganz unten in einem elenden und ärmlichen Stall geboren ist. Doch werde ich einstweilen hier oben bleiben. Denn andere, die zugegeben eine Minderheit waren, haben hier oben gepredigt, obwohl sie nach ihrem geistigen Standort eigentlich unten waren. Was sie gepredigt haben, hat man von hier oben besser gehört. Das Selbstbewusstsein und den Mut trotz Christus hier oben zu bleiben, habe ich, weil zum Beispiel auch Thomas Müntzer hier oben gestanden hat. Der hat sich im Gegensatz zu Luther nicht geduckt, sondern die Bauern im Namen Jesu zum Widerstand aufgefordert. Auch deshalb, weil hier nicht nur »Herrenpfaffen«, sondern auch – so nannte man das damals – »Leutpriester« gestanden haben, die die Not und das Elend des kleinen Mannes gesehen haben und ihnen den wahren, den menschlichen Jesus gezeigt haben. Manchmal, deshalb weil es dickbäuchige Hirten gab, hat man diese Leutpriester Ketzer genannt, sie manchmal exkommuniziert, sie oft allein gelassen in ihrem Kampf um den wahren Jesus.

Wenn mich meine Erinnerung nicht täuscht, war es genau an dieser Stelle, dass ein älterer Herr seine Kirchenbank verließ, mich als »Ketzer« beschimpfte und die Kirchentür hinter sich zuschlagend die Kirche verließ. So versäumte er die folgende Weiterführung:

Noch heute gärt dieser Konflikt vor allem in der katholischen Kirche: Da gibt es eine vom Papst einberufene Bischofssynode, die versucht, das Konzil des mutigen Johannes XXIII. rückgängig zu machen. Zugleich tagt in der evangelischen Waldenseruniversität eine Gegensynode von »Leutpriestern« und mutigen Laien, die nicht alles gut finden, bloß weil es von oben kommt. Die ökumenische Bewegung, der Versuch, den wahren, den gemeinsamen Christus in allen Kirchen wiederzufinden, wird erfolgreich nur sein, wenn wir mit den Leutpriestern sprechen, die heute vor allem in Deutschland, Holland und in Brasilien zu finden sind.

Ich werde einstweilen hier oben bleiben, weil es eine Tradition gibt, die verpflichtet: Jene Tradition, die nach dem wahren Jesus gefragt hat, nicht nach jenem Jesus, der von der kirchlichen Tradition übermalt wurde. Der aus Ludwigshafen stammende marxistische Philosoph Ernst Bloch sagte deshalb über den wahren Jesus, wie die Bibel ihn uns zeigen kann: »Sie spricht zu kleinen Leuten besonders unmittelbar. Hörbar für alle, das muss man dem biblischen Wort lassen. Und was die Herrenpfaffen mit ihr angestellt haben, das kann zu großen Teilen gerade von der Schrift her gerichtet, verurteilt werden. Von der Schrift her, die ihnen doch das schlechteste Gewissen machen könnte«. Der Verfasser des 1. Johannesbriefes war ein Ketzer, der von der sogenannten rechtgläubigen Kirche exkommuniziert wurde, den Rechtgläubigen bis heute ein schlechtes Gewissen bereitend. Wir werden trotzdem, gleichsam von unten, auf ihn hören. Denn ihm geht es um den wahren Jesus, der ganz einfach und unmittelbar zu uns spricht, ohne Vorzensur der Herrenpfaffen, ohne die Lehrautorität einer Kirche, die als Heilsanstalt die Gnade verwaltet und verkauft.

Leider wissen wir nicht viel von ihm, diesem frühchristlichen Aufrührer gegen die etablierte Kirche. Wir wissen nur, dass sie nicht viel gegen seinen Einfluss und seinen Genius zu unternehmen vermochte. So musste sie notgedrungen seine Schriften in den biblischen Kanon aufnehmen, auch wenn den damaligen Herrenpfaffen manches nicht gefiel. Vor allen Dingen eines gefiel ihnen nicht: Dass ein exkommunizierter Presbyter – so bezeichnet er sich selbst im 3. Johannesbrief –

zu einer Zeit, da längst die kirchliche Orthodoxie vorschreibt, wie Christus zu sein hat, dass ein kleiner Presbyter es wagt zu behaupten, dass er ganz auf sich allein gestellt den wahren Christus gesehen und erfahren hat. Deswegen hat man versucht, seine Botschaft von der Unmittelbarkeit zu Jesus zu entkräften. Man hat ihm in der kirchlichen Überlieferung zu der überdimensionalen Größe des Jüngers, Apostels und Augenzeugen Johannes verholfen. Und das war ein durchtriebener Schachzug. Denn wenn er sagt: »Was wir mit unsern Augen gesehen, was wir geschaut und was unsre Hände betastet haben in Bezug auf das Wort des Lebens« – dann konnte das missverstanden werden, als sei er ein direkter Augenzeuge, der allen seinen legitimen und etablierten Nachfolgern in der Kirche ihre Rechtgläubigkeit garantiert. Denn damals kümmerte man sich nicht um den Inhalt einer Lehre, sondern nur um ihre Autorität. Wenn Autorität gesichert war, dann konnten die Hirten getrost von ihren Schafen verlangen, dass man ihrer vermittelten und geliehenen Autorität gehorchte. Doch ganz und gar anders war das gemeint: Nicht wollte er von sich Augenzeugenschaft, gar historische Jüngerschaft behaupten. Er wagte es, auch ohne die Vermittlung der kirchlichen Hierarchie von Jesus zu sprechen. Es gefiel ihm nicht, dass Jesus nur im kirchlichen Sarkophag aufbewahrt wurde, um an den christlichen Festen als Mumie herumgezeigt zu werden. Er wusste, dass es demgegenüber den wahren und den lebendigen Christus gibt, der uns als wahrer Mensch begegnet, so dass wir ihn sehen und erfahren können. Deshalb schildert er Jesus so nahe, als hätte er ihn selbst gesehen.

Und so versteigt er sich schließlich zu der Behauptung, Jesus nicht nur gesehen, sondern sogar betastet zu haben. Ist das nicht etwas überspannt? Müssen wir uns nicht hüten vor religiösen Spinnern, die sich unter Berufung auf den gegenwärtigen Christus besonderer religiöser Erfahrungen rühmen?

Kann das nicht zu weit gehen? So weit, dass eine religiös überhitzte Dame im Namen Jesu ein Pistolenattentat auf Bischof Lillje unternahm? Wir müssen wohl auch die andere Gefahr sehen: Dass man Jesus für eigene willkürliche Zwecke missbraucht. Doch solcher vereinzelten subjektiven Willkür spricht unser Ketzer trotz allem nicht das Wort. Das Wort des Lebens ist für ihn keine nebulöse religiöse Erleuchtung, keine spiritistische Vision aus Sankt Nimmerleinsland. Für ihn ist dieses Wort Fleisch geworden in dem Menschen Jesus von Nazareth. Und daran hält er sich. Der irdische Jesus: Der Wechsler aus dem Tempel trieb, das ist derselbe wie der, der ohne Herrenpfaffen zu ihm spricht. »Das Leben ist erschienen« – darauf kommt ihm alles an. Könnt ihr ihn denn nicht sehen ihr Kirchenfrommen? – so ruft er der ängstlichen Orthodoxie zu. Einer Orthodoxie, die nichts Eigenes mehr über Jesus zu sagen weiß und vor Verlegenheit ihn hinaufjubelt zum majestätischen Herrscher, vor dem es sich zu ducken gilt.

Den vom römischen Kaiserkult herrührenden Titel »Kyrios«, den Herrentitel, hat dieser Ketzer im Gegensatz zu aller anderen christlichen Literatur ganz bewusst vermieden. Als einziger hat er die Weihnachtsbotschaft voll verstanden: Dass Jesus als Sohn Gottes und der Menschen zu uns nach unten gekommen ist. Dass Jesus auch nach Ostern nicht plötzlich zum überirdischen Despoten wurde, der von seinen Untertanen Kadavergehorsam verlangt. Sondern: Dass er unten bei uns bleibt. Herrscherkult liegt ihm fern. Nicht Knechte sind wir, die willenlos unverstandene Befehle ausführen, sondern Freunde, die sich auf das Wort des Lebens verlassen! »Ihr seid meine Freunde«, heißt es im ketzerischen Johannesevangelium, »wenn ihr tut, was ich euch gebiete. Ich nenne euch nicht mehr Knechte, denn der Knecht weiß nicht, was sein Herr tut«.

Das also ist die frohe Botschaft von Weihnachten: Hier unten begegnet uns Jesus als wahrer Mensch, als Freund, der auf unserer Seite ist. Menschensohn: Dunkles Wort, doch voller Verheißung. Bist du, der irdische Jesus, der Jesus von unten, bist du es, der da kommen soll? Diese Frage findet ihr uneingeschränktes Ja: Der irdische Jesus, der unten aus dem Stall ist heute und morgen derselbe. Freund, aber auch Vorbild dessen, was kommen soll, vielleicht mit Hilfe der Kirche auch noch nicht ist: Menschwerdung Gottes hier unten.

Im 3. Kapitel unseres Briefes heißt es deshalb: »Und ist noch nicht erschienen, was wir sein werden. Wir wissen aber; wenn es erscheinen wird, dass wir ihm gleich sein werden; denn wir werden ihn sehen, wie er ist. Und ein jeglicher, der solche Hoffnung hat zu ihm, der reinigt sich, gleich wie er auch rein ist.« »Und ist noch nicht erschienen, was wir sein werden ...« Sicherlich: Wir wissen, dass wir Menschen noch hinter Jesus hinterherhinken. Wir wissen aber auch, dass dieser Jesus von unten, uns in unserem verzweifelten Kampf um Menschlichkeit Ziel und Richtung unserer Bemühung gezeigt hat und immer noch zeigen wird.

Wir Protestanten täten gut daran zu protestieren, wenn Jesus als Gewährsmann der Mächte und der Mächtigen in unserer Kirche verraten wird. Denn wir sind Freunde, nicht Knechte Christi. Die damalige Kirche – die Herrenkirche – hat mit dem Ketzer, den sie Johannes nannten, eigentlich auch Weihnachten exkommuniziert. Er aber hat Böses nicht mit Bösem vergolten, sondern hat verzweifelt um Gemeinschaft gekämpft. Trotz allem hat er die Brücke nicht abgerissen zu jener Kirche, die den Menschensohn vergaß: »Was wir gesehen und gehört haben, verkündigen wir auch euch, damit auch ihr Gemeinschaft mit uns habt.« Wenn das ein fauler Kompromiss ist, dann allerdings sollten wir wirklich von den Kanzeln herabsteigen, um den Jesus nur noch von unten zu verkündigen.

Amen

Zumindest alle übrigen Teilnehmer am Gottesdienst sind während dieser Predigt in ihrer Kirchenbank geblieben. Einige Wenige bedankten sich sogar nach dem Gottesdienst dafür.

Beerdigungen in Ludwigshafen

Das Jahr 1969 war zu Ende gegangen. Neil Armstrong hatte als erster Mensch seinen Fuß auf den Mond gesetzt. Das entscheidende Ereignis für uns aber war der Wahlsieg Willy Brandts, der mit den Stimmen der SPD und der vorher außerparlamentarischen, nun mit Punkten versehenen »F.D.P.«, mit hauchdünner Mehrheit zum Bundeskanzler gewählt wurde. An die Wahlnacht im Fernsehen erinnere ich mich noch gut: An den schlechten Verlierer Kurt-Georg Kiesinger, der noch ein Jahr zuvor, zu unserer überhaupt nicht klammheimlichen Freude, von Beate Klarsfeld wegen seiner einst nazipropagandistischen Tätigkeit geohrfeigt worden war; an Herbert Wehners und Helmut Schmidts schmählichem Festhalten an der Großen Koalition; an Willy Brandts plötzliche und befreiende Aussage: »Wir machen es!«. Mit »es« war die sozialliberale Koalition gemeint, deren Ära in dieser Nacht begann. Ich hatte zum ersten Mal in meinem Leben gewählt. Bei der Bundestagswahl 1965 hatte ich nicht wählen dürfen, weil mir nur wenige Tage bis zur Vollendung des 21. Lebensjahres gefehlt hatten. Ganz gegen die Tradition meiner Familie wählte ich SPD. Mit dem Wahlsieg stand es nun fest: Die restaurative Adenauer-Ära war endgültig beendet, und eine neue Zeit war eingeläutet. Trotzdem hielten wir weiter an der außerparlamentarischen Opposition fest, denn das Misstrauen gegenüber der repräsentativen Demokratie und ihren Vertretern saß noch tief.

Eine für mich folgenreiche Veränderung in der Kirchengemeinde Oggersheim gab es 1970 durch den zeitweiligen Fortgang von Pfarrer Heintje, der sich für ein »Kontaktsemester« in Heidelberg hatte beurlauben lassen. Kontaktsemester: Eine segensreiche Einrichtung für im Dauerdienst ausgebrannte Pfarrer, die noch einmal intensiv theologisch ein- und durchatmen dürfen. Viel später habe ich sie auch in Anspruch genommen. Für mich bedeutete Heintjes Fortgang allerdings, dass ich von nun an alle Beerdigungen in einem Seelsorgebezirk von etwa 11 000 Mitgliedern zu übernehmen hatte. Die Folge war, dass ich pro Woche 7 bis 10 Beerdigungen durchführen musste. Pfarrer Heintje tröstete mich vorausschauend mit dem Vorschlag, ich könne ja einfach die »Formularansprachen« aus der Beerdigungsagende verwenden ... Wer sich so etwas rückblickend noch einmal prüfend anschaut und sieht, was dort verzapft wurde, den graut es nachträglich noch vor einer solchen (Un)Möglichkeit!

In der Zeit als die deutsche und internationale Jugend »Light my fire« von den Doors und ihren »Roadhouse Blues« hörten und die ganze Welt zu swingen schien, stand ich oder saß ich Tag für Tag im Hauptfriedhof Ludwigshafen, wohin ich luxuriös vom Taxi befördert worden war. Die »Trauerhalle« dort, in der viele Jahrzehnte später auch die Trauerfeier für meinen Sohn Knut stattfinden sollte, ist noch heute vieler Alpdrücke wert: Ein schwarzuniformierter Friedhofsangestellter holte den diensttuenden Pfarrer ab und führte ihn in den »Warteraum für Pfarrer«. Darin war tatsächlich eine Ampel angebracht, die beim Eintreffen auf Rot stand. Man hatte zu warten, bis sie auf Grün wechselte, ehe man Kurs auf die Trauerhalle nehmen durfte. Man ging an einem Raum vorbei, in dem ein Tonbandgerät Orgelmusik abspielte, mit Chorälen wie »So nimm denn meine Hände« und »Harre meine Seele«. Dann öffnete sich der Raum der großen Leichenhalle, in deren Mitte der Sarg aufgebahrt war – auf einem Schienenstrang stehend. Nach der Begrüßung der Trauernden mit Handschlag hatte ich nun maximal zwanzig Minuten Zeit, um Gebete, Lesungen und Beerdigungspredigt vorzutragen. Nach dem letzten »Amen« öffneten sich – bei Feuerbestattungen – plötzlich wie von Zauberhand zwei Flügeltüren der Hinterwand, und der Sarg fuhr ganz langsam auf der Schiene durch die Türöffnung hindurch, begleitet von Konservenmusik, bis sich die Flügeltüren ebenso langsam wieder schlossen. Spätestens jetzt öffneten sich bei den Angehörigen die Tränenschleusen, worauf diese Inszenierung ja auch abzielte. Ausgerechnet in dieser Zeit las ich Evelyn Waughs »Tod in Hollywood« – die satirische Abrechnung des britischen Schriftstellers mit der kalifornischen Bestattungsindustrie…

Einmal hatte ich vier Beerdigungen an einem Tag. Eigentlich wären es nur drei gewesen. Zur vierten kam ich auf folgende Weise: Nach meiner letzten Beerdigung war ein anderer Pfarrer an der Reihe. Aber er kam nicht. Er hatte die Beerdigung schlicht vergessen und war nicht zu erreichen. Die Angehörigen waren mit vollem Recht wütend und empört. Da fragte mich, der ich schon im Fortgehen war, der Friedhofsdiener, ob ich die Beerdigung kurzer Hand übernehmen könne. Ich sagte zu und fragte schnell noch: »Mann oder Frau?« Es war die Mutter mehrerer Kinder. Darauf konzentrierte ich mich und hielt aus dem Stegreif eine Predigt, der sogar recht intensiv zugehört wurde. Ich begleitete den Sarg zum Grab auf dem Friedhof, und die Angehörigen schüttelten mir dankbar die Hand.

In der Regel kannte ich die Verstorbenen nicht. Trotzdem machte ich es mir zur Pflicht, für jeden von ihnen eine die Person würdigende Beerdigungspredigt zu verfassen. Durch einfühlsames Nachforschen – so lernte ich es – konnte man vieles in Erfahrung bringen und durch Konzentration auf das Wesentliche der Beerdigungsaudienz das Gefühl geben, es handele sich um diese und keine andere Person. Später als Landpfarrer war ich in einer besseren Situation: Nach ein paar Jahren kannte ich jedes Haus und seine Bewohner. Dadurch bekam ich eine Personenkenntnis, die mich auch aus eigener Anschauung reden ließ.

Es mag merkwürdig klingen: Durch die Erfahrungen dieser arbeitsintensiven Zeit verfestigte sich in mir die Erkenntnis, dass die Begleitung von Sterbenden und Trauernden die vielleicht wichtigste Aufgabe eines Pfarrers überhaupt ist. An dieser Schnittstelle im Leben der Menschen ereignet sich Entscheidendes – auch in der Wahrnehmung der christlichen Botschaft. Es könnte die Schicksalsfrage für die Kirchen werden, ob sie dieser Aufgabe auch in der Zukunft gewachsen sein wird.

Cabora Bassa

Das Plakat auf der folgenden Seite hing am 1. Weihnachtstag 1970 im DIN A 2-Format in mehrfacher Ausfertigung am Eingang zur Markuskirche in Oggersheim aus. Zeitgleich ebenso am Eingang zur Pauluskirche in Ludwigshafen-Friesenheim. Die abgesprochene Aktion war von Christian Wendt, Vikar in Friesenheim, initiiert worden: Er hatte die Plakate bestellt, Exemplare der Informationsschrift »Cabora Bassa – ein Damm gegen die Afrikaner« von Dr. S. Bosgra besorgt und vor allem schon eine Predigt geschrieben, in der die wesentlichen Informationen enthalten waren. Für meine eigene Weihnachtspredigt übernahm ich daraus den Informationsteil und baute darum herum meine eigenen Gedanken zum »ewigen Frieden«, wie es der Friedensweissagung in Jesaja 11, 1–5 entsprechen sollte. Diese Predigt ist – bis auf den Informationsteil – noch erhalten, während für Christian – auf jetzige Nachfrage hin – seine Predigt nicht mehr auffindbar war.

Abbildung 27: Das Plakat an der Kirchentür

In der von Leonhard Ragaz mitbegründeten Zeitschrift »Neue Wege«, dem renommierten Publikationsorgan der Schweizer Religiösen Sozialisten, stand 1970 ein Artikel, der die nötige Information ganz ausgezeichnet zusammenfasste: »*Cabora Bassa – ein Modellfall westlicher Entwicklungspolitik*« – von Rudolf H. Strahm. Seine Kernsätze seien hier wiedergegeben:

> *Fest steht, dass der Cabora Bassa-Damm, den die Portugiesen in ihrer Kolonie in Mocambique errichten wollen, nicht nur Wasser stauen soll; er soll zugleich die zukünftigen Fluten der Emanzipationsbewegung der afrikanischen Bevölkerung, deren gefährliche Auflehnung gegen die portugiesische Herrschaft schon begonnen hat, für immer aufhalten. Die portugiesische Kolonialverwaltung beabsichtigt, durch die Energieerzeugung in der Provinz Tete und in der ganzen Kolonie mehrere Dutzend ausländischer Investoren anzulocken, die die reichen Mineralvorkommen ... ausschöpfen sollen. Durch diese Minen und durch die landwirtschaftliche Bewässerung wollen die Kolonialherren bis 1990 zusätzlich eine Million weißer Siedler aus Portugal und dem übrigen Europa importieren, um endlich ein sicheres Bollwerk gegen die nationalistischen Tendenzen der schwarzen Mehrheit errichten zu können.*

Es ging aber nicht allein um das damals wirtschaftlich und sozial rückständigste Land Europas, das seine »Überseeprovinzen« massiv kolonialistisch ausbeuten wollte:

> *Cabora Bassa widerspiegelt nicht nur Portugals Absichten. Das Projekt deckt darüber hinaus als Modellfall eines modernen Kolonialismus die internationalen Verflechtungen und die Interessen des internationalen Kapitals auf. Hauptabnehmer der elektrischen Energie wird Südafrika sein, gefolgt vom ebenso rassistischen Rhodesien und von dem durch den brutalen Diktator Banda beherrschten Malawi ... Die Verwirklichung dieses Projekts wäre allerdings nicht möglich ohne massive Finanzierungsbeteiligungen und Materiallieferungen westlicher Industrieländer, aus welchen nach dem*

Aussteigen englischer und schwedischer Lieferanten noch bundesdeutsche (AEG, BBC, Siemens, Hoch-Tief, Voith), französische (Alsthom, C.C.I., Cogelex-CGEE) und schweizerische (BBC) Firmen übriggeblieben sind.

In Mannheim, auf der gegenüberliegenden Seite des Rheins, gab es mit der Firma Brown, Boveri & Cie. (BBC) also einen unmittelbar Mitwirkenden an dem Staudammprojekt! Der 1969 vom NATO-Geheimdienst »Gladio« per Briefbombe ermordete Führer der FRELIMO (Befreiungsfront Mozambiques) Eduardo Mondlane hatte gesagt: »Wenn die Portugiesen Cabora Bassa bauen können, ist unser Kampf verloren.« Wir konnten und mussten etwas tun, um den Bau zu verhindern!

Nun kann eingewendet werden: Man verhindert doch kein milliardenschweres Staudammprojekt auf einem anderen Kontinent, indem man an Weihnachten ahnungslose Gemeindeglieder vor den Kopf stößt, die etwas völlig Anderes von der Kanzel herab erwartet haben. Ein solcher Einwand ist auch noch im Rückblick ernstzunehmen.

Vielleicht könnte man – den Gottesdienst cum grano salis (also: mit starken Einschränkungen) mit dem Theater vergleichend – eine Antwort finden. Als ich jetzt den »Gesang vom Lusitanischen Popanz« von Peter Weiss wieder las, in dessen »dokumentarischem Theater« der damalige portugiesische Kolonialismus angeklagt wurde, kam ich weiter. Der berühmte Regisseur Giorgio Strehler, der den »Lusitanischen Popanz« inszeniert hatte, schrieb dazu in einem kommentierenden Aufsatz (»Eine Leiche im Keller – Über den verborgenen, geheimen Rassenwahn«):

Wir haben uns ununterbrochen gefragt: Für wen wird dieses Stück gespielt? Und wir haben geantwortet: Für j e d e n, der es anhören will. Auch für die, die es »nicht« anhören wollen. Oder es nicht anzuhören verstehen. Wir haben uns gesagt: Warum nicht dem Schweigen, der menschlichen Feigheit, die sich nicht engagieren will, der Gleichgültigkeit, der

301

Müdigkeit des kleinen, alltäglichen Dramas, warum nicht all dieser Hinfälligkeit der »Leute« den Impuls gegenüberstellen, beinahe mit Gewalt, wenn auch vielleicht nur für wenige Stunden, sich eine tragische Wahrheit zu eigen zu machen, die unsere Wahrheit ist. Unserer aller Wahrheit. Unsere und ihre Wahrheit? Hat das alles einen Zweck?
 Ich glaube noch immer, dass die Poesie, wo sie vorhanden ist, »Wahrheit« ist. Dass sie als solche ein revolutionäres Faktum darstellt. Und zwar immer. Und dass die Wahrheit, wenn es irgend möglich ist, ausgesprochen werden muss, mit allen Mitteln ... Die Wahrheit muss man hinausschreien, wo es nur möglich ist. Überall.

Wenn man das Wort »Poesie« des letzten Absatzes durch »Gottes Wort« ersetzte, wären wir genau da, wo wir uns damals geglaubt haben und wo wir uns – wie ich hoffe – immer noch befinden.

Und nun liegt die in Steilschrift geschriebene Weihnachtspredigt von 1970 vor mir. Beim Wiederlesen stelle ich fest: Nichts deutet zunächst auf das Plakat an der Kirchentür hin. Seitenlang wird eine nicht sehr unterhaltsame Exegese von Jesaja 11, 1–5 geliefert, vermutlich, um das ganze Unternehmen abzusichern. Erst ganz allmählich nähern wir uns dem eigentlichen Thema:

Jesajas NEIN gilt nicht nur einzelnen austauschbaren Repräsentanten politischer Macht. Sein NEIN gilt darüber hinaus aller skrupelloser Machtausübung, wie sie sich vor allem auch im wirtschaftlichen Bereich zeigt. Hier sieht er die eigentliche Wurzel des Unfriedens: Dass die Armen und Elenden des Landes keine Chance mehr erhalten; dass die Ausgebeuteten und Entrechteten ohne Aussicht auf ein besseres Leben sind. Wenn Herrschaft und Machtausübung, vor allem auf dem wirtschaftlichen Sektor, dazu missbraucht wird, bestehendes Unrecht zu stützen und zu stärken, dann gibt es nur eins für Jesaja: Sag NEIN!

Etwas später dann die unmittelbare Überleitung zum Informationsteil:

> *Wo in der heutigen Welt sind wir vom Schalom am weitesten entfernt? Wo in der Welt schreit das Unrecht an den Elenden und Entrechteten am meisten gen Himmel? Wo ist Christus geblieben z.b. in Afrika, wo in einigen Gebieten die Ausbeutung sich so brutal und unverhohlen darstellt, dass nicht einmal die Verelendung des deutschen Proletariats gegen Ende des 19. Jahrhunderts einen Vergleichsmaßstab abgibt? Zu reden ist von der Ausbeutung in der portugiesischen Kolonie Mozambique. Wer aber sind die Ausbeuter? Sie sind gar nicht weit: Sie sind auch hier in unserem Land.*

Darauf folgte der von Christian Wendt erstellte Informationsteil, der – wie schon gesagt – verlorengegangen ist. Abgeschlossen wurde die Predigt mit einer Variation von Wolfgang Borcherts flammendem Friedens-Appell »Dann sag NEIN!«:

> *Du Techniker und Ingenieur, wenn sie deine Arbeitskraft ausnützen, um mit Hilfe der Technik Staudämme gegen die Gerechtigkeit zu bauen, dann gibt es nur eins: Sag NEIN!*
>
> *Ihr Politiker und Machthabenden, wenn sie ihren eigenen Profit als nationales Interesse ausgeben, wenn sie Bürgschaften von dir verlangen und wenn sie Kilowatt und Dollars für wichtiger halten als Menschenleben und Chancen der Gleichberechtigung, dann gibt es nur eins: Sag Nein!*
>
> *Du, der du einkaufst und die Bedürfnisse des Marktes mit deinem eigenen schwerverdienten Geld bestimmst, wenn sie dir einflüstern, dass du ihre Produkte, die Produkte von AEG, Siemens und BBC kaufen sollst, obwohl sie dein Geld für Investitionen in Kolonialismus und Rassismus benutzen, dann gibt es nur eins: Sag Nein!*

Die Presse war in Friesenheim zugegen gewesen. Ich erinnere mich an die vielsagende Schlagzeile in der »Rheinpfalz«: »Weihnachten ohne Gloria und Excelsior«. (Richtig muss es natürlich heißen: »Gloria in excelsis«). Es war in vieler Hinsicht ein Skandal, der für viele Diskussionen und Streitgespräche sorgte – auch in der Pfarrerkonferenz. Das hatten wir ja auch beabsichtigt. Vor allem: Dass nun Öffentlichkeit hergestellt worden war für das Cabora Bassa-Projekt und seine dubiose Unterstützung durch deutsche Firmen. Diese waren noch abgesichert durch Hermes-Bürgschaften der inzwischen sozialliberalen Regierung, die daran auch nichts zu ändern gedachte.

Etwa ein halbes Jahr später gehörten Christian Wendt und ich zu den ca. 25 Teilnehmern an der BBC-Hauptversammlung am 8. Juli 1971 in Mannheim, die das Staudammprojekt Cabora Bassa und die Firmenbeteiligung daran zur kritischen Diskussion stellen wollten, um erneut Öffentlichkeit darüber herzustellen. Wir hatten uns eine einzige Aktie zum Preis von nicht ganz 100 DM gekauft – für uns kein unerheblicher Betrag. Damit hatten wir das Recht erworben, das Management von BBC um Auskunft über den Geschäftsbericht zu bitten. Ein Aktionär konnte auch Anträge zur Geschäftsordnung einreichen, die in der Einladung abgedruckt werden mussten. So war es auch geschehen. – Ich saß in der vollbesetzten Halle neben einem älteren Herren, der mir in freundlicher Art auf meine Nachfrage offenbarte, dass er im Besitz von 10 000 Aktien sei. Damit stand es bei einer unterschiedlichen Abstimmung zwischen uns beiden schon einmal 10 000 zu 1 für ihn … Eingeschüchtert wagte ich es nicht, mich selbst zu Wort zu melden. Das taten andere: Von den gesamten 18 Diskussionsrednern sprachen 16 gegen Cabora Bassa, brachten Fakten, stellten Fragen an den Vorstand und forderten den Abzug der Firma aus dem Projekt. Laut Sitzungsprotokoll verlief die Diskussion »engagiert, aber sachlich«. Auf anderen Hauptversammlungen, bei Siemens und AEG-Telefunken, war es dagegen zu Tumulten und sogar zu Polizeieinsatz gekommen.

Wenige Jahre später, am 25. Juni 1975, wurde Mosambik unabhängig. Neben dem beharrlichen Freiheitskampf der FRELIMO war das durch die »Nelkenrevolution« linker Militärs in Portugal möglich geworden, die das diktatorische Regime Salazars gestürzt hatte. Bestandteil des Lusaka-Vertrags über die Unabhängigkeit war es, dass 82 % des inzwischen gebauten Staudamms und seiner Betreibergesellschaft beim portugiesischen Staat verblieben, der so seine für den Bau und den Unterhalt des Damms getätigten Investitionen wieder einfahren wollte. Erst 2006 ist der jetzt Cahora Bassa genannte Staudamm endgültig in mosambikanische Hände übergegangen. Gegen unseren Widerstand ist Cabora Bassa also dennoch gebaut worden. Trotz alledem dürfen wir heute im Rückblick unsere Aktionen als Erfolg verbuchen. Denn es wurde etwas mobilisiert, was es – abgesehen vielleicht vom spanischen Bürgerkrieg und stärker noch beim Vietnamkrieg – in solchem Ausmaß und solcher Bedeutung noch nicht gegeben hatte: Die kritische Weltöffentlichkeit! Sie war es, die nicht zuletzt mit dafür sorgte, dass die portugiesischen »Überseeprovinzen« endlich unabhängig wurden und so die letzte Bastion des »alten« Kolonialismus fiel.

Auf dem Weg zum 2. Theologischen Examen

Unterbrochen wurde unser Vikarsdienst von Abschnitten, in denen wir wieder im Landauer Predigerseminar »kaserniert« waren, um Einblicke in die praktische kirchliche Arbeit zu bekommen. An zwei Praktika erinnere ich mich gerne:

Das eine nannte sich »Volksmissionarisches Praktikum«, und wir rätselten, was sich dahinter wohl verbergen mochte. Es war ganz einfach: Wir sollten flächendeckend sämtliche protestantischen Familien in dem nahe Landau gelegenen Dorf Klingen besuchen und wurden dafür in Zweiergruppen eingeteilt. Die Familien waren informiert und boten die Termine an. Wir sollten – so nehme ich an – herausfinden, wie die Stimmungen und Einstellungen gegenüber Kirche und christlicher Botschaft waren. Hinterher sollten wir dann dem für Klingen zuständigen Pfarrdiakon, der den schönen Namen Winfried Frech trug, über unsere Erfahrungen berichten und Schlussfolgerungen ziehen. Die Termine waren immer am Abend. Es wurde eine schöne Zeit: Klingen war ein Weinbaudorf, und so floss der gute hausgemachte und immer »trockene« Wein in Strömen, und die Lippen lösten sich wie von selbst. Überall wurden wir nur freundlich aufgenommen. Meist kehrten wir zu vorgerückter Stunde ziemlich angeheitert ins Predigerseminar zurück. – An ein jüngeres Ehepaar, das zu den wohlhabenderen Winzern gehörte, erinnere ich mich besonders: Sie beteuerten ungefragt ihren Gottesglauben und begründeten ihn mit ihrem eigenen Glück und Erfolg. Es war fast wie eine Demonstration der Richtigkeit der Thesen des großen Soziologen Max Weber, der den Calvinismus mit seinem Leistungs- und Erfolgsglauben für den ideologischen Überbau des Frühkapitalismus in Anspruch nahm: Das zur Tat aufrufende Jesuswort »An ihren Früchten sollt ihr sie erkennen« pervertiert zur dogmatischen Formel von den »fructus iustificationis« (»Früchte der Rechtfertigung«), als sei der sichtbare Erfolg der Erweis eines glaubensgemäßen Lebens … – So einfach und anspruchslos das Praktikum auch angelegt war, beförderte es doch die für das spätere Landpfarrerdasein wichtige Erkenntnis: Dass man die »Häuser« kennen muss, wenn man die Menschen kennenlernen und ihnen wirklich begegnen will.

Vorher noch, schon bald nach der Aufhebung der Suspendierung, vom 1. Oktober bis 15. November 1969, begann für uns alle ein »Diakonisches Praktikum« an verschiedenen Standorten: Vom Kinderheim, Heim für schwererziehbare und straffällig gewordene Jugendliche, Heim für ledige jugendliche Mütter, Heim für lernbehinderte Kinder, bis hin zum Altersheim. Wir alle schrieben über diese 6 Wochen einen Bericht. Alle Berichte wurden in einer gemeinsamen Schrift vereint, der wir thesenartig eine »Gemeinsame

Erklärung der Pfarramtskandidaten 1969 I« voranstellten und der Christian Wendt in einem Anhang »Allgemeine Erwägungen zum DIAKONISCHEN PRAKTIKUM im Rahmen der Ausbildung von Pfarramtskandidaten« hinzufügte. Die gesammelten Berichte wurden dem Landeskirchenrat zugestellt mit dem Motto aus Genesis 50, 20f: »Ihr gedachtet es böse mit uns zu machen, aber Gott gedachte es gut zu machen … usw.« Das war natürlich provokativ und ironisch gemeint, als wäre die Anordnung des Diakonischen Praktikums eine Art Strafaktion gewesen, die wir durch unseren Einsatz und mit Gottes Hilfe zu einer sinnvollen Sache gemacht hätten … Wir waren damals schon recht abgehoben! Eine Strafaktion ist das gewiss nicht gewesen, und es schadet ja nicht, wenn das noch nach bald 50 Jahren ausgesprochen wird…

Allerdings war das Ganze schlecht oder gar nicht vorbereitet. Man konnte den Eindruck gewinnen, dass die Entsender selber nicht wussten, wohin sie uns sandten. Es gab keine Vorbereitung und auch keine Nachbereitung. Vor Ort ertranken wir förmlich in der Vielfalt unserer Aufgaben und es gab keine Zeit, das Erfahrene zu reflektieren. Trotzdem fanden wir alle den Grundgedanken gut: In der Ausbildung während der Kandidatenzeit solche Praktika anzubieten, die Einblicke in uns sonst ferne und verschlossene Lebensräume zu geben vermochten. In der gleich nach uns erfolgenden Reform dieser Ausbildung fand dies auch seinen Niederschlag. Leider ist unser Vorschlag, zusätzlich ein Industriepraktikum verpflichtend zu machen, um die Bedingungen einer noch überhaupt nicht humanisierten Arbeitswelt kennenzulernen, nicht aufgenommen worden. Noch heute strecke ich deshalb dafür den Finger.

Mein Platz war das Kinderheim in Enkenbach. Meine kleine Tochter Ulrike verstand mein langes Fortbleiben überhaupt nicht und löcherte ihre Mutter ständig mit der Frage: »Wo ist denn der Papa?« Immer wieder dann die Antwort: »Der Papa ist in Enkenbach.« So wurde Enkenbach für sie ein mythischer Ort: Noch Jahre danach, wenn ich auf Reisen war oder meine Eltern in

Hamburg besuchte, wähnte sie mich immer in Enkenbach, dem Ort äußerster Ferne.

Das Kinderheim lag außerhalb des Ortes und war verwaltungsmäßig mit einem wenige hundert Meter entfernten Altersheim verbunden, dessen dunkle Gebäude sich wuchtig über einem Mühlweiher erhoben. Dort absolvierte Pessi sein Praktikum, dessen Bericht darüber aus allen anderen herausragt. Träger war der »Pfälzische Verein für protestantische Liebeswerke«, ein Name, der sich recht bald als ein unerträglicher Euphemismus herausstellen sollte. Im Grunde zeigte sich das schon gleich am Anfang, wie Dekan i. R. Friedhelm Borggrefe in einem geschichtlichen Abriss über die Geschichte der Einrichtung zu berichten weiß:

Der erste Zögling – ich benutze das Wort, es steht so in den Akten und entspricht auch dem Menschenbild, das man von den Buben hatte – also der erste Zögling kam im November 1907. Er entwich zu Weihnachten. Bis Ostern 1908 war das Haus leer. Dann gab es acht Zöglinge…

Das Zwangserziehungsheim Enkenbach war in diesen Jahren ein gefürchteter Ort. Der Kaiserslauterer Pfarrer Eugen Mayer war damals Vorsitzender des Wirtschaftsausschusses in der Leitung des Heimes. Und oft wurde von den Eltern böser Buben in Kaiserslautern gesagt: »*Warte, wir sagen's dem Pfarrer Mayer, dass du so unartig bist, dann kommst du nach Enkenbach«. Mayer konnte das aushalten. Das gehörte für ihn zu den* »*mancherlei Unannehmlichkeiten, die die Betreuung des Erziehungsheimes mit sich bringt.«* (Quelle: Pfälzisches Pfarrerblatt)

Als ich kam, wurden Kinder im Alter von 4–14 Jahren mit recht unterschiedlicher Herkunft betreut. Es gab viele »Besatzungskinder«, deren Mütter Prostituierte waren, die vor allem amerikanischen Soldaten ihre Dienste anboten. Gelegentlich kamen diese Mütter zu Besuch und überschütteten ihre Kinder mit Süßigkeiten und Spielzeug. Andere waren ganz einfach nur Waisenkinder oder Lernbehinderte. Ich schrieb im Bericht: *Die Zusammensetzung der Kinder ist ein derartiges Durcheinander – vom heilpädagogischen Fall über den Sonderschüler bis hin zum Mittelschüler –, dass eine einheitliche pädagogische Betreuung nicht möglich war ... Der chaotische Kampf ums Dasein bestimmt die Rangordnung unter den Kindern: Außenseiter werden ausgegrenzt, Privilegierte bleiben privilegiert, raffinierten Individualisten wird nichts entgegengesetzt. Ansätze zu einer gemeinsamen Erziehungsbemühung bleiben seitens der Erzieher meist im individuellen Herumlaborieren stecken.* Als Praktikant hatte ich es schwer, bei solchem Chaos mir selber eine Beschäftigung zuzuweisen, die ich zudem auch erst noch durchzusetzen hatte. Es wurde eine sehr arbeitsreiche Zeit, die mir deutlich vor Augen führte, dass entgegen dem idealistischen pädagogischen Eros jener Zeit, der auf antiautoritäre Erziehung zielte, es eine unsichtbare Grenze für die Erziehbarkeit gibt: Die Grenze, die von der sozialen Herkunft bestimmt wird. Das war enttäuschend, führte mich aber später zu Siegfried Bernfeld, der ebenfalls nach einer Enttäuschungserfahrung sein epochemachendes Werk »Sisyphos oder die Grenzen der Erziehung« verfasste, worüber ich dann meine Hausarbeit für das 2. Theologische Examen schrieb (s. u.).

Zum Ende des Berichts fasste ich meine Erfahrungen zusammen: *Auf dem sozialen Sektor dürfte die Zeit rührender Privatinitiativen vorüber sein. Die Diakonie liegt nicht mehr in den Wehen der Gründerzeit. Die Kombination von Kinder- und Altersheim ist ein schauriges Sinnbild für diakonischen Wildwuchs. Wann und von wem werden die Konsequenzen gezogen? Wohl kein Verein der Welt wird sich dazu überreden lassen, sich selbst abzuschaffen. Sollte jene Praktikantin vielleicht Recht haben, der die Freude an der Sozialarbeit in Enkenbach ein für alle Mal vergangen ist? Enkenbach ist eines der vielen Ghettos der Diakonie.* Noch deutlicher wurde Pessi in seinem Bericht über das Altersheim, das übrigens heute noch existiert: *Wenn man sich nach den Ursachen für alle diese Män-*

gel fragt, so kann der Heimleitung, bzw. besser dem Trägerverein der Vorwurf nicht erspart bleiben, dass die finanzielle Seite sehr viel wichtiger genommen wird als der Dienst am Menschen. Das Altersheim Enkenbach arbeitet – wie ich informiert wurde – mit Gewinn. Dieser Gewinn ist durch die ständig steigenden Pflegesätze und die ständige Überbelegung (daher keine Aufenthaltsräume) herausgewirtschaftet worden, wird aber dem Kinderheim zu Buche geschlagen, auf Kosten der Altersheimeinrichtung. Diese Jagd nach dem Geld der Alten, die keinerlei konkrete Bemühungen um die Lebensbedingungen zeitigt, schafft Erbitterung bei den alten Leuten, die ich auf Schritt und Tritt zu spüren bekam. Es ist fraglich, ob man von einem privaten Diakonieverein hier wirklich Maßnahmen zur Abschaffung dieser Missstände erwarten kann. Im Falle Enkenbach wäre wirklich eine strikte Trennung von Kinder- und Altersheim angebracht, damit man wenigstens auf einem Sektor die erforderliche Hilfe leisten kann. – Bald darauf wurde das Kinderheim geschlossen.

Während einer weiteren Kasernierung im Predigerseminar, in der es wohl um Jugendarbeit ging, erarbeiteten wir zusammen mit einer offenen Jugendgruppe einen Gottesdienst zum Thema »Heimerziehung«. Die Jugendlichen waren – soll ich sagen »erfreulicher Weise«? – vom rebellischen Geist jener Jahre erfasst. Das machte für uns die Arbeit nicht leichter ... Als Anschauungsobjekt hatten wir mit dem »Jugendwerk St. Josef« in Landau-Queichheim, ein Heim für »Schwererziehbare«, eine reichhaltige Quelle für die Thematik gewonnen. Wir fuhren mit den Jugendlichen in die Jugendherberge nach Speyer. Alle – wir natürlich auch – rauchten wie die Schlote, und der Rauch hing wie Nebelschwaden über den Räumen. Die Herbergseltern beschwerten sich empört bei uns: So etwas hätten sie noch nie erlebt! Sie drohten zunächst mit Rausschmiss, dann ergaben sie sich resigniert in ihr Schicksal. Trotzdem wurde gearbeitet, und es kam dabei sogar etwas heraus: Wir orientierten uns am »Politischen Nachtgebet« aus Köln von u.a. Dorothee Sölle, Fulbert

Steffensky und Heinrich Böll, das damals in aller Munde war – sehr zum Missfallen des Kölner Kardinals Joseph Frings, der die Benutzung der katholischen Kirche St. Peter untersagte. Der Präses der evangelischen Kirche im Rheinland, Joachim Beckmann, beglückwünschte den Kardinal dazu, weil er »das Recht hat, so etwas in einer Kirche zu verbieten«. Er selber durfte das nicht und konnte nicht verhindern, dass in der evangelischen Kölner Antoniterkirche, wo Barlachs Engel schwebt, monatlich weitere Politische Nachtgebete stattfanden. – Diesem Beispiel folgend erstellten wir in Gruppen Information, Meditation und Aufruf zur Aktion. Das Ergebnis konnte sich durchaus sehen und hören lassen. Der Gottesdienst in der Landauer Stiftskirche fand gute Aufnahme und die Presseresonanz gab diesem Thema die verdiente Aufmerksamkeit.

Für das 2. Examen mussten wir drei schriftliche Arbeiten vorlegen: 1. Eine Predigt, die später auch zu halten war. 2. Eine Katechese für eine Unterrichtsstunde. 3. Eine wissenschaftliche Hausarbeit, zu einem selbstgewählten Thema. Ich entschied mich für das Thema »Die Problematik der Heimerziehung nach Siegfried Bernfeld und Peter Brosch«. Bernfelds Werk von 1925 war gerade in diesem Jahr 1971 dreibändig im März Verlag wiedererschienen und entfaltete in der Studentenbewegung, die sich gerade mit der »Randgruppenstrategie« beschäftigte, große Wirkung. Wohl auch deshalb, weil Herbert Marcuse in seinem legendären Buch »Der eindimensionale Mensch – Studien zur Ideologie der fortgeschrittenen Industriegesellschaft« geschrieben hatte:

Die totalitären Tendenzen der eindimensionalen Gesellschaft machen die traditionellen Mittel und Wege des Protests unwirksam ... Unter der konservativen Volksbasis befindet sich jedoch das Substrat der Geächteten und Außenseiter: Der Ausgebeuteten und Verfolgten ... Sie existieren außerhalb des demokratischen Prozesses, ihr Leben bedarf am unmittelbarsten und realsten der Abschaffung unerträglicher

Verhältnisse und Institutionen. Damit ist ihre Opposition revolutionär, wenn auch nicht ihr Bewusstsein.

Marcuse und mit ihm seine Nachfolger im SDS sahen in den Heim-»Zöglingen« ein leicht mobilisierbares revolutionäres Potential, da sie am unerträglichsten den Widersprüchen der kapitalistischen Gesellschaft ausgeliefert waren. Und damit war ich bei Peter Brosch, der ebenfalls 1971 sein heute noch lesenswertes Buch »Fürsorgeerziehung – Heimterror und Gegenwehr« veröffentlicht hatte. Brosch war damals 20 Jahre »alt« und hatte davon selber 18 Jahre in Fürsorgeerziehung verbracht. In drei exemplarischen Lebensläufen über die Erlebnisse von Jugendlichen »in den Klauen der Fürsorge« macht er klar, dass das ganze System darauf angelegt ist, immer und immer wieder solche Lebensläufe zu reproduzieren. Er berichtet dann über die historisch gewordene »Staffelberg-Kampagne«: Die Gegenwehr durch massenhafte Flucht aus den Heimen und letztendlich die Frankfurter »Lehrlings-Kollektive« als Gegenmodell. Darüber – aufbauend auch auf meiner Internatserfahrung (s. Band I, S. 103 ff.) und den Erlebnissen während des Diakonischen Praktikums – schrieb ich nun meine Hausarbeit – die marxistischen und psychoanalytischen Ansätze Bernfelds großen Teils aufnehmend – in ziemlich revolutionärer Diktion…

Die von mir vorgelegte Predigt stand auch in diesem Kontext. Sie war jetzt leider nicht mehr auffindbar. Welcher biblische Text ihr zugrunde lag, ist in meiner Erinnerung nicht aufgehoben. Ich weiß nur noch, dass es ein Text aus den Briefen des Paulus war, in dem es um agape = Nächstenliebe ging. Von hier aus kritisierte ich die christliche Legendenbildung um Johann Heinrich Wichern, den Gründer des Hamburger »Rauhen Hauses«, in dem ich ja auch fast Einkehr gehalten hätte (s. Band I, S. 149 f.) … Die Kritik galt seiner politischen Haltung, mit dem reaktionären Bekenntnis zum undemokratischen Ständestaat. Und die Frage entstand: Wen beschützte er? Schützte er seine Zöglinge vor einer grausamen

Gesellschaft oder schützte er die Gesellschaft vor den unbotmäßigen Zöglingen? Ich hielt diese Predigt vor der Abgabe zur Probe in Oggersheim. Eine kritische Hörerin meiner Predigten, die mir keineswegs nach dem Mund redete, bescheinigte mir daraufhin: Das sei eine der fundiertesten Predigten gewesen, die sie von mir gehört habe. Ich konnte also – so bildete ich mir ein – mit einiger Zuversicht damit ins zweite Examen gehen.

Die Katechese für eine Unterrichtsstunde in der 9. Klasse der Hauptschule hatte einen meiner Lieblingstexte aus dem Alten Testament zum Thema: Das »Weinberglied« des Jesaja (Jesaja 5, 1–7). Ganz beschwingt beginnt es: »Singen will ich von meinem Freunde, das Lied meines Freundes von seinem Weinberg!« Das klang so leicht wie ein Gassenhauer, so wie der Schlager »Liebeskummer lohnt sich nicht my Darling«. Denn »Weinberg« war im damaligen Sprachgebrauch Israels ein Synonym für »Geliebte«. Aber beim leichten Plätschern bleibt es nicht: Denn die Geliebte erfüllt überhaupt nicht die in sie gesetzten Erwartungen. Und plötzlich kommt nach dem Geträller die unerwartete Auflösung: »Der Weinberg des Herrn der Heerscharen ist das Haus Israel und die Männer Judas sind seine Lieblingspflanzung. Er hoffte auf Guttat, und siehe da Bluttat, auf Rechtsspruch, und siehe da Rechtsbruch!« Aus einem leicht dahinplätschernden Liebeslied wird plötzlich harte und unerbittliche Gerichtsanklage! – Wie sollte ich so etwas 14–15-jährigen Schülern vermitteln? Es begann damit, dass ich mit ihnen über Liebeslieder der Gegenwart sprechen wollte. Da durfte das schöne »All you need is love« der Beatles natürlich nicht fehlen. Bei den unsäglichen deutschen Schlagern wollte ich mit ihnen schließlich bei dem damaligen Erfolgshit »Schöne Maid« von Tony Marshall landen, mit dem Text: »Schöne Maid – hast du heut für mich Zeit – sag bitte ja – dann bin ich für dich da – vielleicht ist es schon morgen viel zu spät – wir singen tralala und tanzen hopsasa – wir wollen fröhlich sein und uns des Lebens freun.« Ob den Schülern wohl die Trivialität eines solchen Textes auffallen würde? Dann wollte ich ihnen die schockierenden Bilder des Fotografen Ron Haeberle zeigen, der als offizieller Armeereporter das Massaker von My Lai fotografiert hatte: Als 1968 US-amerikanische Soldaten in jenem südvietnamesischen Dorf unter dem Befehl des Hauptmanns Calley 504 Zivilisten grausam ermordeten. Nur durch das beherzte Eingreifen eines Hubschrauberpiloten wurde das Töten beendet. Das Massaker von My Lai wurde in der ganzen Welt bekannt und sorgte dafür, dass sich die Weltöffentlichkeit zunehmend vom Vietnamkrieg der US-Amerikaner distanzierte. Es sollte im Unterricht eine anschauliche Demonstration werden, was »Bluttat« und »Rechtsbruch« eines Volkes in heutiger Zeit bedeuten kann.

Dann kam das 2. Theologische Examen. Es begann in Landau, wo der für Katechetik und Religionsunterricht zuständige Kirchenrat Hesser mit mir in die 9. Klasse einer Hauptschule ging, deren Schüler ich noch nie gesehen hatte. Hesser hatte mir für die schriftliche Ausarbeitung der Katechese eine 4 (ausreichend) gegeben. Das Unterrichtsgespräch verlief aber so ausgesprochen lebendig unter lebhafter mündlicher Beteiligung der Schüler, dass er gezwungen war, mir dafür eine 2 (gut) zu geben. Als ich ihn fragte, wie er denn damit zurechtkomme, dass eine so miserabel eingeschätzte Katechese einen solchen pädagogischen Erfolg erreichen konnte, wich er aus: Er hätte bei meiner schriftlichen Arbeit zu viele formale Mängel festgestellt. In der Tat: Ich musste wohl endlich das Farbband an meiner neu erworbenen Schreibmaschine erneuern…

Dass die Prüfungskommission für das 2. Examen uns linksgestrickten »Pfaks« (Pfarramtskandidaten) einmal zeigen wollte, was eine Harke ist, zeigte sich auch beim Abhören der eingereichten Predigt. Dafür und für die weitere mündliche Prüfung waren wir Ende 1971 nach Speyer angereist. Wendt und ich waren die Letzten des Alphabets und hielten die Predigt vor dem zuständigen Dekan Kohlmann in einem nüchternen Gemeindesaal, der natürlich völlig leer war. Für die schriftlich vorgelegte Predigt erhielt ich eine 4 – eine Abstrafung für meine Kritik an Wichern. Auch für den Vortrag erhielten wir beide eine 4: Wir hatten die Predigt bewusst nicht auswendig gelernt, sondern vorgelesen. So ähnlich lief es dann auch bei der weiteren mündlichen Predigt im Landeskirchenrat. Nur im »Colloquium«, in dem ich die Hauptströmungen der Theologie der Neuzeit skizzieren sollte, erhielt ich eine 1. Meine Hausarbeit über Bernfeld und Brosch wurde von Dekan Krieger sehr zu meiner Überraschung mit 1,5 bewertet. Er nickte mir bei der Bekanntgabe bedeutungsvoll zu, als wollte er sagen: Ich habe deine antikapitalistische Botschaft wohl verstanden, dich aber dafür nicht abgestraft. – So mussten sie mir schließlich doch die Gesamtnote 3 zugestehen. Wie schön und wirklich befriedigend: Das Kandidatendasein hatte damit sein glückliches Ende gefunden.

Letzte Nachrichten vor dem Abflug in die Provinz

Im März 1971 wurde unser Sohn Knut geboren. Er war nach meinem Jugendfreund Knut Janz benannt. Vorher hatte meine Frau eine Fehlgeburt gehabt, was uns sehr naheging. Darum war sein Kommen von uns beiden heiß ersehnt. Er war ein stilles und zufriedenes Kind und sehnte sich zeitlebens nach mütterlicher Wärme. Für ihn hatten wir – da meine Frau nun als Lehrerin tätig war – eine »Zugehfrau« angestellt, die sich während unserer Abwesenheit um ihn kümmern und auch kleinere Aufgaben im Haushalt übernehmen sollte. Sie war ungeheuer vollbusig und schlief in dieser Zeit meist auf dem Sofa, mit ihm an der Brust. Leider war ich inzwischen beruflich so beansprucht, dass ich mich nicht in gleicher Weise um ihn kümmern konnte wie bei Ulrike: Für ihn gab es kein Kasperlespiel und keine Mäuschengeschichten, was ich heute noch bedauere. Aber er besaß die Eigenschaft ganz alleine mit sich selbst spielen zu können und dabei die Welt um sich zu vergessen.

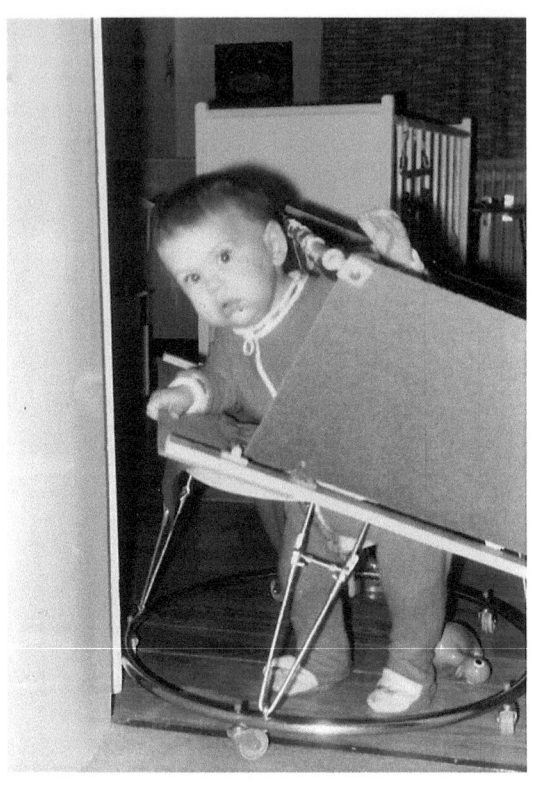

Abbildung 28: Knut und seine einstürzenden Neubauten

Wir ehemaligen Pfarramtskandidaten (amtlich: Pfaks) gründeten nun – ironisch an diese Bezeichnung anknüpfend – die PFAKS: Die »Pfälzische Arbeitsgemeinschaft für Kirche und Sozialismus«. Den genauen Zeitpunkt der Gründung konnte ich nicht mehr ermitteln. Wir hielten das für notwendig, weil die kirchenpolitischen Gruppen, die die Landessynode beherrschten nicht wirklich politisch waren und eher als Karrierebeförderungsvereine anzusehen waren. Das galt leider auch für die »Kirchlich-Theologische Arbeitsgemeinschaft« (KTA), eine nach dem Krieg gegründete Gruppierung, die sich auf das Barmer Bekenntnis und die Theologie Karl Barths berief und wortgewaltig die restaurativen Tendenzen in Kirche und Gesellschaft bekämpft hatte. Herausragend die Gestalt des Pfarrers Karl Handrich, ein persönlicher Freund Karl Barths, der geistreich, satirebegabt und streitbar für diese Haltung stand. Solche Bedeutung hatte diese KTA schon längst nicht mehr und auf dem linken Flügel der Landeskirche war nun eine Menge Platz frei geworden. Den gedachten wir auszufüllen und an die Tradition der Religiösen Sozialisten anzuknüpfen, die vor der Nazidiktatur bei Kirchenwahlen in der Pfalz bis zu 20 % der Stimmen erreichen konnten. Zu uns, die wir uns »Urpfaks« nannten, stießen von der KTA Enttäuschte wie Hermann Sefrin und Herbert Helms, Freunde des »real existierenden Sozialismus« wie Karl-Jakob Jockers, CFK (Christliche Friedenskonferenz)-Anhänger und Niemöller-Fans wie Hans-Joachim Oeffler, Unterstützer der Deutschen Friedensunion (DFU) und genialische religiöse Utopisten wie Rolf Held – auch wenn die Schubladen solcher Einordnung den Protagonisten nicht immer völlig gerecht werden. Hinzu kamen noch Studentenbewegte unserer Generation wie Herwig Rettig, Chris Heß und andere. Einige der Genannten besaßen ein ungeheures Redebedürfnis, sodass die Sitzungen uferlos waren und die Tagesordnung fast nie vollständig abgearbeitet wurde. Dadurch und durch die Schwierigkeit, einen Deckel über den ganzen Topf zu bekommen, gelang es nicht, die PFAKS zu einer kirchenpolitischen Größe zu machen, die z.B. eine Gruppe in der Synode hätte bilden können. Eine der leider vertanen Chancen in jener Zeit.

1971 hatten wir einen prominenten Nachbarn bekommen, von der Schillerstraße her nur um ein paar Ecken herum erreichbar: Es war der Ministerpräsident von Rheinland-Pfalz Helmut Kohl, der für sich und seine Familie in der Marbacher Straße einen Bungalow hatte bauen lassen. Das Haus war damals noch nicht von hohen Mauern umschlossen. Als ich aus Neugier dort einmal vorbeispazierte, sah ich vor dem Eingang eine merkwürdige Holzhütte mit einem großen, der Straße zugewandten Fenster. Bei näherem Hinsehen erkannte ich darin einen Mann, der in Zivil an einem Tisch saß. Als ich noch näher trat, blitzte es plötzlich mehrmals. »Aha«, dachte ich, »der hat dich fotografiert!«

Abbildung 29: Der Kohl-Bungalow in der Marbacher Straße heute

Das war noch eine Überwachungstechnik, die aus heutiger Sicht steinzeitlich anmutet. Ich fand das eher lustig und sofort kam mir die Idee, wie ich auch anderen Anteil an diesem Spaß bescheren konnte: Den Kindergottesdienst am Sonntag um 11 Uhr bestritt ich immer mit einer Schar jugendlicher Helfer, mit denen ich auch die Vorbereitung dafür erarbeitet hatte. Wir hatten ein sehr lockeres und freundschaftliches Verhältnis zueinander. So zogen wir nach getaner Arbeit auf meine Anregung hin mehrfach zum Kohl-Bungalow, setzten und stellten uns wie beim Gruppenfoto vor die Geheimdiensthütte und schon erfolgte das Blitzlichtgewitter. Einmal nahmen wir sogar den Koffer eines Kontrabasses mit, in dem allerdings keine Maschinenpistole verborgen war … Der Mann in der Hütte kannte uns nun schon mit der Zeit und lachte, wenn er uns sah. So leicht nahm man es damals in den »Swinging Seventies« noch mit der inneren Sicherheit, ehe der »Deutsche Herbst« kam…

Ein Nachbar Kohls hat gegenüber einer Illustrierten geäußert: »Wenn der Herr Kohl einmal nicht mehr Bundeskanzler ist, dann wird er als erstes die Mauern um den Bungalow abreißen lassen.« Weit gefehlt: Als ich jetzt in der Marbacher Straße war, um Fotos von Kohls Domizil zu machen, standen die Mauern unversehrt. Moderne Überwachungskameras rundherum ersetzten die alte Holzhütte und den Mann darin. Gerade erst hatte Kohl hier den unsäglichen ungarischen Ministerpräsidenten Viktor Orbán empfangen, um Merkels zunächst freundliche Flüchtlingspolitik zu konterkarieren. Ein Polizeiauto stand in einigem Abstand in der Nähe. Als ich wieder ins Auto stieg, setzte es sich in Bewegung und folgte mir bis zur Schillerstraße. Ich schlafe trotzdem immer noch gut…

Dann endlich teilte uns Eugen II. mit, welche Pfarrstelle wir ab 1. April 1972 zu verwalten oder – wie es im kirchenamtlichen Jargon heißt – zu »verwesen« hatten. Mich schickte er in das Nordpfälzer Dorf Göllheim am Fuße des mächtigen Donnersbergs, dem höchsten Berg der Pfalz. Das freute mich sehr, denn ganz in der Nähe – in Standenbühl und Bennhausen – hatte ich zusammen mit meiner Mutter und meinem Großvater schon gewohnt, als ich fünf Jahre alt war (s. Band I, S. 30 ff.). Es war nur etwas mehr als ein halbes Jahr, aber die Erinnerung an die gute Aufnahme für uns Flüchtlinge und an die herrliche Landschaft hatte mich eigentlich nie verlassen. Von Göllheim hatte ich im Predigerseminar schon viel von Pfarrer Hermann Schneider gehört, der für den Religionsunterricht zuständig war. Er war dort von 1955–1962 Pfarrer gewesen und erzählte immer wieder von seiner Auseinandersetzung mit den alten Nazi-Seilschaften, die es dort noch immer gab. Natürlich fuhr ich sofort hin, um mir den Ort meiner künftigen Tätigkeit anzusehen. Es war ein wirklich schönes und charaktervolles Dorf, das sich mir zeigte:

Vor allem der alte Ortskern, dessen Mauern noch zu ahnen waren, die Häuser mit Fachwerk, in der Mitte die protestantische Kirche mit ihrem wuchtigen Turm und alles eingerahmt von zwei barocken Torbögen.

Abbildung 30: Der Dreisener Torbogen in Göllheim aus dem 18. Jahrhundert

Die protestantische Kirche war allerdings in einem erbarmungswürdigen Zustand: Fast der ganze Putz war abgeblättert und das nackte rote Mauerwerk des Kirchenschiffs war sichtbar geworden. Da wartete viel Arbeit auf mich. Derweil freute ich mich darüber, dass die Umhergehenden mich als Fremden musterten und noch nicht wussten, dass sie es bald mit mir zu tun bekommen würden…

Es war noch nicht so lange her, dass ich die Nordpfalz schon vorher bereist hatte. Die Fahrt dahin ist in meinem Gedächtnis als »Mumienreise« gespeichert. Damals war Pessi noch »Dekan« von Rockenhausen. Ein Pfarramtskandidat als Dekan? Natürlich nicht, denn auch hier herrschte noch »Verwesung«: Ganz plötzlich war der dortige Dekan Schreiner gestorben und Pessi war von Eugen II. beauftragt worden für den Übergang bis zur Wahl eines neuen Dekans die Amtsgeschäfte zu versehen. Zu seinem Aufgabenbereich gehörte es, auch die umliegenden Dörfer gottesdienstlich zu versorgen. An jenem Tag und seiner darauf folgenden Nacht – es wird wohl noch 1970 gewesen sein – waren die meisten Urpfaks an einem Sonnabend bei Pessi zu Gast. Wie bei solchen Treffen üblich wurde eine Menge diskutiert, gestritten, gesungen, gelacht und gebechert. Das ging hinein bis in den frühen Morgen.

Nun aber war Sonntag, und Pessi eröffnete uns, dass er drei Gottesdienste zu halten hatte. Allerdings stand dem etwas ganz Entscheidendes entgegen: Er hatte noch keine Predigt! Mit einer gewissen Vorahnung hatte ich vorsorglich mehrere meiner Predigten mitgebracht. Die hatten nur einen Nachteil: Sie waren in meiner Steilschrift geschrieben, die nicht sehr leserlich war. Außerdem schien ich an jenem Morgen noch der Fitteste von allen zu sein. So lief alles auf mich zu, um auf Gottesdiensttour durch die Nordpfalz zu ziehen. Nur eine Schwierigkeit gab es noch: Ich hatte keinen schwarzen Anzug, und Pessis Talar war mir viel zu groß. Auch das ließ sich beheben: Ich zog eine viel zu große Hose von Pessi an, die mir fast bis zum Hals ging, und auf Bauchhöhe wurde ein Gürtel angebracht, der das Rutschen verhindern sollte. Der Talar wurde mit Stecknadeln gerafft, und schon machten Pessi und ich uns auf die Reise in das Gebiet, das die Pfälzer »die hintere Welt« nennen, ganz böse Zungen sogar: »Pfälzisch-Sibirien«.

Es ging durch eine herrliche sommerlich blühende Hügellandschaft. Die erste Station war die protestantische Pfarrkirche im Dorf Ransweiler, westlich des Donnersbergs. Als wir den Innenraum der stattlichen Kirche betraten, schien niemand da zu sein. Nein, in der Tat: Auf den Kirchenbänken saß niemand. Erst beim zweiten Hinsehen bemerkte ich hinter den Holzgittern der »Kabäuschen« (kleine Holzverschläge) einige Menschen, die eigentlich nur zu vermuten waren und reglos schienen wie Mumien. Ich musste also meine erste Absicht, unverrichteter Dinge einfach wieder hinauszugehen, fallen lassen und hielt vor einer scheinbar leeren Kirche den Gottesdienst. Erst hinterher traten 8–10 Besucher heraus und begrüßten Pessi und mich. Nicht mehr Besucher waren es in der Kirche zu Bisterschied und im Schulsaal von Schönborn, wo begleitend auf einem Klavier geklimpert wurde. Immer wieder musste ich die Hose hoch- und den Gürtel festziehen. Pessi erzählte danach, dass ihn die Kirchenbesucher in allen drei Gemeinden gefragt hatten, ob ich der neue Dekan sei…

Ich war nun 27 Jahre alt und in meinem bewussten Leben fast immer – von meiner Internatszeit abgesehen – ein Stadtbewohner gewesen. »Stadtluft macht frei« hieß es von alters her. Und was machte die Landluft? Voller Fragen fuhr ich in die Provinz, um Landpfarrer zu werden: Mit immer noch ausgebreiteten Flügeln. Ich blickte zurück auf die hochfliegende Zeit meines Studiums und auch meines Vikariats, die mir Einblicke und Erkenntnisse gegeben hatte, die am Anfang nicht zu vermuten waren. Müsste ich es erneut entscheiden, würde ich wieder Theologie studieren: Weil das überhaupt nicht langweilig ist und von einer Vielseitigkeit, die wohl kein anderes Studium vermitteln kann. – Der Abschied von Pfarrer Heintje fiel mir nicht schwer, obwohl er mich sehr freundlich und meine Predigten lobend im Gottesdienst in der Markuskirche verabschiedete. Schwerer schon fiel der Abschied von den Menschen in meinem Vikariatsbezirk, wovon einige bei mir unvergessen sind: Ich denke manchmal noch an den krebskranken Mann, bei dem ich öfters Krankenbesuche machte, der mit Gott haderte, weil er ihn, wie er dachte, so leiden ließ. Ich tat mich schwer, ihm die Botschaft von Christus zu übermitteln, der wie wir in der Finsternis war und sein Kreuz zu tragen hatte. Ich denke auch gelegentlich noch an die alte 97-jährige Frau, die im Oberstübchen ihres Hauses, nach einem Oberschenkelhalsbruch, im Bett lag und mit Gott haderte, weil er sie noch immer nicht zu sich rief. Ich denke aber auch an manche Jugendliche, die mit mir erfasst waren vom hoffnungsvollen Aufbruch in dieser Zeit und sehe manche ihrer Gesichter noch vor mir. Vorbildlich war die Konfirmandenarbeit in dieser Kirchengemeinde, gipfelnd in einer gut vorbereiteten fünftägigen Freizeit in Adelboden in der Schweiz. Für die Jugendlichen, so der Gedanke, sollte nur das Beste gut genug sein und alles zu Lernende in einer Atmosphäre der Freiheit ablaufen. Diesen Gedanken nahm ich mit nach Göllheim und habe ihn nie fallengelassen. Meine Vorfreude aber hatte hierin ihren wichtigsten Grund: Nun endlich allein und ohne Bevormundung arbeiten zu können in der rauen Luft der Nordpfalz.

Literaturverzeichnis & Dank

Literatur, aus der zitiert wurde und der ich besonders viel zu verdanken habe – dem Buchverlauf gemäß aufgelistet:

Anne Rohstock: *Von der ›Ordinarienuniversität‹ zur ›Revolutionszentrale‹ – Hochschulreform und Hochschulrevolte in Bayern und Hessen 1957–1976;* Oldenbourg-Verlag, München 2010.

Rolf Rendtorff: *Kontinuität im Widerspruch. Autobiographische Reflexionen;* Vandenhoeck & Ruprecht, Göttingen 2007.

Heinz-Eduard Tödt: *Wagnis und Fügung – Anfänge einer theologischen Biographie;* LIT-Verlag Dr. W. Hopf, Berlin 2012.

Christa Kersting: *Pädagogik im Nachkriegsdeutschland – Wissenschaftspolitik und Disziplinentwicklung;* Julius Klinkhardt-Verlag, Bad Heilbrunn 2009.

Gerd Steffens: »Collegium Academicum 1945–1978. Zur Lebensgeschichte eines ungeliebten Kindes der Alma mater Heidelbergensis«, in: *Auch eine Geschichte der Universität Heidelberg,* S. 381–410; edition quadrat, Mannheim 1985.

Uwe Timm: *Der Freund und der Fremde;* Kiepenheuer & Witsch, Köln 2005.

Das für mich wichtigste Buch: Dietrich Hildebrandt († 2015): *…und die Studenten freuten sich;* esprint-Verlag, Heidelberg 1991.

Kurt Flasch: *Warum ich kein Christ bin. Bericht und Argumentation;* C.H. Beck-Verlag, München 2013.

Wolfgang Hermann: *Die Angst der Theologen vor der Kirche. Gegen den Praxisverlust der Theologie;* Kohlhammer-Verlag, Stuttgart 1984.

Mein besonderer Dank gilt den Mitarbeiterinnen des Zentralarchivs der Evangelischen Kirche der Pfalz (ZASP) für ihre Hilfe und Geduld.

Und:

Dem Buchgestalter und Lektor Gerhard P. Peringer für seine Anregungen und seine Genauigkeit.

Abbildungsverzeichnis

Abbildung 1: Wolfgangs Zeichnung 15
Abbildung 2: Passbild aus Christoph Lindenmeyers Studienbuch 1965. 40
Abbildung 3: Linde vor seiner alten »Bude« 2015 40
Abbildung 4: »Bogie« Wilhelm 75
Abbildung 5: »Herr Maus« alias Linde......................... 76
Abbildung 6: Mit Schlips und Schwips 77
Abbildung 7: Wolfgang: Ein Hauch von James Bond
  (Foto: Thomas Lüttge)................................... 81
Abbildung 8: Grauer Morgen in der Heimküche................ 101
Abbildung 9: Passfoto 1967................................ 123
Abbildung 10: Ulrike im Winter............................ 141
Abbildung 11: Prof. Herbert Braun.......................... 144
Abbildung 12: Hannchen und Erich mit der getauften Ulrike...... 155
Abbildung 13: Øystein Sjaastad............................. 190
Abbildung 14: Universitätsplatz im Winter: Vor der großen
  Demonstration (Foto: Stadtarchiv Heidelberg) 216
Abbildung 15: Vor dem Landgericht: Die Angeklagten Mangold (l.),
  Ripke (hinten mit Helm) und Braunbehrens
  (Foto: Stadtarchiv Heidelberg).......................... 217
Abbildung 16: Mensamarke 227
Abbildung 17: Predigerseminar Landau 1965 (Foto: ZASP) 232
Abbildung 18: Die Neurenaissance-Fassade des Landeskirchenrats .. 236
Abbildung 19: Dreifaltigkeitskirche Speyer mit Kanzel 237
Abbildung 20: Kirchenpräsident Theo Schaller (Foto: ZASP) 240
Abbildung 21: »Führer«-Huldigung in Sütterlin (Ablichtung aus
  dem »Nachlass Mayer« im ZASP) 245
Abbildung 22: Eugen Mayer II. (Foto: ZASP).................. 246
Abbildung 23: Ludwigshafen-Oggersheim: Vikarswohnung
  im 1. Stock 255

Abbildung 24: Aus dem Fernsehfilm »Vikare contra Kirchenräte«:
Ulrike mit mir im Amtszimmer des Vikariats 266
Abbildung 25: »Vikare contra Kirchenräte«: F. S., von seiner Zigarette
fast verdeckt, Heidi, Christa, Helge und Pessi in Speyer. 267
Abbildung 26: Der Artikel im »Mannheimer Morgen«
(Quelle: Stadtarchiv Mannheim) 282
Abbildung 27: Das Plakat an der Kirchentür. 299
Abbildung 28: Knut und seine einstürzenden Neubauten 316
Abbildung 29: Der Kohl-Bungalow in der Marbacher Straße heute. . 318
Abbildung 30: Der Dreisener Torbogen in Göllheim
aus dem 18. Jahrhundert 320

Personenregister

Adenauer, Konrad 198, 295
Adloff, Kristlieb 149
Adorno, Theodor W. 175
Äsop 268
Albertz, Heinrich 136
Albertz, Rainer 231
Althaus, Paul 13, 27, 30, 33ff., 37
Amendt, Günter 272
Anderson, Charlene 120
Andres, Stefan 126
Apel, Hans 159
Armstrong, Neil 295
Auer, Frank von 212
Augustinus, Aurelius 147

Baader, Johannes 47, 84
Bachmann, Josef 157, 205
Bäumler, Hans-Jürgen 228
Baier, Lothar 73
Barber, Chris 62
Bardot, Brigitte 73
Barlach, Ernst 311
Barth, Karl 126, 316
Beatles 22, 313
Beauvoir, Simone de 80
Bechet, Sidney 66
Becker, Eberhard 218
Beckett, Samuel 46

Beckmann, Joachim 249, 310
Bellmann, Carl Michael
Belmondo, Jean Paul 41
Berendt, Joachim Ernst 228
Bergson, Henri 206
Bernanos, Georges 286
Bernfeld, Siegfried 309, 311f., 315
Betz, Hans-Dieter 149
Beyschlag, Karlmann 26ff., 32f., 35f.
Biermann, Wolf 157, 179, 184f.
Bingham, John 155
Black, Roy 179
Blitt, Hans 156
Bloch, Ernst 103, 126, 172ff., 181, 206, 211, 231, 254, 288
Böll, Heinrich 71, 162, 311
Bogart, Humphrey 75
Bohl, Friedrich 71
Boileau, Pierre 155
Bollnow, Otto Friedrich 98, 277
Bonhoeffer, Dietrich 25f., 169ff., 225
Borggrefe, Friedhelm 308
Bornkamm, Günther 119
Bornkamm, Heinrich 95ff.
Brandt, Willy 295
Braun, Herbert 110, 144ff.

327

Braunbehrens, Burkhart (von) 158, 215, 217
Brecht, Bertolt 49, 225
Brodmann, Roman 134
Brosch, Peter 311f., 315
Brückner, Peter 8, 168f., 200
Brückner, Simon 169
Brunner, Peter 124
Buback, Siegfried 252
Bude, Heinz 157, 175
Bümlein, Klaus 239
Bultmann, Rudolf 9f., 29, 110, 173ff.
Buselmeier, Michael 215

Calley, William 314
Calvin, Johannes 59
Campenhausen, Hans von 89, 93
Camus, Albert 42, 211
Cash, Johnny 160
Chaplin, Charlie 39, 75
Chardin, Teilhard de 206, 211f.
Clouzot, Henri Georges 227
Cohn-Bendit, Daniel 41, 180f.
Cook, James 116
Corbucci, Sergio 156
Cronin, Archibald Joseph 21

Dante Alighieri 107, 128
Darwin, Charles 116
Dayan, Moshe 284
Degenhardt, Franz Josef 182, 250
Dichgans, Hans 51
Diesterweg, Adolf 272
Dinkler, Erich 89, 93, 124, 142
Ditz, Wolfgang 252
Doors 296
Dostojewskij, Fjodor 139
Dubček, Alexander 161, 180
Duchrow, Ulrich 212
Duensing, Erich 135
Duerr, Hans-Peter 168
Dutschke, Rudi 150ff., 157, 176, 205

Ebert, Theodor 183, 280
Ebrecht, Walter 263f.
Egg, Gottfried 59
Eisinger, Walther 124f., 132, 142
Eisler, Hanns 225
Elert, Werner 27, 30f., 33ff., 94f.
Elsken, Ed van der 81
Engels, Friedrich 184
Esselborn, Karl 246

Fassbinder, Klara   162
Fetscher, Iring   249
Fichte, Hubert   21
Filbinger, Hans-Georg   91
Flasch, Kurt   147ff.
Fleig, Hans   253
Fontane, Theodor   130
Forster, Georg   116
Frech, Winfried   306
Freud, Sigmund   97
Frey, Christof   32f.
Fried, Erich   162
Friedrich, Gerhard   22, 24ff.
Frings, Joseph   311
Fuchs, Hans-Jürgen   252

Gaare, Jörgen   193
Gadamer, Hans-Georg   142f.
Gailus, Manfred   242
Gasset, Ortega y   72f.
Gassmann, Günther   106
Gauguin, Paul   116, 130
Gaulle, Charles de   181
Gaus, Günter   152f.
Genet, Jean   46
Gensichen, Hans-Werner   117
Globke, Hans   198
Godard, Jean Luc   41, 49, 248
Goebbels, Joseph   242

Gogh, Vincent van   10
Gollwitzer, Helmut   231
Gottschalk, Thomas   157
Guevara, Che   156, 158
Gundolf, Friedrich   88

Habermas, Jürgen   175
Haeberle, Ron   314
Hahn, Wilhelm   215
Handrich, Karl   317
Hawks, Howard   118
Heidegger, Martin   124
Held, Rolf   317
Helms, Herbert   317
Henkel, Hans-Olaf   157
Hensel, Robert   109f.
Hentig, Hartmut von   203
Hesser, Gerd   314
Heym, Stefan   60
Hildebrandt, Dietrich   136, 151, 160, 166f., 181, 198, 201, 205, 215, 222f., 226
Hitler, Adolf   35, 50, 243
Ho Chi Minh   163ff.
Höss, Rudolf   170
Hofmann, Johann von   28
Horkheimer, Max   175
Horvath, Ödön von   84
Hussong, August   262, 267

Ionesco, Eugène 46

Janz, Knut 114ff., 315
Jaspers, Karl 42, 99, 142
Jockers, Karl Jakob 317
Johannes XXIII. 59, 290
Johnson, Lyndon B. 208, 238
Jung, Carl Gustav 97

Käsemann, Ernst 8, 9f., 110, 153, 288
Kafka, Franz 139
Kamlah, Wilhelm 42
Kant, Immanuel 195
Kellner, Petra 20f.
Kersting, Christa 97
Kierkegaard, Sören 128f., 132
Kiesinger, Kurt Georg 161, 295
Kilius, Marika 228
King, Martin Luther 157, 287
Klarsfeld, Beate 295
Köhler, Hans 13
Kohl, Helmut 71, 317ff.
Kohlmann, Ernst 314
Kohnle, Edgar 217
Knorr, Hermann 196ff.
Krieger, Martin 314
Kron, Heinrich 259
Kronauer, Heinz 201, 203, 247

Küng, Hans 106, 255
Künneth, Walter 71
Kuhn, Karl Georg 106
Kurras, Karl-Heinz 133f.

Lacouture, Jean 164
Langhans, Rainer 178
Lillje, Hans 293
Lindenberg, Udo 75
Lindenmeyer, Christoph 37, 39ff., 43f., 46, 61, 70, 72ff., 140ff., 151, 176f., 227, 264
Lindgren, Astrid 193
Litten, Jens 158f.
Loewenich, Walther von 12, 22, 50f., 58, 195
Löwenherz, Richard 108
Lübke, Heinrich 134
Lübke, Wilhelmine 134
Lüttge, Thomas 80f., 83
Luther, Martin 35f.

Mahler, Horst 221, 261
Mangold, Günter 158, 215, 217
Marcuse, Herbert 179, 311f.
Maron, Gottfried 58
Marshall, Tony 313
Martin, Stephan 265
Marx, Karl 184, 248f.

Marxsen, Willi 153
Maurer, Wilhelm 22, 37f.
Mayer, Eugen I 241f., 308
Mayer, Eugen II 241ff., 258, 263, 319
Mayer, Kurt 241
McQueen, Steve 235
Medzeg, Gisela 217ff.
Merle, Robert 181
Metzendorf, Johannes 113
Mies van der Rohe, Ludwig 19
Miller, Henry 176
Mitscherlich, Alexander 203, 214
Mitscherlich, Magarete 203
Mittelstraß, Jürgen 42
Moltmann, Jürgen 184, 231
Mondlane, Eduardo 301
Müller, Helge 29, 232, 237f., 247f., 267
Müller, Heidi geb. Schupp 49, 232f., 238, 248, 267
Müller, Volker 158, 215, 222
Müntzer, Thomas 176, 290
Munch, Edvard 188

Nagel, Katja 214f.
Narcejac, Thomas 155
Neill, Alexander Sutherland 194
Nero, Franco 156

Neven du Mont, Jürgen 251, 253
Niemöller, Martin 317
Noth, Jochen 215
Noth, Martin 90
Nyary, Josef 12

Obermaier, Uschi 178
Oeffler, Hans-Joachim 317
Ohnesorg, Benno 133ff.
O'Neill, Eugene 119

Pahlevi, Reza 85f.
Palach, Jan 183
Papa Bue's Viking Jazzband 66
Paul, Roland 241f.
Paul VI. 210
Pessenlehner, Wolfgang 233, 247, 267, 308ff., 320ff.
Picard, Max 126, 238
Pölnitz, Götz Freiherr von 22
Polanski, Roman 209f.
Polk, James 91
Privonitz, Volker 265
Proudhon, Pierre-Joseph 179

Rad, Gerhard von 61, 89f., 119
Ragaz, Leonhard 175, 299
Rendtorff, Rolf 61, 89ff., 106
Rettig, Herwig 317

Richter, Hans 46
Ridder, Helmut 162
Ripke, Thomas 215
Ritter, Karl 272f.
Rohstock, Anne 52
Rolling Stones 196
Rommel, Erwin 284
Rost, Leonhard 60
Ruhnau, Heinz 159
Runge, Aloys 234

Sagan, Françoise 21
Salazar, António de Oliveira 305
Sandemose, Aksel 187f.
Sartre, Jean Paul 42, 80
Schäuble, Wolfgang 46
Schaller, Theo 195f., 233ff., 237ff., 263
Scheer, Hermann 158
Schiller, Friedrich 254
Schleyer, Hanns Martin 44
Schlink, Basilea 120
Schlink, Bernhard 58
Schlink, Edmund 58ff., 106, 119ff.
Schmidt, Helmut 159ff.
Schmidt, Karl Ludwig 60
Schmierer, Joscha 158, 164, 218

Schmitt, Götz 60
Schneider, Hans 168
Schneider, Hermann 248, 258, 319
Schneider, Peter 134
Schoeps, Hans-Joachim 71
Scholder, Klaus 36
Schottroff, Luise 149, 231
Schröder, Meinhard 169, 199
Schütz, Klaus 158
Schupp, Klaus »Claudio« 45f., 49, 232
Schweitzer, Albert 80, 83, 120, 122, 127, 132
Schwitters, Kurt 47
Seberg, Jean 41f., 51
Sefrin, Hermann 317
Seifert, Theo 271, 273f.
Seitz, Gottfried 39, 50
Seitz, Manfred 31f., 39, 51
Sharp, Margery 21
Šik, Ota 180
Sjaastad, Øystein 185ff.
Slenczka, Notger 61
Slenczka, Reinhard 119f.
Sölle, Dorothee 133, 231, 310
Sokrates 143, 193
Sommer, Elke 62, 73f.
Sommer, Walter 80, 82f., 85
Spellman, Francis 210

Springer, Axel Cäsar 18ff., 59, 157ff.
Staeck, Klaus 155
Stauder, Karl 196ff., 202, 213
Stauffer, Ethelbert 71
Steffens, Gerd 98
Stockinger, Hans Peter 220f.
Stoiber, Edmund 71
Storm, Theodor 270
Strauß, Franz Josef 71, 285
Strehler, Giorgio 301f.
Streicher, Julius 197, 202
Strindberg, August 192

Thielicke, Helmut 22ff., 127
Tillich, Paul 40
Timm, Uwe 135f.
Tödt, Heinz-Eduard 89, 93ff., 123, 195, 198f.
Tödt, Ilse 93, 123, 198ff., 213
Tolstoi, Leo 95
Troller, Georg Stefan 163
Tucholsky, Kurt 43f.

Vaszary, Gabor von 21
Vaughn, Robert 235

Waugh, Evelyn 297
Weber, Otto 141, 160
Wehner, Herbert 295
Weidner, Georg 219
Weill, Kurt 268
Weiser, Artur 153
Wendt, Christa 229, 235, 267
Wendt, Christian 229f., 235f., 238, 246, 250f., 258, 261ff., 298, 303, 307, 314
Wenzel, Gernot 252
Westermann, Claus 89, 92, 119
Wichern, Johann Heinrich 312, 314
Winkler, Hans-Günther 14
Winter, Manfred 46ff.
Witt, Helmut 9
Wölfel, Eberhard 62
Wolf, Ernst 36
Wolfe, Thomas 72
Wolff, Hans-Walter 167f.
Wolff, Karl-Dietrich 162
Wrede, William 120ff.

Xanthippe 143

Zake, Helmut 213
Ziesel, Kurt 71
Zimmer, Dieter E. 21
Zola, Émile 82
Zundel, Reinhold 214f.

Band I der »**Erinnerungen eines Landpfarrers**«

Erschienen 2016 bei Books on Demand, Norderstedt

Vertrieben u. a. bei Amazon und vom Autor

Zu **bestellen** bei: joern.wilhelm@gmx.net

Zu **erwerben** zum Preis von € 8,99